探索身體資源

——身體・真我・超我

漢菊德　編著

編著者簡介

漢菊德

學歷：國立政治大學教育系畢業。

美諾華大學幼兒教育所碩士。

曾任：台北市弘道、景美國中教師。

高雄市私立小可愛及經一紀念幼稚園創園首任園長。

現任：台北市南海實幼主任、園長。

譯作：兒童心智（*Children's Minds*）

著作：成爲一個人的教育

其他短論數十篇

幸　序

　　近年來，「EQ」被喊得漫天作響。報紙廣告欄已悄悄出現了「兒童領袖班」、「情緒管理班」的字樣。雖然，這類班別遠不如科學、數學、電腦及美語班來得普遍；但這些字樣的出現也反應了現代人逐漸注意到「情緒教育」的重要。

　　然而「情緒教育」的內容到底是什麼？「情緒教育」到底應該如何進行？高爾曼（Coleman）雖然以其橫掃千軍的鉅作啓發了人對EQ的重視，但是並沒有揭露EQ的學習歷程。而一般人對「情緒」一詞也充滿了「情緒」。補習班業者總以爲任何「學習內容」可以透過延長時數的方式，以額外的時間進行。一般家長也以爲「缺啥補啥」的教育方式是理想的學習模式。於是，我們的孩子就像是「拼圖」一樣，一塊塊的被拼湊起來。有的孩子的拼圖是十片或八片，有的孩子則可能是十五片或二十片。有的孩子在拼圖過程中，很不幸的少了一、兩片；但有的孩子卻很完整的被拼出原形。然而，少了幾片拼圖的孩子固然不幸，但被拼出原形的孩子的片與片之間仍有裂痕。其實，這就是現今「補習教育」的問題，也是現今教育整體的問題。一般人對「全人教育」雖有認識，但是以拼圖的方式拼貼出全人。一般人雖然提倡以「全人教育」爲目標，但卻以分科分時的方式進行教學。於是乎，裂痕仍在，行動有限，往往一不小心又少了一片。

　　但是，南海幼稚園進行的全人教育卻不是如此。方案教學、感性活動和學習區活動是南海幼稚園課程內涵的三大主軸，這三大主軸交織成的各類學習活動是孩子學習的泉源，老師則是指揮交響樂進行的靈魂人物。老師雖然是指揮者，但老師卻不是獨裁者；老師雖然按著樂章進行交響樂的演奏，但老師也建立了安全尊重的氣氛讓孩子願意盡情演出。而安全尊重氣氛的凝聚則是實施「感性活動」的首見成效。

　　在南海幼稚園感性活動的內涵包括了主動性的培養、人己關係的建

立、相互尊重的態度以及團體凝聚力的建構等方面。實施時除了針對幼兒問題特別設計活動外，要配合具有敏銳觀察力的老師在與孩子互動的過程中，選取實際發生的事件，與孩子進行日常協商討論。進行的時間十分機動，進行的內容也根據需要來決定。而班級中兩位老師的相互配合也是成敗的主要因素之一。然而，南海幼稚園中感性活動的實施也不單單帶領孩子使用溝通技巧，獨立解決問題而已。透過各類活動的引介幫助孩子抒發潛藏的情緒則是南海感性活動的主要特色。

中國人因其文化的特性往往以「壓抑」為處理情緒的唯一方式，而缺少面對情緒的能力。而「以適當的方式表達自己的情緒」是目前探討情緒教育的主要目標。表達自己的方式很多，包括肢體動作、繪畫、戲劇和言語溝通等。然而傳統的教育總將表達限定在言語溝通的能力，而忽略了以肢體動作等非語言行為所具有的爆發力。南海的感性活動提供了這條途徑的可行性，也讓我們回過頭來重新檢視現行許多幼稚園活動中「為律動而律動」、「為美勞而美勞」的課程設計。

然而教育的實施，不能單靠一個班級或兩位老師的努力；更重要的是行政系統的支援與支持。園所的教育理念可以是掛在牆上給人參觀的展示品，也可以是透過各項活動的安排成為深植人心的導航儀。南海幼稚園中的各項活動已漸植人心，成為南海人的文化。也只有在此文化中，討論才不是為討論而討論，感性活動也不是因為「EQ」的風行而進行。

教育是人的事業，許多過程在潛移默化中進行。然配合活動的實施，理念的設計，成為一交織的文化架構，潛移默化的過程也不是那麼遙不可及。南海幼稚園提供了一個實際可行的範例，也讓每個幼稚園能建立自己的文化體系。

台北市市立師範學院兒童發展中心主任　　幸曼玲

吳　序

　　我們大部分的人，從小的時候就被教導成要「服從」別人，要做得「能幹」。

　　你一定要把碗盤裡的東西吃完。

　　你絕對不可以在摩托車上亂晃，以免發生危險。

　　上課不可以說話，除非你有把握說的正確。

　　見了人要微笑打招呼。

　　你絕對不能和長輩爭論。

　　……

　　這些在某些時候是有用的，但當我們習慣的把它們套用在所有的情境上時，就難以滿足我們人類所有的需要，因此在生活中我們常……視而不見、聽而不聞、言而無意、動而不知、觸而不覺……雖然我們處事認真、以禮待人，但心裡總覺得無助，沒有被善意的支持。

　　「感性」是一份人生的智慧，用這樣的智慧去看待人生中許多理性的要求，使一個人不但自尊能夠提升又能自由自在的生活，它是一個神奇的資源，我們都是奇蹟的人類，都有能力無限的成長，並開發這項資源。

　　漢園長在幼教界中耕耘十多年，成就有目共睹，在本書中我們看到南海實幼累積許多有關感性活動的課程設計，為幼兒教育提供了新的視野。

　　自己的童年、孩子的童年總令人終身難忘，為「孩子們」的教育設想得越多，越覺得未來社會的遠景可以期待，而令人歡喜。

國立台灣師範大學衛生教育系教授　吳就君

郭　序

　　個體的身心發展都要經嬰幼兒、兒童、青少年而趨於成熟。個人的思想與行爲也需從家庭、學校、社會的人際情境中鍛鍊出。從社會化的角度觀察，兒童的生理成長和心理發展都受到影響，一進入不同的生活領域，其心智的發展也因之而異。

　　基於上述從事幼教工作首重在「人」，兒童的成長需要「保」、需要「育」，需要關心兒童的「人」，全心的投入。因此，兒童接受學前教育的過程中，教育就扮演一個極爲重要的關鍵性角色。如何使幼教老師的角色能夠有發揮的空間？就是要根據全人教育的宗旨，體察當前幼兒教育的趨勢，設計一套適當的課程加以指引，以因應快速變遷的現代化社會。過去台灣的幼兒教育過分偏重實用主義，不去考量兒童真正需求。在強迫學習下，幼兒難免產生排斥心理，使得原本具有的特殊資質無法發揮；另一方面失去了真正的自我，造成從幼兒階段開始，便要爲一個非人性化的生活模式作準備，而幼兒教育的目的：培養小孩子天真無邪、純真活潑的性格，反成爲一個美麗的口號。

　　漢園長不辭辛勞地把在南海實幼所實施過的「感性活動」課程，從理論到設計、實施，整理出來彙集成書。南海實幼的設立，就是要提供國內幼教工作者一塊發揮理想的園地，使各項新穎的幼教理念得以充分的展現。漢園長的「情感教育」理念更是這種創新精神的一項具體的成就。

　　在本書即將出版之際，特以此序表達對漢園長及南海實幼全體教師之高度肯定，並期待所有幼教工作者能秉持這份「行動研究」的精神，共同開創我們的幼教園地。

台北市政府教育局局長　**郭生玉**

自　序

　　在新聞事件中我們經常得知某某知名大學的學生搶劫了別人的物品，又有某某知名大學的學生跳樓自殺了，或殺害了好友等，令許多人為他（她）們惋惜、感嘆和不解！

　　其實這只是浮現在表面上的事件，而未經報導的事件，雖不致如此嚴重，尚不知有多少呢！

　　我們不禁要問：為什麼這些讀書成績優異的年輕人會有如此嚴重的情緒問題？為什麼他（她）們不會處理情緒就像他（她）們讀書一樣的成功呢？為什麼他（她）們會如此的為所欲為？如此的冷漠？很明顯的，長期的競爭壓力，和埋首在書本裡，使他（她）們與「自我」疏離了，與人疏離了！他（她）不認識真正的自己，不重視他人和這世界的存在！

　　事實再一次告訴我們全人教育是多麼的重要！事實告訴我們現在是加強情感教育刻不容緩的時候了！

　　從幼兒身上我們發現人有大愛的潛能，在我刻意蒐集的資料中有半數的幼兒在「對聖誕老公公的一句話」的回應裡表現出體貼和關心，譬如，「聖誕老公公您好累喲，您要休息。」「聖誕老公公我要請您喝茶」、「聖誕老公公您要小心不要跌倒……」等等表達了許多種不同的關懷語句。而平日對於小動物、植物的愛護更表現得無微不至。這使我對一個完整的人有了無限的希望和信心。

　　我認為透過身體的探索是最直接的情緒經驗，幼兒從自身的感受開始去體會別人的感受，建立和別人親近的關係，透過身體去感覺和想像過去、未來和大自然，培養對文化與大自然的感情，如此，在待人接物上才會發乎情止乎理，行為舉止才是出於內心的至誠。身體，這常被我們，尤其是忙碌的現代人所遺忘的部分，是培育大我通往超

我的無窮資源。

「感性活動」，這個我在民國八十年為南海實幼課程杜撰的詞，便是這種透過身體的情感教育，到了南海教師們是首度接觸這種活動，所以在她們的成長方面花了許多時間。這雖是根源於心理劇的技巧，卻已擴大變異，應用在日常教學裡了。因此，我們不再以輔導或治療的目光去看它，它根本就已轉化為幼稚園課程的一環了！

感性活動範圍很廣，本書僅以肢體活動為主，其他均為相關活動。感謝各領域賜稿的專家們，他（她）們都是這些領域中的頂尖人物，他（她）分別是：

家庭治療專家吳就君博士（國立台灣師範大學衛生教育系教授）
藝術治療專家陸雅青博士（台北市立師範學院美術教育系教授）
戲劇專家紙風車劇團的創辦人和團長李永豐和任建誠先生。

除了他（她）們在專業上的地位之外，在他們各自的領域裡都有深遠的影響力。

南海實幼的老師們除了日常教學之外，還要抽時間做推廣工作，又是方案教學，又是感性活動，還有「棒棒糖幼兒實驗劇團」的定期演出和對外教學演示。當然，還要為期刊書寫文章，好一群埋著頭的傻大姐，好不讓人感激！

身體，不是教具，是教學的媒介，教師是教學的靈魂，這些人表現了老練的身體探索，想來她們在通往超我的路上也必是平坦的。

最後，讓我衷心的祝福我們的孩子們。

漢菊德

目　錄

編著者簡介 ……………………………………………… **1**

幸序 ……………………………………………………… **3**

吳序 ……………………………………………………… **5**

郭序 ……………………………………………………… **6**

自序 ……………………………………………………… **7**

第一篇　感性活動與課程

前言　情感教育的重要性 ………………………………… 2

第一章　情育在幼稚園的實踐——以南海為例 ………… 5

　　第一節　課程中的感性意義 ………………………… 5

　　第二節　從課程結構上看自我與身體 ……………… 6

　　第三節　感性活動在那裡？ ………………………… 10

　　第四節　感性活動的方式和要素 …………………… 11

第二章　感性活動的特質 ……………………………… 13

　　第一節　感性活動是學習的基礎 …………………… 13

　　第二節　感性活動是團體的 ………………………… 15

　　第三節　活動需要討論分享 ………………………… 16

　　第四節　感性活動與生活經驗結合 ………………… 17

第三章　實施感性活動應有的基礎 …………………… 19

第一節 幼稚園的準備 …………………………………………… 19

第二節 幼兒的準備 ……………………………………………… 20

第二篇 理論與背景——教師的認識與觀念

前言 教師應有的認識和準備 ………………………………… 24

第四章 感性活動的背景探討 ………………………………… 25

第一節 家庭治療 ………………………………………………… 25

第二節 會心團體 ………………………………………………… 26

第三節 心理劇 …………………………………………………… 28

第五章 身體知覺、情緒、動作與意義 …………………… 39

第一節 身體與情緒 ……………………………………………… 39

第二節 由自我覺察到自我觀念 ………………………………… 42

第三節 身體意義與溝通 ………………………………………… 44

第四節 身體的動作表現 ………………………………………… 46

◉ 第一章至第五章參考書目 …………………………………… 48

第六章 藝術活動與幼兒情緒——
兒童畫中用色現象之探討 ～陸雅青 ………………… 53

摘 要 …………………………………………………………… 53

導 言 …………………………………………………………… 54

第一節 塗鴉期兒童之用色 ……………………………………… 54

第二節 前樣式化期兒童之用色 ………………………………… 59

第三節 樣式化期兒童之用色 …………………………………… 61

第四節 黨群期兒童之用色 ……………………………………… 66

第五節 擬似寫實期兒童之用色 ………………………………… 68

第六節 結論與省思 ……………………………………………… 71

◉ 參考書目 ……………………………………………………… 73

第七章　如何製作一齣兒童劇　～李永豐、任建誠 ················ **77**

前　言 ·· 77

第一節　製作前應有的心態與準備 ························ 78

第二節　演出與製作之分工 ······························· 86

第三節　橫向溝通的製作會議 ···························· 93

第四節　整排、彩排與演出 ······························· 96

第八章　對相關活動的看法 ································· **99**

第一節　幼兒藝術創作中成人的立場 ··················· 99

第二節　幼兒閱讀 ··· 103

第三節　童詩創作 ··· 113

第四節　幼兒音律活動 ···································· 119

第五節　戲劇扮演對幼兒的影響 ························ 125

第六節　幼兒的價值澄清 ································· 129

◉參考書目 ··· 136

第三篇　幼兒感性教育的支持環境

第九章　教師成長　～吳就君 ···························· **141**

第一節　成長理論為出發點 ······························ 141

第二節　教師感到頭痛的問題 ···························· 146

第三節　關懷教師 ··· 148

第四節　教師身心疲憊怎麼辦？ ························ 148

第五節　教師成長團體需要行政主管的認可和支持 ······· 149

第六節　如何策畫教師成長團體？ ······················ 150

第七節　教師成長團體常見的工作目標 ················· 151

第十章　家庭中的感性活動 ······························· **153**

「悄悄話」　一、【親密時間】 ························ 154

「悄悄話」　二、【親密時間】 …………………………… 157

「悄悄話」　三、【親密時間】 …………………………… 160

「悄悄話」　四、【親密時間】 …………………………… 162

第四篇　感性活動舉例

前　言　　活動設計的意義 ………………………………… 166

第十一章　感性活動發展 …………………………… 169

・活動 1：歡迎新朋友 ……………………………… 169

・活動 2：我和我的伙伴 …………………………… 171

・活動 3：化裝舞會 ………………………………… 172

・活動 4：螞蟻大搬家 ……………………………… 173

・活動 5：跳房子——一步一 ……………………… 174

・活動 6：傑利鼠找朋友 …………………………… 175

・活動 7：猜猜這是誰？ …………………………… 176

・活動 8：心情清道夫 ……………………………… 177

・活動 9：親愛的爸媽 ……………………………… 178

・活動 10：與枕頭共舞 …………………………… 179

・活動 11：我變，變，變！ ……………………… 180

・活動 12：走棋盤 ………………………………… 181

・活動 13：開心果 ………………………………… 182

・活動 14：時鐘指向誰？ ………………………… 183

・活動 15：我是「守護神」 ……………………… 185

・活動 16：春神來了 ……………………………… 186

・活動 17：諾亞方舟 ……………………………… 187

・活動 18：我的分身 ……………………………… 188

・活動 19：森林探險記 …………………………… 189

・活動 20：演雙簧 ………………………………… 190

・活動 21：我的工作伙伴 ………………………… 191

・活動 22：蝴蝶採花粉 …………………………… 192

- 活動 23：音樂會 …………………………………… 193
- 活動 24：親密伙伴 ………………………………… 194
- 活動 25：麥芽糖 …………………………………… 195
- 活動 26：坐搖籃 …………………………………… 196
- 活動 27：抬花轎 …………………………………… 197
- 活動 28：哈利波特的帽子 ………………………… 199
- 活動 29：大魚落網 ………………………………… 200
- 活動 30：大猴子和小猴子 ………………………… 201
- 活動 31：山谷的樂聲 ……………………………… 202
- 活動 32：瞎子摸象 ………………………………… 203
- 活動 33：醉拳大師 ………………………………… 204
- 活動 34：愛的傳遞 ………………………………… 205
- 活動 35：你在說我嗎？ …………………………… 206
- 活動 36：肚子的約會 ……………………………… 207
- 活動 37：疊羅漢 …………………………………… 208
- 活動 38：載歌載舞 ………………………………… 209
- 活動 39：聽診器 …………………………………… 210
- 活動 40：暫時停止呼吸 …………………………… 211
- 活動 41：聞歌起舞 ………………………………… 212
- 活動 42：水珠的旅行 ……………………………… 213
- 活動 43：時空之約 ………………………………… 214
- 活動 44：馬戲班 …………………………………… 215
- 活動 45：黑白說 …………………………………… 216
- 活動 46：暗藏玄機 ………………………………… 217
- 活動 47：請猜我在做什麼 ………………………… 218
- 活動 48：遇見嫦娥 ………………………………… 220
- 活動 49：身體樂器大會串 ………………………… 222
- 活動 50：造型藝術——卡通博物館 ……………… 223
- 活動 51：孫悟空十八變 …………………………… 224
- 活動 52：我是電腦人小幫手 ……………………… 225
- 活動 53：服飾設計發表會 ………………………… 226

‧活動 54：身體彩繪表演 ……………………………………… 227

‧活動 55：石磨磨糯米（或豆漿） ………………………… 228

‧活動 56：原住民舞會 ……………………………………… 229

‧活動 57：情緒小販 ………………………………………… 230

‧活動 58：在月亮上遊戲 …………………………………… 231

‧活動 59：海龍王的寶藏 …………………………………… 232

‧活動 60：交換禮物 ………………………………………… 233

‧活動 61：心情的季節 ……………………………………… 234

‧活動 62：月亮知道我的心 ………………………………… 235

‧活動 63：冬天裡的太陽 …………………………………… 236

‧活動 64：假如我們沒有太陽 ……………………………… 237

‧活動 65：永遠的冬天 ……………………………………… 238

‧活動 66：水仙花神 ………………………………………… 240

‧活動 67：未來世界㈠ ……………………………………… 241

‧活動 68：未來世界㈡ ……………………………………… 242

‧活動 69：未來世界㈢ ……………………………………… 243

‧活動 70：未來世界㈣ ……………………………………… 244

‧活動 71：天氣預報 ………………………………………… 245

‧活動 72：過　河 …………………………………………… 247

‧活動 73：小獅王選拔賽 …………………………………… 248

‧活動 74：落雨的交響曲 …………………………………… 249

‧活動 75：我們來演戲 ……………………………………… 250

‧活動 76：聲音的小偵探 …………………………………… 251

‧活動 77：海獅國 …………………………………………… 252

‧活動 78：班級圖騰 ………………………………………… 253

‧活動 79：魔笛 ……………………………………………… 254

‧活動 80：心的圖騰 ………………………………………… 255

‧活動 81：來自動物的祝福 ………………………………… 256

‧活動 82：選美大會／武士擂台……等 ………………… 257

‧活動 83：人魚公主 ………………………………………… 258

‧活動 84：我是花王、花后 ………………………………… 259

- 活動 85：找爸爸、媽媽 ················· 260
- 活動 86：仙女的時鐘 ················· 261
- 活動 87：乞丐與賣藝人 ················· 263
- 活動 88：五味俱全 ················· 264
- 活動 89：點石成金 ················· 265
- 活動 90：年糕，年糕，年年高 ················· 266
- 活動 91：仙女棒 ················· 267
- 活動 92：假如我的爸爸是國王（我的媽媽是王后）····· 268
- 活動 93：大水來了 ················· 269
- 活動 94：端午節 ················· 270
- 活動 95：猜花燈 ················· 271
- 活動 96：夾心麵包 ················· 272
- 活動 97：飛簷走壁 ················· 273
- 活動 98：蒙古包 ················· 274
- 活動 99：帶路人 ················· 275
- 活動 100：小壽星的願望 ················· 276
- 活動 101：我的家 ················· 278
- 活動 102：彩帶舞眞情 ················· 279
- 活動 103：運動──（擂台） ················· 280
- 活動 104：祈雨舞 ················· 281
- 活動 105：燭火傳心 ················· 282
- 活動 106：你是我的鏡子 ················· 284
- 活動 107：幫媽媽的忙 ················· 285
- 活動 108：我是泥偶 ················· 286
- 活動 109：上帝在身邊 ················· 287
- 活動 110：我是拉線偶 ················· 288
- 活動 111：落葉滿地 ················· 289
- 活動 112：彩色天地，渾然一體 ················· 290
- 活動 113：環環相扣 ················· 292
- 活動 114：人像畫家 ················· 293
- 活動 115：恐龍家族 ················· 294

- 活動 116：隔著肚子說話 ·················· 295
- 活動 117：大小聲 ·················· 296
- 活動 118：逗笑一籮筐 ·················· 297
- 活動 119：袋鼠 ·················· 298
- 活動 120：大型作品展 ·················· 299
- 活動 121：親親與抱抱 ·················· 300

第五篇　感性活動過程示例

前　言 ··· 302

第十二章　肢體之感性活動及扮演 ·················305

　　第一節　我是聽診器（身體聲音、感覺探索） ··· 305

　　第二節　我的心事小秘密（情緒探索） ·· 310

　　第三節　我的願望（自我觀念、形象或認同） ·· 314

　　第四節　飛！飛！飛（想像與感覺）　～陳幼君 ·· 323

　　第五節　急凍人（身體感覺）　～曾慧蓮、林娟伶 ·· 325

第十三章　感性活動後之價值澄清 ·················329

　　第一節　女廚師的故事　～吳妙娟、練瓊華 ·········· 329

　　第二節　溫柔的接觸　～練雅婷、鄭玉玲 ········· 332

　　第三節　「官兵捉強盜」思想顛覆之省思

　　　　　　～雷體菁、吳幸珍 ··············· 335

　　第四節　助人最樂　～麥玉芬、謝佳倩 ·········· 339

第十四章　教室內的戲劇發展 ·················343

　　第一節　日常戲劇活動是如何發生的？ ·········· 343

　　第二節　日常戲劇扮演的性質 ·········· 344

　　第三節　如何使幼兒的自編自導自演更精緻化？ ·········· 345

　　第四節　幼兒自編戲劇常見的問題 ·········· 346

　◎ 參考書目 ································· 355

第十五章　教室內戲劇活動實例 ······················· **357**

戲劇在我班　～練雅婷、鄭玉玲 ····················· 357

第六篇　幼兒劇場的發展經驗
——「棒棒糖幼兒實驗劇團」的經驗談

第十六章　「棒棒糖幼兒實驗劇團」的演變與成立 ········· **383**

第一節　從週末劇場到劇團 ························· 383

第二節　南海戲劇的演進 ··························· 384

第三節　未來的發展與計畫 ························· 386

第四節　劇場素描 ······························· 387

第十七章　戲劇行政與工作——「王子與椅子」 ········· **389**

第一節　「幕前幕後知多少？」

　　　　～李美慧、魏淑利、林如盈 ··············· 389

第二節　劇本發展 ······························· 394

第三節　教師如何做導演　～鄭玉玲 ··············· 396

第四節　配　音　～吳幸珍、張佩琁 ··············· 399

第五節　布景與道具　～張佩琁 ··················· 400

第十八章　角色發展 ····························· **409**

第一節　「最後的銅鑼聲」座談會記錄　～陳幼君、陳柔局 409

第二節　「王子與椅子」的角色發展　～陳玉吟、陳幼君、

　　　　練瓊華、許秀靜、林娟伶、柯慧貞、麥玉芬 ········ 417

第十九章　戲劇之後續活動及幼兒反應 ··············· **423**

前　言 ······································· 423

第一節　價值澄清一例——「王子與椅子」的省思

　　　　～林娟伶、曾慧蓮 ····················· 424

第二節 「王子與椅子」幼兒的現場反應 ～李美慧 …… 427

第三節 「王子與椅子」的問題探討 ～林娟伶 ………… 428

第四節 「最後的銅鑼聲」問題探討座談會記錄

～陳幼君、陳柔局 ……………………………… 432

結　論 ……………………………………………………… 441

第一篇

感性活動與課程

前　言　　情感教育的重要性

～漢菊德

　　很幸運的，我們的教育已不再爲政治服務了，但整體教育策略似乎仍然以社會需求爲主軸。教育是社會化歷程，這和社會需求是不一樣的，社會需求是一種市場現況。如果學校課程過份市場導向，就會偏重知識和技能而忽略了人的教育。莘莘學子人人都在爲未來的需要做「準備」，這現象直接影響到了幼兒階段的教育訴求。

　　這會造成什麼結果呢？Reisman（蘇昌美，1989）認爲在急功好利的驅策下走向極端的個人主義，他依賴、保守、封閉、工具性的偏狹的目標，理性的、分析的處事方式，因而導致感覺麻木，自我意識模糊，他不能發展健全的自我，他所追求的是「他人導向」（other directed）的價值體系，他的追尋是一種盲從，他並不知道自己的需求和興趣！子女接受父母的安排，父母附會著社會大眾。在佛洛姆看來這是一種人爲的需要，是家長制社會的弊病（Fromm, 1988），而人所缺乏的是主動的蓬勃生氣。子女失去了選擇判斷的能力，失去了作決定的能力。

　　學校裡的教條主義、考試主義、教材教具本位主義，使得整個「過程」都在助長人的依賴及非人性和競爭之下所形成的漠不關心、疏離冷漠、不信任、防禦性。他所重視的是生活知識和技能，他努力創造財富和成就，卻不盡然能把握住自我，實現自我。這使他的工作成爲單純的生活和生存手段，生活的重心是物質，佛洛姆說：「人將物質當作他的偶像，而這種偶像崇拜可以使他毀滅。」

　　馬克斯（K. Marx）（徐崇溫，1989）批評資本主義的物化和異化現象，Lukacs 爲他闡述：商品和客觀化使人與人之間的關係物化，人的活動也被外在於人的自主性的東西所控制。他認爲這是一種「虛幻的客觀

性」，表面上嚴謹、合理、有涵蓋性，但事實上卻掩蓋了它的本質，那就是人與人之間的關係。商品及其市場支配著客體的法則，個人要配合這種法則，不能改變它，目標外在於人，因此，個人向自己疏離了，這就是自我疏離，這就是勞動力、人的能力商品化，轉化爲可計量的東西——異化與物化的結果。這是多麼可怕的現象！人被徹底的物化了，人不再被當作人看待，彼此沒有尊重，沒有了感覺。

Rogers 認爲許多精神病患就是這樣形成的，他們失去了自我，沒有了感覺與自主。

我們的教育也隨著社會起舞！似乎連我們也忘了我們的根本工作就是在恢復一個人成爲一個人呢！以羅傑斯的話說，是一個拿掉面具回到自己，不再僞裝不再否定感情，不再披著理智的外衣，成爲一個活生生的，有血有肉的，充滿情感的、生命有變化的人（孫大成譯，民79）。但是，好像從幼兒階段開始我們便在爲一個非人性化的現代人生活模式作準備似的！且看我們的教育目標，其中也充分反映出對智育的偏重，譬如有關社會情緒部分的目標：

◉ 「增進兒童倫理觀念」

將「觀念」列在目標裡，容易引導實務工作者偏向認知方面發展，使情意教學帶有濃厚的教條色彩，而過程也容易走上說教、灌輸。

此外，就情育的內容上看，目標中有：

「培養兒童合群的習性」及「養成兒童良好的生活習慣」兩條，似乎涵概性並不夠廣，譬如，社會情緒的中的助人、關懷、接納⋯⋯等重要項目並不能單以「合群」代表之。

我們並不反對智育，而是反對只偏重智育。蘇格拉底提出「知識即道德」，佛洛姆在《爲自己而活》一書中也認爲培養理性和重視實踐可以產生對愛的直覺而使愛成爲創造性的愛，因愛沒有理性爲基礎就是盲目的，就具有破壞性。情緒心理學家 C. E. lzard 與 G. Mandler 相信情緒自嬰兒出生兩星期即已開始，其重心是社會互動，Bard 和 Malatesta（1984）認爲情緒形成與行爲和認知有關（游恆山譯，民82）。可見認知是很重要的，

但是他們強調理性、認知，同時也提出人的互動及環境的關係。人的行為不是單純由認知決定的，Randolph 認為態度、知覺、學習，和個人行為是連鎖的關係。而態度則是對人、對事、對物一致性的內在心理反應，是一種行動傾向，具有動機性力量。態度也和價值信念有關，是從經驗中獲得的，在和他人的互動中形成而成為行為的基礎（黃月霞，民 78）。知覺、態度都有助於自我觀念的建立，凡此，沒有情感教育是做不到的。無數的案例已顯示，青少年犯罪率的提升，犯罪年齡的逐年下降已告訴我們，知識灌輸和權威是不能造就愛心和創造性的生命。長久以來我們忽視了動機、態度、情感的發展、情意、價值觀、自我觀念、自主的能力、作決定和計畫的能力、解決問題的能力及人際關係等，這些創造和愛的動力，事實上我們已付出了代價。而這失去的一切也正是成為一個人所必備的，一個有見解、有信心、有能力應變，有感情、有愛人的能力的人！

學生離開學校後更投身於非人性化的組織體系裡，組織及官僚體制的刻板規則，形成了人與人之間的疏離感、防衛。此外，在組織中人過著標準化的生活，無論是吃的、喝的、穿的、想的、玩的、做的，都因廣告、媒體的操縱而一致化了，他的工作是大組織機構運作中的一小環，他失去了「獨特性」，他覺得自己微不足道，他人在群體裡，卻是孤獨寂寞的！最後他放棄了自我，忘記了自己的感覺（Whyte, 1957）。

生命的終極目標是超越自我去實踐愛——對人的愛以及對世界的愛，而不是止於自我實現，這是單靠知識和技能無法達到的。更何況唯物主義或拜金主義者連自我實現都做不到呢！人生沒有愛做為目標，對馬斯洛（Maslow）而言，會產生存在價值的挫折而形成形而上的精神病（莊耀嘉譯，民 89）。這些人的特徵是，虛無、極端的利己、懷疑、不努力、思考二分對立、內在世界不統整、喪失自我與個性、喪失情感、形同機械人、宿命論、無自由意志等等。

人文主義者主張回到真實的我，由真我進入超我。但是我們要注意（我認為）：這個返樸歸真的我不是一個從母體裡剛出生的我，真我受社會互動和文化的影響。自我必須經過省察才能回歸到真我，也就是說，自我在情境中要主動的探索，才能知道或察覺（awareness）到真正的我。

第一章

情育在幼稚園的實踐──以南海為例

第一節　課程中的感性意義

「感性活動」一詞是指應用在南海實幼所有有關情育的活動，這是杜撰的一個詞，始於民國八十年。「感性」相對於「認知」，就整體的課程來看，可凸顯出課程的特色和精神。

◉ 感性課程與創園的教育觀結合

南海的感性課程是根據南海的生命哲學所發展出的情感教育，在生命哲學的體系中，可以下表簡示：

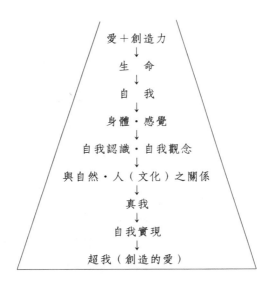

　　生命來自愛與創造力，生命的目的是活出「創造的愛」，先由發展自我開始，達到超我。其過程是透過身體的探索，認識自我，開發由內而來的無限潛能，建立信心和健康的自我觀念，由此與大自然和他人創造和諧的關係。這時的個人已超越了原來的自我而進入包含文化所整合的真我的境界。「真我」：是指真實的我，而真實的我是個人察覺到自己的真實面貌並進一步探索自我的根源——他人、文化與自然。所以真我包含自我與環境的關係，是自然的也是人文的——自我要與環境結合才是真正的我，也是完整的我。這是教育者要做到的。至於「自我實現」則待以後的發展。幫助學生認識自我，健全自我，擴大自我，散發出無私的關懷，也就是終極的、創造的愛，從幼兒開始。

第二節　從課程結構上看自我與身體

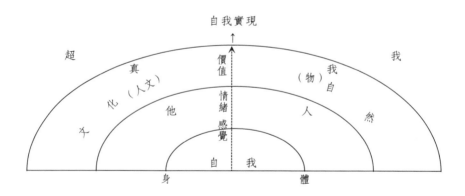

　　活動由身體為基礎，透過與他人和環境的互動探索感覺與情緒，最後融入了人與環境。因此身體探索貫串整個課程，也是課程中的一環，身體是過程也是目的。經由身體探索，認識自我和外界，同時藉對身體本身的探索去感覺、體認自己內在深層的部分。身體的探索進入自然與文化便是真我的延伸，也是真我的內涵——由此通向超我。

　　從圖示上看自我是以身體為本，沒有身體一切都是空洞虛幻的。自我以身體為基礎不斷擴大，最後達到超我的境界。可見自我（self）是不斷在成長的，自我與身體是一體的。自我與身體的關係自古以來便爭論不休。後康德派的 Maine de Biran 是身心一元論的代表，他為身體與自我建立了完整的本體論而主張自我（ego）、身體與動作均為一體，發自 ego 的身體動作是自明之理（self-evident），因為自我是超驗的，自我與身體的完整、一致是一種超乎經驗的內在經驗，而這種完整性也正是自我的存有（being）。

　　因此，在 Biran 看來，身體不是一種器物，它和 ego 是「存有」的一體之兩面，身體和自我均為存在的原創狀態，它們有絕對的主體性，所以自我和身體是不可分的。自我直接、同時作用於世界（Etzkorn 譯，1975）而非藉由任何的媒介如身體。

　　Biran 將 ego 視為身心合一、超驗性自我的全部，事實上忽視了自我與身體的現實面，超驗與先驗均屬觀念的存在形式，這些形式，無可質疑的，是必要的，是自我與身體活動的基礎和依循。但是，身體活動不僅是向內的而且也是向外的。雖然身心是一起工作的，身體與外界的接觸是無法避免的，而與外界的接觸必須靠知覺，向外延展活動的感官必不會受限於內在超驗經驗，於是，自我的內涵有了新的資訊，自我便有機會成長了。

　　「自我」──self，在我看來，應該包含 ego，Biran 的 ego，不是 self 的全部。Biran 將 ego 視為全部，使自我封閉了起來。羅傑斯（Rogers）說得好：自我（self）是一種流動的，有變化的完形體（gestalt），它是一種過程（process）（Lindzey, 1978）。自我之所以有變動，是因為自我不斷與生活經驗、感官世界有互動之故。所謂互動，也就是自我在固有的參照架構下接納、外來的資訊重組、建構成新的觀念，這便是自我的過程。自我不是一成不變的，若如 Biran 所言，自我便是固執的觀念架構了。

　　正如羅傑斯所說，自我是有組織、一致性概念的完形體，包含對「I」或「me」特性的知覺，以及「I」或「me」跟他人及多方面生活中關係的知覺，還有對相關知覺的價值觀（Lindzey, 1978）。自我來自生活的多方

面「關係」，也就是一種互動，而其過程是建構的。可見自我是可發展的，經由學習更新、成長、豐富，乃至於成熟。

因此，我主張自我（是 self，而非 ego）的結構是由一超驗的架構為基礎，和可以與外界互動的知覺部份的我所組成，如此使內在經驗和外在經驗結合，自我對外在的知覺和對自我本身的知覺不可分割，它能統攝兩者的關係而做完形的建構，在這裡當然身體扮演了不可或缺的角色，身體是由自我之所生，是自我的一部分。自我即有超驗的絕對主體性部份，也有經驗的相對主體性部份，前者支持著後者，而後者，經驗的主觀意識，又在他人的關係中得到檢驗、修正、統合而進行內部的觀念建構，這應該是一個真實的自我運作的面貌吧！

這樣的自我所涉及到的層面必然很廣，這正是課程結構圖上所標示的：

*1.*自我對自己的探索層面：自我認識、感覺情緒探索。

*2.*人我層面：人際關係，愛與關懷的情緒探索。

*3.*物我的層面：自我與自然環境，體會環境，培育深層的愛與憂患意識。

*4.*大我中的我：自我的延伸，體會文化中的情操。

在自我探索的層面上重點在自我觀念的建立，自我認識，包括身體的認識、感覺、情緒的覺察。這是感情教育的基礎和最重要的部份。這方面的教育也是前一輩的教育家所輕忽之處。自我探索與他人關係是不能劃分的。因為身體面貌從鏡中觀察外，無論認識身體或是個人的情緒、感覺絕大情況是透過別人言談或行動得知的。所以自我心理學家稱之為 Looking glass self──鏡中的自我，他人就好比是一面鏡子，卻比真正的鏡子看得更為深入！自我與環境的關係，主要來自東方宗教或信仰及中國哲學，也是中國人較重視的部分。西方哲人常在人體上找出與大自然的相似處，以此觀點說明人與自然的密切關係，以人出於自然，也要回歸自然，譬如基督教主張人是上帝用泥巴塑成的，所以死後也要回歸大地──泥土裡。哈雷（R. Harré, 1994）引述了一位名叫 John Donne 的詩文，描述了身體之為微觀宇宙與鉅觀的宇宙相比擬。哈雷稱之為人體圖象（anthropographie）。他認為將人體比作宇宙是始於十七世紀，純屬一種想像。而我們熟知的 Rollo May，也曾生動地將人的血脈心跳比做大自然，而發現人體的呼吸與大自然的脈動有如此巧妙的契合！

中國早在數千年前就有了這樣的比擬：道家「人身一小太極」及盤古開天的神話中不但有巧妙的比喻，在我看來，更有感人的義涵。它這樣說：盤古死後，他捨不下心愛的大地，將身體融在泥土裡了。

他的血變成了河流，滋潤著大地。

他的胸、腹、軀體變成了田畝。

他的腿、手臂，高聳起來成為山脈。

他的牙齒、骨骼埋藏在土裡成為寶石了。

看看中國人對大地的感情！創世者如此的犧牲和照顧，像一個母親般的呵護著大地！而女媧補天的神話，在我看來更是一種預言！

中國人對物我關係不僅止於「相似」觀（analogy）而已，而更近一步的發展出了憂患意識，先民中隱含著這樣的情感、憂慮和遠見！而這樣的情懷是中國人全民族的，也應該是我們下一代的，這已是我們的「自我」！

因此，自我也必與文化關連，無論我們對身體的觀點如何，情緒表達的方式都與我們身處的人文環境息息相關。

超我，在我原來的體系中有著超驗的、直覺的意義，但，我特別要說明的，在學校中，尤其在幼稚園，我們較不適宜採用直覺的、省悟的這類特殊途徑。所以，我將「超我」釋為「大我」，這又是我杜撰的，只是為了它的實踐性。這「大我」就是超越微觀的自我，進入鉅觀的我——人類共同的文化和宇宙，但這不是超越現實界和感官世界的，即使是我們的記憶夢想，也與現實生活有關，讓我暫時將「超驗」的意義懸擱起來。

中國人的自我與身體觀最具實踐性。中國人講究「踐仁」的工夫，「仁」這創世之本，根植在心性中，藉著實踐才能使之「佈於四體」表現在行動，即身體上。所謂「吾日三省吾身」、「修身」都是自我成長，「身」也就是身、心，而不只是身體了。這使超驗的「仁」行動化了。

自我要達到「仁」的境界，便是身體力行。體動中有「我」，「我」就是「仁」——宇宙的縮影。

第三節　感性活動在那裡？

感性活動可以是單獨的活動，也可以融會在其他的活動裡，使感性活動成爲全面性的。從課程的活動時間上看有以下幾點：

一、會心時間

教師選定一個時間專門做感性活動，這是完整的活動由熱身到分享，而不是只採取活動的一部分。

二、活動銜接時間

在兩個活動之間，活動轉換或在等待時，教師可以以簡易的感性活動使幼兒放鬆和做下一步學習的熱身。

三、親子活動及全國性活動

任何類別的活動都可以用感性活動做熱身和開導，當然親子活動更可以將一系列的感性活動加入，成爲整體活動一部分或主要部分，以增加親子之間的親密關係。

四、方案時間

南海的方案不是純粹認知的，必須與感性活動結合，因此感性活動要根據方案主題發展，呈現在整個方案中，從開始到結束。以感性活動減少方案的認知特性。

五、其他開放時間

在小組或開放學習的時間，除了有相關的感性類的小組如自由扮演

外，教師亦可配合小組活動發展出簡易的感性活動。

六、各類演戲
七、家庭親子活動時間

　　從民國七十九年的「悄悄話」中即已編入感性活動提供家長與子女，每週一次，每學期二十週，中、大班兩年共八十個活動，這是感性教育從學校深入到家庭的途徑。

第四節　感性活動的方式和要素

　　這些活動與心理劇有很大的相關，常為輔導教師所採用。但應用到幼稚園需要一些調整，當然也要保持原有的精神。因此已然不同於一般的輔導活動，教師要發揮平日的創造性，將它轉化為適於幼兒的活動。活動從形式上分，有以下幾種：

　　1.團體及小組肢體互動。

　　2.角色扮演。

　　3.討論與分享。

　　4.繪畫。

　　5.戲劇創作及演出。

　　從內容功用分析上看，有以下幾種要素：

一、身體動作

　　利用身體動作感覺身體與情緒的關係，如擬人化，有鏡子作用的動作等。

二、角色之體驗

　　以特定角色探索個別情緒問題或滿足情緒需要。如扮演對角或替身，

探索不同立場之感覺與情緒。

三、顏色與造型之利用

創造造型如身體雕塑或裝扮，以及在造型和繪畫中使用色彩，探索情緒與問題。

四、身體接觸

有握手、擁抱、親吻、撫摸等活動，以建立信任感、親切關係或表示安慰，感覺身體，彼此認識。

五、語言

以語言表達對活動的感覺，及對同伴表示安慰、同理、稱讚及感謝等。

六、自由想像

由情境脈絡開始到逐漸抽離情境的想像，如以童話人物探索人際關係、情緒及想像「可能的」事。

七、沈思

以片刻沈思（而非時間較長的冥想）與同伴分享經驗或對環境中物體「說話」，有「空椅子」的效果。

八、創造

在幼兒自發性或自己編製出來的遊戲造型，或戲劇，以及幼兒用來表達的語言、繪畫動作等，都屬於創造性的活動。

（南海採取綜合的形式，亦即統合各種形式。本書介紹重點是以肢體動作為主軸的，因為這是需要設計的，繪畫較不需要事先設計。）

第二章

感性活動的特質

第一節　感性活動是學習的基礎

　　感性活動主要是與社會情緒發展有關的，有個別性的和一般性的。但是幼兒的成長是全面，各方面必會相互影響，而全人教育的訴求正是在強調統整性的學習和成長。感性活動在學習方面有統合的功用，大約分兩方面：

一、情緒是學習的基礎

　　孩子在認知上有進步，必定和情緒的適應一致才是。一個心裡一直想著媽媽的孩子很難專心學習，或者一個安靜不下來的孩子也很難專注於一種活動，團體在這方面有它的引導作用。我們曾看見一個在選擇學習區時遊走在幾個學習區的孩子，無法在一個區內安靜到五分鐘，卻在小組和同伴的引導下使他安定下來，從開始坐到結束。同時，由於南海是混齡的，年長的孩子對年幼的同伴照顧，愛護有加，唸故事給他聽，陪他玩積木，團體對安定幼兒的情緒有很大的幫助。

　　此外，梅羅龐弟（Meileau-Ponty）（Jenks, 1982）認為情緒的影響所及並非只涉及情緒的問題，它會使一個人有機會和可能去重組他人際環境中的關係。一個無法克服他對別人不信任、不安，是很難和別人相處，這種情形會影響到他的不只是社會情緒發展，他的語言、認知都會受到限制，因為這些方面的發展，是無法靠個別學習成就！梅氏堅稱情緒和智能發展是相輔相成的，語言的進步可以「解釋」為情緒的進步，整體智能上

增進也會形成情緒的進步，在今天有更多的研究事例可以使我們相信，一個高智能的孩子，他的 EQ 問題處理不好是無法有成功的學習。而這一切完全成就於團體互動。

感性活動可以安定情緒，在南海透過感性活動，幼兒做身體的接觸，對於某些特殊問題的幼兒，可以先由小部分肢體接觸，如碰觸指頭的遊戲，逐漸發展到擁抱，對同伴不再防衛，消除陌生感、不安全感。

二、身體就是學習的媒介

學習是經過感官和行動與外界不斷的互動而產生的主動建構過程，因此身體的參與是不可或缺的。此外，建構主義下的學習更是重視主動性和團體的學習，無論是語言或是整理概念。例如：學習長度時，可以用手臂、手掌，甚至於整個身體測量，一個人躺下來，其他人做記錄，探討圓周時，可以團體牽手圍起來。此外體重、溫度等更需要身體直接的深入再進入團體討論做分析綜合。

就情緒而言，設想一個一直被冷落沒有機會與人做身體互動和接觸的孩子會有什麼結果？珍妮斯（S. Jennings, 1993）提供了許多個案，顯示從未被父母抱過或時時刻刻被抱在懷裡的孩子都會有身體動作及特殊的發展遲緩問題，而經過身體動作的系列活動後才能逐漸恢復正常。珍妮斯提醒我們注意幼兒在「情緒」上需要成人的擁抱和接觸，而中南美及亞洲人習慣將子女揹著或抱在身上，兒童的發展較同年西方兒童早。

身體的拓展直接與感覺和情緒有關，而感覺又影響著自我觀念。身體動作使幼兒擴展他（她）的感覺世界，幼兒經由身體去認識周遭的人和物，認識他人的存在而建立自我意識，並且藉著身體的接觸建立他（她）和別人的關係。對幼兒而言，沒有身體活動就無法成長，感覺不能發展，得不到外界資訊。缺乏與他人身體的接觸，便不能從「關係」中發展出認同感，對情緒和認知發展都有不利的影響。

認知要和感覺結合會產生情意，幼兒用身體去感覺大自然的變化及花鳥蟲蝶的動作，學到的不只是知識本身，還感受到自己和自然的親密關係，而更加喜愛自然。

感性活動達成了全人教育，感性活動根本就在實踐全人教育。

第二節　感性活動是團體的

一、團體是學習「場」

　　情緒探索在幼稚園裡是一種重要的學習歷程，關係著幼兒的情緒發展。因此，它不像一般有治療目的的團體，情緒學習透過身體動作，表情的傳達才有可能的，否則一個人無法眞正「感受」別人的感覺，因此肢體動作、表情的意義化就是一種學習，學習了解感覺和表達感覺是可以同時得到的。這也是溝通技巧的一環，成為幼兒學習的一部分。

　　C. H. Cooley, H. S. Sullivan, K. Horney 及 C. Rogers 等人都認為人的情緒及自我發展，均成於人際互動之中（Hamachek, 1978），這也就是說，團體所提供的社會情緒方面的學習是最原始和直接的情境脈絡，幼兒在實際情境中對於情緒的領會更為深入。幼兒將自己感覺別人的動作、表情及情境中的事、物，人的互動連貫起來，建構成他個人對情境的解釋，對於他個人的「感覺」或「情緒」賦予意義，他會知道那件事令我生氣，也會使別人生氣。教師要幼兒注意此時此刻的感覺，把握住情境中某種情緒的片刻，去探索情緒。

　　這個過程便是在人際互動中去體會情緒與感覺，透過別人認識了自己和自己與世界的關係，因此團體成了學習情緒和關係的情境。

二、在團體中尋求統合

　　自我心理學家認為，一個人期待他人對自己給予「評估」，這表示他想要融入社會，期盼得到認可和接納，如果得不到就產生焦慮。心理學上看，這是一種存在性（being）的焦慮，所以團體中的個人不斷對自己尋求「意義」，同時也給予他人「意義」。米德（G. Mead）等人（Jenks,

1983）認爲這種尋求是內心主動的需要，自我要達到和社會、世界和諧一致才算有完整的發展。「全人」的意義亦在於此，而人尋求的完整是不斷統合的歷程，也就是，完整自我的獲得要在每天的日常生活中與他人互動，以社會文化、價值檢視自我，不斷以調整和充實而成，這樣的過程是無止境的，自我的成長即在於此。日後，自我也因而有可能與世界、宇宙結合，一步步進入眞我與超越。

第三節　活動需要討論分享

◉ 爲何情緒要討論分享？

討論分享意謂著主動省察和意義化、表徵化。

在活動中只經「感覺」來學習情緒是不夠的，因此肢體接觸的活動並非感性活動的全部，接著要做感覺的分享。分享中幼兒對自己的情緒反思，而有了清楚的概念，也藉由自己的親身感覺去感受別人、了解別人。如此深層的彼此了解可以建立深厚的同儕關係——愛和友誼，親近的團體關係建立了，才能成爲每個幼兒有效的、全方位學習的基礎和支持。

這是幼兒社會化必要的過程。溫德（G. Winter）（Jenks, 1982）引述米德（G. Mead）的看法，個人的身體表達一種意圖，期待別人的反應，透過反思後達成的溝通形式傳達某種意義，而最終目的達到與社會統合，這就是社會化。在社會化中內在的我和社會情境中的我產生對話而豐富了彼此的內涵。個人與社會之間的差距，提供了自由和開放的可能性，這便是自我與他人之間互動的空間。這就是溫德所謂「我們關係」（we-relation）之形成。是透過社會及文化環境中的姿勢、信號，及高層次的符號的傳達交流而得以加強的自我與表徵（符號）相互依賴，以表現動力的創造性和共同的溝通形式和意義。

「我們關係」並非自我與他人之間有「同感」或「同情」而產生對他

人的意識，意識到他人是由於他人在說話，做出姿勢，表露出快樂或害怕的表情，行動朝向我們或背向我們等原因。因此，意識到他人也就是捕捉到他人的「意義」，「意義」就要詮釋和表徵化。當「他人」進入「我們關係」的情境時，他願意表露他們的情緒和思想，使別人將之表徵化，團體情境中的自我分享同樣也就是想要經詮釋活動進入表徵世界，個人對自我意識的產生同樣不只靠他人的反應，也要靠表徵化過程，才會明確、具體。情緒分享時除了要對行動詮釋和表徵外，其過程必會涉及到對情境脈絡的判斷和了解，因為行動的背景是詮釋行動的重要參考。情境脈絡是對發生的人、時、地乃至於文化背景的探討。當然了，這其間沒有批判，只有判斷；沒有價值取向，只有價值澄清。因而自我認識和對他人的認識都成為反思性的活動，所以，這過程是從團體動力到團體分享才能完成的。感性活動要歸結到反思性活動，這顯示了團體討論的重要性，它不只關係到對情緒的認知，也關係到情緒的分享（漢菊德，《成為一個人的教育》，民 87）。

第四節　感性活動與生活經驗結合

◉ 這也是感性活動的延伸

　　幼兒要在情境中學習，團體使幼兒認識了自己的身體和感覺、情緒。幼兒的學習並未就此打住。在互動過程中教師所發現的問題以及與日常生活中相關的問題，教師不能置之不理，這種情況有以下幾方面：

　　1. 身體活動時或活動後所引起的情緒，在分享活動中會聯想到相關的事件。

　　2. 自由扮演活動或幼兒自行發展的各類戲劇活動，在分享中會與實際生活事件聯結。

　　3. 以實際生活事件為前導，幼兒或教師的角色扮演活動。

*4.*教師演出的兒童劇。

情緒探索活動不再是教師指導下單純的遊戲，當分享活動與情境結合時，就成了生活中的一部分。活動也延伸到觀念的探討而涉及到價值澄清。價值澄清主要是一種思維活動而非情緒探索，兩者在進行時，時間要分開。一般在進行情緒分享時絕不要「分析」和提供意見或建議，以確保情緒探索的深入，當價值觀問題出現時，教師要另擇時進行討論。

無論是純屬情緒方面的問題，還是進入與事件有關的價值觀問題，教師都要謹慎的帶領才能對幼兒有幫助，譬如，情緒的分享不可以一開始就指明某個幼兒的情緒問題，幼兒是十分敏感的，幼兒的問題一定要一般化。換言之，不能將某個幼兒的特別問題公開討論，教師必須預先經過「包裝」，再列舉其他類似相同問題，同時教師也將自己問題拋出，淡化原來的問題，務必使每個幼兒都能夠承受，願意坦誠的分享討論才行。否則便要放棄分享個別情緒問題，只談一般性問題如生活及社會性事件等即可。

至於兒童劇裡的問題更是完全開放的，幼兒可以深入廣泛的探討其中的感覺與價值觀。

在南海，這些感性活動使情緒和價值的探索結合起來了，一方面由感性活動中發現問題，一方面將價值探討過程感性化。

當感性活動延伸到價值觀的探討時，就涉及自我在尋求統合的意義了。

總之，可見自我是主動的追尋者，主動的詮釋者，意義的追求由活動的解讀進入語言符號，由感覺進入思維整合。

第三章

實施感性活動應有的基礎

第一節　幼稚園的準備

感性活動具備開放的所有條件，因此做感性活動必先使自己的園所走向開放，建立人性化、支持性的校園文化，從校園到班級存在著潛在的凝聚力，瀰漫著愛的氣氛。感性活動若不以開放為基礎，教師必無法深入了解，親身體會，學來的活動只是模仿而已，對幼兒幫助不大。

◉ 開放教學中的情育

南海實幼在人文主義的精神下實施開放教育，實施的過程是：

*1.*幼兒自由選擇學習區，教師將計畫好的教材及資源分門別類放置在不同的學習區裡，如閱讀區、益智區、科學類的探索區、美術區、戲劇區、音律區、大肌肉活動區等。幼兒在自選的學習區裡活動過一段時間後回到團體裡分享和討論。

*2.*幼兒分享在各學習區的所見所聞並討論所發現的問題，包括同儕間發生的事、討論解決的辦法。接著討論及計畫下一步的活動。因此，幼兒計畫的活動是學習區活動的延伸，譬如，從閱讀區回來的幼兒可能會發展出戲劇活動，從戲劇區回來的幼兒可能會發展出藝術活動，從探索區回來的幼兒可能會發展出認知性的方案如小豆芽、小魚的探索等。

開放的學校幼兒是自主的，學習由發現開始，生活經驗為起點，認知過程是建構的，情緒是分享的。因此，團體互動頻繁，氣氛卻是安全的、支持的。各類問題均由團體討論解決，過程中學到思維、語言、包容、接

納等能力和特質。

第二節　幼兒的準備

一、社會情緒及社會性發展

　　根據皮亞傑（J. Piaget）的發展理論上，七歲前的幼兒處於兩個階段：零至二歲是感官動作期（sensori-motor stage），兩歲到七歲是前運思期（pre-operational stage）。但就社會情緒而言，幼兒可經由社會互動獲得觀念，而並不需要等到七歲以後。Dreman 和 Greenbaum 對幼稚園的幼兒做過一個研究，他們以一個裝有七顆糖果的袋子請小朋友拿去分送給班上沒有糖果的小朋友，看看他們如何分法，為何而分。

　　研究者看到的結果是：有百分之四十七的孩子是基於利他理由──「我給他快樂」，或是社會責任──「如果我不給他，他就沒有」。只有百分之十九是基於自利的理由──「他是我的好朋友」，「我給他，他才會跟我玩」，百分之三十二沒有答案（呂翠夏譯，民 77）。可見年齡在發展階段上不是絕對的。

　　社會性發展方面，有 E. Erikson 提出的基本信任（basic trust）及自主性（autonomy），自動自發（initiative），尤其「信任」，都是感性活動的基礎和重點。幼兒遊戲和社會性發展，根據 Hurlock 及 R. Courtney 的看法（王鐘和譯，民 76），增編修訂、釋意如下：

　　1. 會辨別性別、老幼：知道自己父母的性別，四歲幼兒仍有些模糊。

　　2. 會判斷是非：知道打人、打架是不對的。

　　3. 認識多種社會角色：知道爸爸是做什麼的。

　　4. 會開玩笑：會故意逗同伴或老師發笑，或惡作劇做弄人。

　　5. 對人、物會做變通性思考：可舉出一樣物品多樣的使用方式。

　　6. 會對現實性問題發表感想：會批判選舉、立法院發生的事。

7. 會一起工作、遊戲：與同伴分工合作，完成造型、繪畫，或一項計畫如戲劇。

二、表徵化與表達方面

王文科（民76）列出皮亞傑繼感覺動作期之後的一些行為模式，有

1. 會延後對表象的模仿（譯爲**延宕模仿** deferred imitation）；2. 會從事**象徵性遊戲**或扮演遊戲（Symbobic play or game or pretending）；3. 會**繪畫**（drawing），已經由遊戲進入圖象意象（graphic imagery）；4. 對知覺經驗會產生**再生意象**（reproduced imagery）及對未來會想像其結果而有期待意象（anticipatory imagery）；5. **語言發展**，會敘述知覺經驗及觀點。

皮亞傑的這些發現正是感性活動中所應具備的基礎，例如：在活動中請幼兒「變爲」一隻毛毛蟲在地上爬，這是一種延宕模仿，是靠記憶而非在毛毛蟲面前做模仿動作，他對毛毛蟲爬行的形象、異動是脫離現場的，留在心理的再生意象，這與現象的實物並不會完全一樣。我認爲幼兒的動作不完全是模仿，而有大人意想不到的動作出現。「如果毛毛蟲遇到食物，它會怎麼樣？遇到一場大雨它會怎麼樣？遇到它的天敵它會怎麼樣？」等等情況，幼兒會用他的舊經驗和知識做預測判斷，這便是預期意象，皮亞傑認爲幼兒尙無此能力，其實幼兒在多方面一再的表現出這種能力。譬如說：「如果我給他吃糖，他就會和我玩。」

感性活動中有許多象徵性遊戲，幼兒會自選材料將自己裝扮起來，用水管當成螞蟻的觸角帶在頭上，將自己扮成王子、公主等，活動中有創造性。象徵遊戲是孩子情緒的表徵化，也是這個階段很普遍的現象。（下文再議）

至於繪畫的圖象意象則更明確了，幼兒的塗鴨是有故事可言的，他們的繪畫是在將知覺經驗及內心經驗的圖象化，表現他的生活以及意識中的圖象原貌。在感性活動中，在體動相伴隨下常用圖畫表現感覺、情緒，其中色彩和圖案的份量一樣重要，是了解幼兒內心世界的重要線索。

這些均建基在感官動作的成熟上，如大小肌肉、平衡感、感官協調。

語言的發展上四歲以上的幼兒語言能力已純熟，接近成人了。幼兒可

以用流利的用語進行感性活動後的情緒分享與價值澄清。這些均屬團體討論。在分享和討論中有敘述，做比較、歸納、綜合等，其中涉及到思維能力。情緒分享則要包容、接納、同理。凡此，除了動作便是用語言表達了，對於情緒類字彙，幼兒使用的有限，這是他要學習之處，教師在互動中應多使用豐富的詞讓幼兒學習。

三、遊戲發展方面

逐漸減少對成人的依賴和陪伴，增加與同伴的互動。遊戲發展的特徵是：

1. 由旁觀者行為，經過單獨遊戲、平行性遊戲（一起玩但互不相干）、無組織的聯合遊戲，到有分工、有組織的合作式遊戲。
2. 可做大團體式遊戲。
3. 遊戲有創造性和想像力，自發性的遊戲愈來愈多。

如前文所述，遊戲是象徵性的，因此可說幼兒的遊戲不受眼前物品的限制，一切大人視為道具的東西，他們都賦與另外的意義，他是在一種想像中以自己的意義遊戲，遊戲是自發的、即興的，在過程中卻一節節均有計畫，同時也隨時在修改計畫，所以其間有運思，他的心思時時在注意可能發生的改變，社會規範也在此隨機發展出來了。遊戲似乎成了幼兒社會行為、情緒、語言的實驗場景，一切在此得到深刻的體會，更重要的，對幼兒而言，使願望實現，使夢想成真，遊戲的本身就是動機，幼兒內在動機！

由此可見，幼兒的身體動作是發自主動的意願，有想像、有願望，對情境有他個人的意義和詮釋，這使他的動作和遊戲中有創造性、有投射作用。他的身體活動有知覺的參與，以及有運思相隨，使他的身體感覺結合，使他有能力去感覺身體，體察感覺，有能力對身體做一番反思而建構他的自我認知架構。

身體感官、動作、社會情緒、表徵化能力、語言等方面的發展，及對遊戲的天性般的喜好，使感性活動成為可能。

第二篇

理論與背景
——教師的認識與觀念

前　言　教師應有的認識和準備

對於教師的準備，當然她（他）必須具備基本的學理概念，團體活動的經驗和能力，會帶領開放式的討論，了解及運用行為語言、同理心於日常的教學和溝通中等。所以，她（他）必須是一位開放教室裡的教師。而對於感性活動，教師要具備以下幾方面的基本觀念：

第一，以心理劇為基礎的肢體感性活動的背景。

第二，身體知覺與遊戲的重要性。

第三，藝術活動和情緒的關係（由陸雅青執筆）。

第四，幼兒戲劇發展（由李永豐、任建誠執筆）。

第五，對其他相關活動的觀點：

1.價值澄清

2.幼兒閱讀

3.童詩創作

4.幼兒音樂

此外將「幼兒藝術創作」和「戲劇扮演對幼兒的影響」兩篇原屬第三、四項的主題，也併在最後一項，以表明筆者個人的看法，同時可將三、四項保持為專屬三位專家的專章。

第四章

感性活動的背景探討

～漢菊德

在幼兒階段，較普遍的有 Sue Jennings 和 C. Smith 等人所做過的研究及編彙的活動，都是以身體動作為主。南海的感性活動有著稍多的心理劇、會心團體和家庭治療的影響。在一般學校團體裡，最早的影響是會心團體。今天的心理劇已經不是最早期的心理劇，乃融合了多種理論和方法，包括會心團體和家庭治療的方法在內，逐漸地受到校園的重視。

第一節　家庭治療

家庭治療（Family therapy）是以特殊的方法協助一個家庭重建。一般認為家庭問題或家庭中成員的問題多半來自溝通不良，單獨透過語言的溝通較難控制情緒達到同理、接納。薩提爾（Virgina Satir）倡導以雕塑（sculpting）和角色扮演（role-playing）為溝通方法重塑家庭。她相信這種動態更能使人發覺內在的資源，發揮創造性，滑潤了溝通過程，達到同理、包容的溝通目的。這方法是以姿勢、動作將成員間的關係和情緒表達出來，透過具體化成員更看清了自己。薩提爾的溝通要素如下（吳就君譯，民 83）：

1. 我們的身體——它的移動及其型態。
2. 我們的價值觀——這些觀念表示我們求生存和過好生活的方式。

3. 我們的期待——這是從過去的經驗搜集而來的。

4. 我們的感官——用眼睛、耳朵、鼻子、嘴巴、皮膚，可以去看、
   聽、聞、嚐、碰觸及被碰觸。

5. 我們說話的能力——語言及聲調。

6. 我們的頭腦——我們的知識寶庫，包括過去的經驗所學到的、閱讀
   過的，及所接受的指導。

薩提爾所重視的是身體語言，身體動作、面部表情、眼神、聲調，及
其他感官，都會反應出內在的想法和感受。不同的聲調或表情，即使用相
同的語言，也會傳達不同的意思。而身體的動作如觸摸、擁抱，彼此身體
的遠近、方向，都可以表達不同的意思。

薩提爾重視「此時」「此刻」和「你我之間」的運作，而將溝通視為
一部有聲的攝影機（吳就君譯，民83），可以流露內心此時此刻的感覺、
情緒和想法。經由身體雕塑、感官、身體動作等溝通方式幫助個人了解此
時此刻的情緒及關係，及至於了解問題。

薩提爾及其家庭治療主要由吳就君教授引介，是受到重視的治療方法。

第二節　會心團體

會心團體是一種普遍的廣為人知的團體模式，羅吉斯（Carl Rogers）
和舒茲（W. Schutz）是創始人和對團體發展最有貢獻的心理學家，而羅
吉斯對人文主義教育的影響更是深遠。根據Shabber等人的研究（夏林清
等譯，民81），他們主要觀點與方法簡述如下：

一、羅吉斯的會心團體

羅吉斯在一九六八年轉入新成立的「全人中心」（Center for Whole
Person），他以人文的觀點去擴展意識。羅吉斯在這裡能發揮理想——以
案主為中心，所以他強調現象學，以成員個人的思維、感覺而不以他人或

領導者的主觀解釋對成員反應。他對團體的看法直接發展成感性活動：

1. 團體即有成長也有治療的功能。

2. 重視彼此坦誠。領導者要引導成員坦露才能對彼此有幫助。

3. 重視覺知、表達和感覺的接受能力，他首重團體的凝聚力，如此，成員之間彼此的接納度會提高。

4. 以角色扮演和身體接觸做即興活動，強調自然表達原來的自己，而不是在預先的計畫、安排下表達自己。

5. 強調此時此刻的感覺，多以分享討論針對此時此刻深入探索。

二、舒茲（Schutz）的開放坦誠模式（Open Encounter Model）

他在一九七八年接受過伊沙蘭（Esalen）中心敏感度的訓練（NYL），也相信羅溫（Lowen）及瑞曲（Reich）身心合一的看法，因此他的會心團體融合了完形治療、Lowen、Reich 及心理分析的看法。又由於伊沙蘭的盛行和影響，而接受東方宗教、哲學、宇宙觀，乃至於神祕主義、瑜伽、冥想等方法。歸納他的主張重點如下：

1. **以身體為中心**（the centrality of the body）：接受羅溫等人的看法，認為情緒表現在身體上，身體正常情況是以中央為中心的，有情緒時則失去了中心，由此可以看出身體上的情緒。他將團體的注意力引到身體動作上，去體會和表達情緒。

2. **透過身體解除情緒障礙**（dissolution of blocks）：相信日常生活中累集的情緒隨著身體壓抑著，解除後才能幫助一個人去實現自己的人生目標，這便是舒茲所主張的會心團體的目標，例如「身體工作」（body work）便是藉著鬆解肌肉解除情緒障礙。

3. **透過幻想和想像**（fantasy & inner imagery）：將內心的心理意象表現在身體上而了解內在的情緒衝突，例如「引導性的白日夢」。

此外，舒茲重視團體的人際關係，將之分為三個層次：

第一個層次是融入整體團體，使人人都對團體有歸屬感和信任感。

第二個層次是控制，譬如用競爭性遊戲觀看哪個人最能影響團體，哪個人次之，哪個人最差……等。是成員在團體領導上的表現情形。

第三個層次是控制情感的培養，發現最親近和疏遠的人，如，有二人一組或找同伴的溝通活動，使成員間會付出和接受，建立個別關係。

針對每個層次都有特別的活動，譬如暖身活動對安全、信任的培養。

第三節　心理劇

一、發展背景

心理劇的創始者是莫里諾（Jacob Levy Moreno）生於一八九二年的東歐，長大在維也納，一九一七年大學醫學院畢業，在一九二一年創立「自發劇場」（Theater of spontaneity），一九二九年莫里諾遷居到美國數年後（一九四〇年），在紐約 Beacon 創立一所療養院，展開了心理劇在美國的發展，從二〇年代後，心理劇不斷豐富它的內容，融合了多種理論的治療法，發展成為普遍的團體成長及治療技術。莫氏一九七四年過世。

心理劇的萌芽是在一九一一年，莫里諾在維也納的公園裡帶領公園中的兒童即興演戲。一九二一年他以當時的新聞事件為題材發行「生活新聞」，並將之轉化成「活的報紙」，即心理劇，強調台上台下互動，觀眾可隨時即興上台演出，此即著名的「自發劇場」。

莫里諾到紐約後繼續發展心理劇和社會劇。他首先在一九三二年提出「社會計量法」做治療報告，又成立了療養院，這裡儼然就是莫氏心理劇的實驗劇場、研發中心，許多專業人士、知名的心理學家都曾在此學習過。自由的風氣使他能得心應手的研究而使心理劇蓬勃了起來，從政治生活事件擴展到成長和治療上了。（吳就君，民 82）

二、心理劇的基本概念

若要給心理劇下定義是件不容易的事，這與心理劇實務情況有關，實務工作者採用多方面的理論或看法，而使定義甚難含概一切，P. Kellermann 因而主張將重點放在過程上，以便納入非純粹莫里諾派心理劇。D. Kipper 同意他的看法以過程為主，「觀念中立」（conceptional neutrality）的定義。Kipper（1988）的定義簡單的說是：

> 「心理劇是一種方法，藉之在許多模擬的景況下做角色扮演設計，將個人經驗以戲劇表現出來，做為促發心理過程的方法。」

簡言之，psyche 是心靈，drama 是行動，心理劇是心靈的行動呈現。

㈠表現形式

Kellerman 以十個層面說明心理劇的應用，我認為其中以哪個學派、根據哪種理論，以及治療者的介入角度是首先要了解的。

由於莫里諾的心理劇受到多方面的影響，所以治療者採用那種學派或理論並非定型的，Kellerman 提出在這方面的多元性。譬如，一個以心理分析為基礎的心理劇會有較多的冥想和催眠的活動，在新近發展的潛能及意識觀的衝擊下，領導者會帶領成員進入遙遠的宇宙意識或縮回到出生前的子宮裡，試圖從中發現對此時此刻的意義。莫里諾則從現象學的觀點出發懸擱起事實，尊重個人的主體性，重視事件中個人（主角）的「看法」和「感受」，透過他人（輔角）的回應，即看法及感受，得到啟發、修正或領悟。

治療者介入的方式和程度也和理論、學派有關。莫里諾的方式是一種輔助的、引導式的。當然以一個導演而言，他在引導演員重述和呈現他的故事，就是在從事重建的、支持的工作，他在引導過程中在幫助他重新整理自己，在想像與現實之間探索。導演追隨著主角，進入他的內心世界，站在他的立場去感覺、引導，接受他的，而非自己的詮釋，協助他發現自己，建構一個新的自我。

㈡角色理論

莫里諾將「自我觀念」理論應用進心理劇裡而發展出角色扮演，自我

觀念是自我心理學的主要理論，而莫里諾將嬰兒期的親子互動比做主角
（嬰兒）和輔角（母親）的互動。親子之間的默契是經過彼此的體會和揣
測而來：主角的生理需求所發出的訊息如飢餓的啼哭、輔角趨前，主角聽
到腳步聲而舞動手腳，如此建立了兩者之間自發性的連結，而逐漸進入心
理劇角色（psychodramatic role）的階段。角色理論最後的發展階段是所
謂的社會角色（social role）在社會性互動中必須有他人協調，因而有社
會規模爲行爲的約束，而發展出社會角色。但莫里諾認爲社會角色有群體
面（collective side）和個人層面（personal side），孩子看著別人的臉長
大，在互動中只在意群體面而忽視了個人或沒有能力分辨兩者而產生不正
確的角色期待及不能眞正了解自己的需要，自發性和創造性低的人會依賴
社會文化的成規，如果不能掌握則會產生焦慮，喪失了自我。個人一定要
藉著人與人之間不斷的互動才能自我成長，在生活中個人與他人是互爲自
我成長的輔角。群體面與個人面是自我的兩面（王行，民79）。

(三)淨化作用（catharsis）

這是源自亞里斯多德的理念。亞氏認爲戲劇會喚起觀衆的情緒，觀衆
會對戲劇產生共鳴洗罪的感覺。所不同的是，莫里諾則認爲演員比觀衆更
能獲得徹底的淨化，因爲傳統劇中演員是在演劇本中的故事不是在演自
己，心理劇則是在演個人經驗。（夏林清等譯，民 81）。心理劇的主角
通常因爲會感到有演出的需求，也就是說，他希望將自己隱藏已久的問題
攤在台面上得到他人的幫助。在導演的協助下，一步步地從他的生活面開
始去發掘問題的癥結，將問題明朗化，整個場景使他有若身臨其境，回到
現場，又在輔角的互動下，他的情緒及一些不爲人知的念頭、感覺，會一
股腦地傾瀉出來，得到了徹底的渲洩和淨化。心理劇在演眞實的個人問
題，可說目的就在由淨化而健康、成長。

三、心理劇的特色

從以下心理劇的重要特點可以看出與南海實幼全人教育的人文主義觀
點相同之處：

(一)以經驗為基礎，以演員為中心

學習由直接經驗出發，以學習者為本位，重視他們的情緒、需要，正是幼兒學習的原則，心理劇就是一種經驗模式的學習，而這種模式是高參與的、內在的學習（吳就君，民 82）。

學習過程是：由經驗→公開→分享→歸納→應用→經驗……的循環歷程。

因此，由經驗出發的學習是歸納的而不是根據一些原理原則演繹出來的，它不具備權威性，不流於教條主義，是以人為本位的人性化學習，重視個別性的人文主義。

(二)重視行動

戲劇就是行為。心理劇有比一般戲劇更豐富的動作表現，一切情緒、感覺和思維均可具體化，以物件代替與之互動或以身體動作或姿勢表現。主角在輔角的行動中領會到以往未曾注意到的部分，其他角色如替身更是具體而微的將主角最深層的內心同理出來。各角度的立場和感受都在行動中得到領悟（action insight），正如幼兒從做中學（learning by doing），從「行動」（action）進入運思的一貫學習方式是一樣的。

(三)創造性

心理劇是即興的，不但不照劇本、內容也是臨時由導演引出的。演員要根據他的經驗當場演出。莫里諾對兒童的創造性深具信心，這是來自他年輕時在維也納公園裡與兒童演戲的經驗，因為兒童的心靈不受拘束，是開放的，所以自發性高。

莫里諾在公園看到兒童的自發性遊戲其實就是創造的本質。創造必然是自發性的，在心理劇裡導演幫助主角去回想生活中的事件，主角呈現出來的並非原原本本事件的面貌，而是加入了他主觀意識中的想法和感覺，

他的創造性便在這裡，他不在拷貝事件而是在創造、詮釋。同時他的輔角追隨著他，也給了他意外的回應而引發出更多創意，使這以經驗為基礎的戲劇，不斷改變，充分表現每個人的自我，在互相激盪中得到自我的統整，因此這是一個建構的，富自我表現力，變通性的創造過程。

莫里諾為創造提出他形上學的觀點，亦即 Metapraxie 一詞（Blatner, 1988）：他認為創造是一種宇宙本性，它是一種創造的衝力，後來演成抽象的原理，只有在這個層次上人才能用感官察知。而這種展現的過程只發生在短暫的時間內，也許超出我們的時空觀，在這時創造力顯得出成果，最後以物質方式呈現，人可透過最精密的儀器測知。

莫里諾認為人的意識可超越外顯的層次而進入似夢般的原型形象的世界裡，穿透純能力的──即莫里諾的metapraxie──無形的識覺狀態，偶然會短暫的接觸到與萬物合而為一的神秘境界。

人的創造性源自宇宙創造的大能，創造是人的潛能，心靈可經由互動從事不同層次的識覺活動，到最後人的意識是可以和創造之源結合的。因此，心理劇要激發創造性，引出自發性，發展集體面和個人面的人格。透過創造、自發的練習打開通向更大自由之門（Blatner, 1988）。創造性是各階段教育應該重視的。從心理劇的實務中，也不乏冥想和意識的探索活動，會觸及到超越的部分，但這種途徑不適於兒童。當然了，「超越」也是人文主義教育的最終目標。

㈣此時此刻

心理劇雖然以過去的經驗或以未來的憧憬為內容，教演員再去經歷一遍，而引發許多情緒及感受，但心理劇所要抓住的是這些剛剛被引發出的，加以深入探索，因為「此時此刻」才是真實的，代表過去對此刻的意義及影響。心理劇在探討此時此刻對過去或未來某件事的反應、感覺、體驗，更了解某種存在已久的情結，而能因此超過以往。

四、心理劇的主要技巧及其功能（吳就君，民82），筆者認為其中六項可用於幼兒，僅簡要說明應用如下：

㈠空椅子技巧（empty chair）

將一張空椅子放在中間，想像上面坐著某個有特殊意義的人，譬如母親，讓主角對「它」說話或互動，主角會自在地流露出內心的想法和感覺。這種技巧在幼稚園裡可以洋娃娃或一本書等取代椅子。

㈡鏡子技巧（mirror technique）

主角演過後，請一位幼兒當輔角前來重新表演一次主角的一舉一動，輔角表演的主角其實是輔角經過觀察後所揣摩和體認到的主角，未必與主角原來的意思一致，所以主角可以前來更正他。表演透過語言和身體動作傳達，對主角而言，有照鏡子的作用。主角看到別人學自己的樣子，從中更客觀的看到自己，例如一些平時未留意的小動作，自己可以體會到別人的感覺和想法，幼兒看到「自己」，也會做反思。

㈢角色互換（role reversal）

在心理劇中兩個角色演過之後再交換各演對方，各自體會一下對方的立場，可以促進同理心和離中心（de-center）的思維，以及將自己的感受投射出來。在這方面幼兒需要具體的經驗，在日常生活中幼兒之間的紛爭屢出，若用角色互換的方式讓他們各自體會對方，對社會情緒的發展有很大的幫助，而其間的投射也幫助教師更了解幼兒，使教師能進一步幫助幼兒的成長。

㈣「雕塑」（sculpting）

用肢體作姿勢靜止不動表達個人的感覺、情緒或觀點，譬如快樂的心情、難過的感覺等。雕塑也可以用來表達人際關係，譬如，你對同事總是什麼姿態，對子女又是那種姿態等等都可以用姿勢表現出來，通常四肢、頭部、軀幹都要配合以便能傳神。團體也可以做雕塑，譬如塑成一座山等以探索團體關係，是散漫的？糾纏的？親密難分的？

㈤轉背技巧（turn-your-back technique）

　　這是指演員要演出某些情況而感到窘迫時，可以背向觀眾從容自在的演出。在幼稚園裡這種情況不多見，其實可以將之轉化成一種行為語言，和幼兒討論出不想理會某人時用哪些動作，其中之一就是背對著他；或幼兒要變魔術時也可以回過身去給大家驚喜。

㈥打擊魔鬼

　　當演員的情緒因某種原因而激動時，則可以某物代之讓演員對之發洩。幼兒有時會鬧情緒，可以給他一個枕頭之類的代物，讓他擊、打、摔，發洩出他的情緒來。當然如果對象是人——父母，我認為不宜。

　　以上各種技巧用於幼兒時，多以遊戲化稍加改變，以符合幼兒的年齡和引起幼兒的興趣。當幼兒對自己的玩具說說心理的事，趴在墊子上對墊子說悄悄話時他們最開心不過，而打擊魔鬼又是最討孩子喜愛的事了。

五、心理劇的應用

　　心理劇的應用很是廣泛，並不限於心理治療。A. Blatner 認為心理劇可以幫助我們成功的面對二十一世紀的各種挑戰。世界加速的改變，來自不同文化背景的人要共同解決地球上所有生命的問題。我們必須具備會變通的心智，而變通性的心智要有三方面的技能：解決人際問題的能力、溝通的能力以及自我覺察（self awareness）的能力。此外，變通性的心要有能力從多種不同角色去看事情，同時也不失個人及其文化的立場，這就是同理心，它使個人心思開放，接納新的思想，也是心理劇所強調的地方，最大的潛力所在。正如 Blatner 所說，它是人際關係的實驗室。

　　由前幾節述及之心理劇意義和特色上可知，心理劇對個人人格形成及心智成熟的幫助以及對培養創造力，真誠坦露，客觀自我調適，重整生涯等各方面的助益。對幼兒而言可以幫助他離中心（decenter）的思想，培養創造、真誠、發展高級社會情緒。當然也應用在教育方面，例如社會問題、文史科的教學過程，兒童的即興戲劇、安全教育、特殊教育以及情感

教育等。但學者擔心由於對心理劇的觀念不清會有濫用的情形而有破壞性，所以如果適度修改心理劇的方法，使用更有彈性，則對學校教育會有更大的幫助（陳珠璋、吳就君，民76）。

A. Blatner 認為教室裡的角色扮演可幫助學生做深度的探討，人際問題解決、溝通、自我了解以增進心智變通力，用於青少年、成人、發展遲緩的人等都可以改變使用方法，做趣味性和娛樂性活動。依此，南海實幼的感性活動，保持心理劇原有意義，略加修改方法，使用於幼兒，是可行的方式。

文獻中較難找到學前幼兒的相關研究，Guldner 及 O'connor 曾以 ALF 模式對破碎家庭的小學兒童進行行動方法的團體治療。所謂 ALF 是指「接受」（Acceptance）、「愛」（Love）和「家庭」（Family），強調這三方面而組成的團體，專門為遭遇到父母分居或離婚的孩子提供協助，做心理、情緒的重建，使他們對家庭有良好的適應。一般這類兒童有退縮的行為，學習困難、睡眠困擾、飲食不正常、情緒畏縮等現象，ALF 團體設計了一系列的活動，主要採取角色扮演方式進行治療。活動共八次：

*1.*介紹 ALF 的規則及治療師。

*2.*分居、離婚、混合家庭等詞的意義。

*3.*探索感情：失落、遺憾、悲傷、生氣等。

*4.*否認分居（偽裝）。

*5.*悲傷（沮喪）。

*6.*憤怒及其表達。

*7.*接受。

*8.*結束和欣賞。

活動方式很多，其中有雕塑的方法，由團體成員代表每個家庭的孩子，讓兒童看到他的生活歷程，如何在不同家庭之間活動，不同的家庭關係有何特別之處。

結果發現這類兒童需要長時間的輔導，家長們表示他們的孩子顯得輕鬆許多，有些特別的徵狀也沒有了，也更能向雙方父母表達他們的經驗。（Guldner, O'conner, 1991）。

此外有珍妮斯（Jennings）的研究，她採用 EPR（Embodiment-Projection-Role）的方式，有部分心理劇的技巧（詳見下章）。珍妮斯提出了一個名叫 Jane 的個案，年齡七歲的女孩（Jennings, 1993）。

珍氏認為 EPR 的方法常為遊戲治療所採用，因為 EPR 所採用的方法和媒介物是很有普遍性的，對於 Jane，一部分的觀察情形如下：在第一階段中 Jane 一直沒有身體動作直到最後才會去牽治療者的手；她沒有使用房間的空間，只靠著桌子坐著；在投射方面她避免沙、水、陶土，只用鉛筆畫玫瑰；在角色方面，她沒有扮演角色的動作或姿勢，只和大家唱兒歌。

在第二階段中 Jane 會和治療者握手，唱歌會拍手。在動作方面她會在桌子和墊子之間走動。在投射方面，她還是不使用沙、土，但會用紙黏土和鉛筆畫房子和花園。在角色方面她還是很安靜的唱兒歌。

在第三階段中，在動作方面，她有短暫的眼光的接觸，而她的空間擴大到娃娃家了。在投射方面，她會取水到娃娃家給娃娃洗澡，也會移動娃娃家的玩具。在角色方面，她會自己哼歌，會使用娃娃家的娃娃呈現出事件的順序。她已經開始透過玩具發展角色了。根據這種進步情形，珍妮斯認為身體動作對以後的成長和成熟是十分重要的。

珍氏也曾引介 Sanctuary（1984）對幼兒的研究資料，而認為設計很有創意。這設計是對年幼的孩子使用較多投射方式而較少的身體動作，也就是透過偶做角色扮演，成果很好（Jennings, 1995）。

關於此一投射方法的研究也值得參考：

先使用偶幫助幼兒在安全感之下與偶互動，逐漸投射出問題來，如：退縮、攻擊、孤立、主動、助人等等行為。團體每週聚一次，共九週。在玩偶之後有兩週九次的密集式的活動：自由遊戲，設計的活動，用偶做角色扮演。

觀察者發現在前九週中幼兒會用彼此的名字稱呼偶，在密集活動中就會進一步將自己投射在偶中，以偶代表自己和同伴發展出互動關係了。治療者比較前後兩段時間的活動，密集的活動中幼兒的改變比較多。

南海實幼的研究案例

這些年來，南海實幼對於不良適應的新進幼兒及防衛性等問題的幼兒，透過身體動作的活動，已有許多成功的輔導個案，其實這也和珍妮斯及 Gersie（1996）一樣，顯示了短時間的治療效果。

以南海實幼的研究為例：感性活動始自民國七十九年的試探、到民國八十年教學觀摩中推出，而最早發展的是家庭中的親子活動，始於民國七十九年的「悄悄話」。

民國八十四年在台北市教師研習中心的經費支持下，本園針對四、五年來所發展出的感性活動做一次正式的研究評估。研究內容限定在肢體活動方面而不包括藝術活動、週末劇等日常的形式，屬於會心團體及心理劇等範圍內的十八種活動，研究方法採取質和量兩方面同時進行。

在量的方面採用「學前兒童社會能力量表」為工具，分實驗組和控制組，比較一個學期後兩組幼兒在工作能力、主動性、人己關係、禮貌、陌生及公共場合的反應，及溝通能力等六方面的差異以及分別計算兩組前後差異，並進一步以 F 值做變異數分析，看看差異數是否出於機率。結果是正面的、支持的，也就是說幼兒在這六方面的進步和差異是顯著的。

在質的方面觀察分析「過程」對團體凝聚力及個別成員的自覺、情緒的認識是否有幫助，以及其他可能的情況。

結果發現：1.幼兒對活動很專注，2.團體給個別幼兒的支持度很高，會主動提供語言和非語言的支持，3.活動中幼兒會提出意見，發揮創造性，4.幼兒會坦誠的表露情緒，活動促使幼兒自我察覺，5.會滿足幼兒的需要及促進人際關係，在活動中幼兒學會照顧，滿足了被照顧的需要、願望的實現、身體接觸的需要和放鬆的需要，6.有價值澄清的功能，7.會透露訊息，幫助教師進一步了解和協助幼兒，8.學習感覺和認識情緒，並在諸多活動中可以找出情緒與身體的關係。

這份研究是幼教界的初探，雖不能算完美無瑕，但受到多位專家的關心和肯定，如吳就君教授的指導建議。

第五章

身體知覺、情緒、動作與意義

　　身體和知覺是各方面發展的基礎，因為幼兒接觸世界，獲取資訊都要靠身體、感官做為管道。人際關係、社會情緒的發展與「情緒」、「感覺」直接有關。

　　透過身體的動作可以溝通，而動作的意義則與文化背景有密切的相關。這一切都能促進自我認識，建立自我觀念。

第一節　身體與情緒

　　一個心境平靜的人，表示外在的刺激對他引不起作用，因為他的心情和身體對外界無動於衷，外界的事物與他無關。情緒的引發是內外交互影響所致，例如，一個人在一位八十歲的老太太面前展示一件少女的服飾，她是無動於衷的。但是若有人拿走了一位少女的美服，就會引發少女激動的情緒。Hardcastle（1999）提出了情緒起因有高低層次之別的看法，認為有些因素較其他因素強，同時，相同的一件事也會引發不同的情緒，而情緒，像色彩一樣，層次、變化都是非常複雜的。決定一個人情緒反應的強弱和類別，一方面是要看人對一個事件的解讀為何，一方面要看這事件對一個人有多少相關。

　　以Maudsley（1993）的看法，所有有意識的生理狀態都是感覺（feeling），而經過多次的經驗，便會變成有組織，形式固定而適切了。也就是說情緒的表現方式固定了，憤怒有憤怒的身體表現，高興有高興的身體

特徵，每種情緒都特別化了。根據經驗一個人發現在表達快樂或憤怒時，某種動作、表情最令人有反應，也就是說哪種動作或許為最能滿足某種特別的情緒需要，他以後就會慣用這種表達方式，如此，情緒和身體表達就連起來了。根據一位生物化學家羅夫（Ida Rolf）解說，人在沒有外在力量的推動下，身體是筆直的，也就是保持中央的狀態，所以從頭開始，經過肩、軀幹、到腿、腳都是一條直線。直線的狀態是「正常」的、舒適的姿態，非常態的姿勢才是偏離中央的狀態（溫淑眞澤，民74）。

偏離中央的狀態與情緒有關，這時的身體會感到疲病不舒服，所以從這個姿勢上可以判斷這個人此時的心情，因為他身體某部位的位置不對了，而他這部分的肌肉也開始緊繃。一個低頭走路，肩部下垂的人，我們形容他是「垂頭喪氣」，表明他的心情不好。

我們已經知道情緒和身體是相聯結的，情緒影響著身體，身體的狀況也影響著情緒，如神經系統的疾病都伴隨著情緒問題，因此可說情緒就是動作。有些時候，其實情緒會引起身體器官的總動員，譬如緊張、憤怒會使心跳加快、頭腦發漲、胃絞痛、胸悶、全身肌肉繃緊，表現出來的會是手發抖、握拳、瞪眼、嘴唇緊閉、兩眉緊縮、聲音高揚、顫抖，情緒由身體表露無遺。所以情緒是有意識的。反過來，這些器官的病痛也使人情緒浮躁！但是在大多數情況下，到底何者在先，尚無定論。

Hardcastle（1999）說：「認知是情緒的奴隸」，但他又說：「情緒不但靠認知」，文化背景、當下的情況及身處的情境，在此成為極重要的因素。先就情緒的表現方面來談，情緒根本就是社會性的行為，也與文化的人文環境有密切的關係。Harré（1994）以「憤怒」為例說明表達情緒的方式有許多種，表達方式會顯示出個人的對事件的判斷、態度、和對身體表現的適當性的看法，因此這之間便有了文化的差異性。有教養的人會在意社會所接受的身體知覺表現形式，和沒有教養的人觀點不同。

再就情緒的引發來看：事件會引發許多情緒，而其中只有一種情緒突出浮現。這是因為事件在不同文化上和當下的個人的意義不同，會引起不同的反應，當然這也是認知的問題。

所以情緒不是單純的反應，人的社會裡除了基本單純的生理需求所引

起的情緒之外，情緒都來自一種複雜的過程，也就是對事件的了解和解釋。Batcher（1981）認為情緒自身是一種意義的建構。對事件的解釋要看與當下是否有關，其意義是個人所建構的，所以，意義引發了情緒，其情緒也就能代表一種看法、態度和對事件的判斷了。

當然我們不能否定文化的影響，一個手勢會引起誤會，會因為它的含義、解讀在不同文化之間有差異，在大多數情況下，身體的表現是十分個人性的，人有抑止不住的情緒，當他在狂喜時、憤怒時，文化、教養的觀念已毫無意義了，他看到、想到、感覺到的只有當下，即使是溫和的情緒，他也會在文化規範內充分釋出他的感覺。

Maudley（1993）提出 Psychical tone——一種心理格調，來說明腦神經的精神傾向，其變動為何大大地影響了心境的特性，他說，「這種心理傾向或特性決定在由感官所組成的動作的反應；至於心智生活的最高中心，包含了過去思緒的記憶、感覺、和行動而組成了心智感官，在每個個體中形成某種精神傾向。」這也是一種「自我」，一種喜好的情動決定了一個人的行事格調，可見我們的身心在腦神經裡就已經結合了，能充分表現個人此時此刻的心境和風格。

柏拉圖（Plato）將人分為三部分：頭部司管思維、胸部是情感及——以現代的話說，一切的高級社會情緒，而腹則主情欲。許多人因此也相信身體特定的部位隱藏著情緒。Maudley說得好，其他的動物也有由器官引發的情緒，而且腦細胞也參與其事，當然有些部位因長時間從事某種活動會引起酸痛，這痛依然留在身上但不能說情緒藏在裡面。我認為，感性活動中的 body work 是經由身上疼痛聯想起疼痛的起源，而將情緒釋放出來，那情緒乃是由腦部的記憶而來，並非直接留在某個部位。但我相信基於這一點，對情緒釋放是有幫助的，這證明大腦正參與這個過程。讓情緒得到充分的釋放，不要顧及文化規範。

情緒是學習而來，學校裡要重視每個人的情緒問題，更要加強高級社會情緒例如同情、合作、服務、關懷等，使之充分發展，如此才能培育一個健康的人和一個發乎情，止乎理的全人。

而這一切都應該透過身體。

第二節　由自我覺察到自我觀念

　　嬰兒最早看到的是媽媽的臉，對於自己的身體，最早觀察的是自己的小手，他會將小手翻來翻去轉動著看，這是自我認識的初步，當然有人認爲開始得更早。當嬰兒觀察自己的小手時，他的小手成爲他觀看的客體，他日復一日的探索，加上母親給與他的撫摸，他逐漸意識到自己的存在，那種感覺──自己身體上的感覺和撫摸媽媽時的感覺，使他的意識逐漸清楚而能分辨出自己和媽媽來。

　　我們靠意識察覺自己。Eccles 主張（1977）意識是結合物體和心態、事件兩者的，事件是存在腦神經裡，統合的事件使意識經驗具備了完形的特性（Carrier, 1995）。Carrier 認爲這是一個巧妙協調，調和了生物神經學和哲學一元論的主張，而我認爲他抓住了一個重要觀點就是身心統合的過程，一種「完形的特性」。嬰兒在觀看他的小手，當完形作用發生時，不知是那一刻他恍然發現了他的手與自己身體其他部分的「關係」，以及與媽媽的不同，他頓時明白了這是「我的手」。他的發現是與身體的感覺、活動、腦的活動、眼的活動、以及這許多天來累積的經驗──事件，聯合起來成爲那一瞬間的意識活動。此後他的手開始有了意向：趨前或縮收，如抓、放，而這意向不再是生理上的反射動作，是一種自我意識的表現。

　　當我在省察自己的時候，我是省察者也是被省察者，在自我省察中主、客是一體的，主詞的「I」包含著受詞的「me」。我們感覺、情緒，經過省察會更深入、眞切。在感性活動裡，我們刻意藉助想像、假設將主、客的我分開，以便看得更清楚，譬如，請一個人扮演「我」或我的某一部分，又如空椅子的技巧，或找一個洋娃娃，假設那是「我」，對著它說話。有時候就像在錄影帶裡看自己一樣，把自己當成了另一個人，想到了平日未曾想到的地方。

　　自我察覺經由與別人的互動會更明確。自我察覺需要有敏銳的感覺。

　　感官發展協助嬰幼兒探索環境和人，蒙特梭利（Montessori）特別強調感官教育並主張要把握住發展的敏感期。視覺、聽覺、嗅覺、觸覺等都有助於幼兒辨識環境中的人和物，而能逐漸擴展他的世界。而感官與肢體的協調配合使他的探索更為有效和豐富。我們身體的節奏，與部分的感官活動和動作相關，這些也都與我們的情緒、思想息息相關。Smith認為在個人與社會世界的層面上是感性與直覺（intuition），直覺相對於邏輯思考，是覺察尚未明朗化的可能性（呂翠夏譯，1988）。筆者認為這是有關情緒的洞察力，敏捷的感覺就是一種直覺，這是另一種老練，不同於超驗層次的直覺。這種能力可以幫助我們正確的「讀」出一個人的身體，而這種能力是由身體和知覺教育培養出來的。培養直覺，可以平衡冷靜的思考，使我們不至於過分仰賴分析、澄清。

　　幼兒經由知覺認識自己的身體，幼兒透過和他人的接觸、肢體的互動，產生了個人內省的身體形象和對他人的身體形象，而逐漸將自己由主體帶入客體而建立了身體形象、自我觀念，如此才有可能分辨出「他人」，進而和他人建立社會關係。V. Sherborne看來，身體的動作是幼兒發展的需要。譬如，身體和他人背道（working against）活動時，就會產生「我」的概念。而和他人搭配活動（working with），以加強幼兒對世界的信任感。藉著身體，幼兒會發現身體上的各種感覺、聲音及其與情緒的關係，這樣的自我覺察形成了對自己的認知，即內化了自己的自我形象成為自我觀念。透過身體，不但會形成幼兒的自我觀念——也就是他們對自己的認知架構，而且自我觀念也進一步影響他們的社會情緒發展及人格成長、待人之道、處世風格。因此透過身體感知建立健康的自我觀念是非常必要的、根本的。

　　敏銳的察覺力有助於建立正確的自我觀念。生活中我們常常遇到一些自我觀念不正確的人，譬如，有人老是認為自己很難看，這是因為四周的人給了他不正確的訊息所致，四周的人看他不修整外表，穿著不講究，經常嘲笑他，給了他一些負面的印象，於是形成了一種不正確的自我觀念以為自己很醜。對於幼兒我們要加強他們對自己的信心，幫助他發展健全的人格，譬如，經常在他的優點上稱讚他：你很有勇氣，你很會幫助別人，

你很能幹等，他會這樣發展下去。至於身體、外貌就不必太過強調，當然培養「接納」也是需要的，要使全體幼兒都接受一位肢體殘缺的同伴，從觀念上、情緒上減少身體形象造成的傷害。

第三節　身體意義與溝通

人體是有意向性的，每一種動作都有意義，這使得人與人之間的溝通更加容易，溝通不只靠語言符號，整個身體就是符號，Harré（1991）稱之爲信號（signs），如果人體像一根竹竿般簡單，發出的信號就有限了，好在肢體的結構是複雜的，它的變化也就多端，身體可以依照情緒的狀態改變它的位置，而生理的狀態爲飢餓時，也會改變身體某部位「正常」的位置而釋放出它的意義。

心理治療家肯・戴赫特沃德（Ken Dychtywald）根據他一生豐富的經歷向我們揭開身體心靈的祕密，說明別人如何毫無差誤的洞識他身體的訊息。他引述羅溫（Alexander Lowen）——生理能力分析生物能回饋（bio-energetic analysis）創始者的話：「人的個性，不僅可以從他的行爲模式看出端倪，也可以循著生理層面的線索，觀察肢體的形狀及動作將其勾畫出來。由個別的肌肉張力所組合成的統一體，構成有機體的『肢體表達』……。」（溫淑眞譯，民 74）。他主張要喚起全身的感覺，而發展出身體推拉、撞擊等活動。

瑞曲（Wihelm Reich）在羅溫之前就很明確的表示過情緒會因壓抑造成某部位的肌肉緊張，人以特別的姿勢表達出他的情緒問題，也很清楚的讓人了解他的防禦性和人格特質。這些主張都深深影響了舒茲 Schutz。

情境意義與動作是連在一起的。引起感覺、情緒的背後是情境意義。使事件有意義而引起動作，表現在身體上，爲此身體動作也有意義且具有信號的作用。於是當爸爸漲紅了臉，我們知道他生氣了，我們會問：「爲什麼生氣？」就是指「生氣」背後的意義和情況是什麼。但是漲紅了臉這

件事是否代表「生氣」呢？有時是不易判斷的，有些信號意義是明確的，有些是隱藏的含義，漲紅了臉如果伴隨著瞪眼、嘟嘴，那意義就很明確了，否則，很可能是「害羞」、「害怕」等意思。所以一種「信號」有可能具備多種意義，這也說明意義的相對性，在不同的情境中知覺經驗決定對個人的意義，使觀念不能主導！

　　正確的解讀身體意義要參考當時的情境脈絡了，沒有令人害怕的事，一個人不會怕得漲紅了臉。所以認知、判斷是重要的能力，否則會有誤解。當然有些動作已經是被大家所公認的意義，譬如，兩手合掌是虔誠的意思，低頭、或仰頭對著天空是祈禱，面對著一位大師則是恭敬之意。每種文化裡都有一些定型動作具有被認定的意義，聳肩被認定為無可奈何的意思，但在新疆少數民族而言只不過是輕鬆愉快的動作。除了各民族代表性的一些身體語言之外，次文化中如青少年文化也有一些含義特殊的肢體語言，譬如常見的手勢，有奉承的，有罵人的。

　　身體藉著手、手臂、腿，各處關節隨意變化姿勢、角度，以及臉上五官的變化來改變表情，使溝通能多樣化，除了這些身體動作之外，身體語言更可以直接以紋飾表達。紋身是許多民族的愛好和習俗，所代表的意義各不相同，台灣原住民泰雅族有紋臉的習俗規定，只有結婚的婦女才能紋臉，但在漢人看來是不甚美觀的；也有民族只有貴族和特殊身分的人才有資格紋臉或紋身。現代都市裡的年輕人也喜好在身上做些記號，甚至刺滿全身，都有其特別的意義。這幾年流行一種圖案的貼飾，年輕人買來貼在手臂上、脖子上、手腕、手背，或胸口上，增加吸引力，我認為是一種很聰明的設計，因為可以洗去或更換的各種紋飾圖案，不僅更有變化而且不受皮肉之苦。

　　可見身體的紋飾也是很好的情緒和自我表達方式，平劇裡各角色的臉譜，各民族的紋身圖案、打獵時的臉譜，祭拜時的臉譜，都代表著一種情緒和意義。在學校裡用不傷皮膚的顏料或彩色貼帶做臉部、手、手臂等處的裝飾，能充分表現出個人的心情和自我。

　　我們可以藉著身體自我表達，而世界也藉著我們的身體直覺到我們的心思意念，直覺來自我們對情境脈絡的熟悉，和老練的辨識。肢體語言精

確的在心身交互影響下展示出來，愉快的人身體輕巧，緊張的人身體僵硬，身體呈現的是「自我」，身體在說話告訴這世界情境中的我，此時此刻的我！整個身體就是語言。

第四節　身體動作表現

從身心合一的觀點看，身體的動作是自主的，不但如此，而且身體付諸動作並不完全是觀念導向的，而是以情緒、當下的情境與心理境況而定。Vesey（1970）反對由觀念主導動作的主張（ideo motor theory）而認為是要靠動作的知覺經驗，如前文所述。身體動作可分多種類型：舞蹈、體操健身運動、以及各種促進身心成長的活動等。

身體活動各有不同的淵源和意義，例如：

一、以哲學為出發點，追求與宇宙的和諧平衡。中國人有著最深厚哲理基礎，融會了佛教思想，發展出獨特的身體動作，如太極拳、武術中的動作、以及與宗教有關手的動作等，譬如，胡志明（2001）教授主張形意拳是一種格物致知的方法，學習、了解了形意拳能調識宇宙萬物的現象，近而明心見性，達到天人合一的境地。明心見性是內心空淨清澈的現象，能直觀人的本我，而天人合一就是身體由內心到外界的結合，此時人的調識力範圍可謂「至大無外，至小無內」了。

身體的動作均與宇宙的關係相關，在虛實、陰陽之間變化，力求致中和，不偏離自然之道。在從事活動時，同時也要領悟自然之理，體會人與宇宙混然一體的感受。

二、以人類學觀點出發，發現身體動作與生活的關係，譬如台灣原住民的豐年祭是慶祝豐收的舞蹈，日本愛奴族的舞蹈中有蹲足的動作是在趕走惡鬼，這些善歌善舞的民族，其動作都與日常生活有關，不是打獵、耕種，就是收成、獻祭，是生命力的表現，而動作也各有風格和特徵。

因此，身體動作自然也有文化差異，生在一個民族，我們自然會耳濡

目染學來一些小動作。對於文化，雖以中國文化爲主體，也要以平等的觀點看待各地、各民族的文化，我們固然要了解、認識中國少數民族有趣的聳肩動作，他們尖銳的歌聲，台灣原住民與愛奴人前後甩頭的姿態，和與大自然呼應的震撼歌聲，同樣也會欣賞非洲及南太平洋諸原住民狩獵者發出的聲音和動作。

三、與身心成長直接有關的各類活動，如感性活動，包括角色扮演，身體互動等，已於上章介紹，關於幼兒方面簡介如下：

嬰兒時期的發聲、舞動、模仿，僞裝逗趣，事實上是一種原型遊戲（protoplay），這些表現是日後兒童遊戲（即自發性戲劇或扮演）的基礎（Jennings, 1993）。嬰幼兒早期的原型遊戲是身體動作發展的重要部分，只要有足夠刺激和培養，身體動作會不斷發展下去。

從珍妮斯（Jennings, 1993）的 EPR〔E（Embodiment）身體動作，P（Projection）投射功用的材料，R（Role）角色表現的方法〕。內容中，可以看出心理劇中身體動作的分量，除了基本動作之外，角色的表現也是以動作和聲音爲主。

身體動作，在此處是指各種身體接觸、身體與空間變化探索，相應與相背的動作，創作或模擬的動作。

投射材料，是指各種工具，材料爲沙、土、顏料、筆等。

角色表現，多由角色發展而來，及與其他角色互動或現場及場景即興。

無論在身體動作或角色表現上，上述 EPR 藉動作、姿勢、聲音、語言表現的活動方式，主要功用在喚起身體的感覺，透過身體與他人接觸激發出對他人的信任、關心和親近關係。在「角色」中身體動作也是將情緒、感覺具體化，用身體表現出來，從身體的姿勢、與他人的距離、與他人之間所呈現的方法表現出自己的及對他人的心情、與他人的關係狀況等。

幼兒遊戲由身體動作發展到投射（projection）再到角色（role）。投射作用是幼兒將個人情緒、思想到經驗藉著玩具或沙、水彩、畫筆等到媒介投射出來，同時，也發展幼兒的想像力和創造性。

在遊戲中幼兒所使用的媒介物範圍很廣，從日常零星小物品到圍巾、舊衣物、床單、各類形狀的彩色座墊或枕頭等，在使用中透過他們的想像

力和創造力，使每種道具都象徵多種意義，使幼兒的思想由具體進入象徵性，並且充分發揮出由身體表現的教育及治療功能。

角色是幼兒開始扮演活動時所表現出來的，一旦幼兒置身在一個角色裡，開始行動了，他就已經進入戲劇世界裡了。角色的選擇安排和扮演都可以釋放幼兒的情緒，反映出幼兒的思想問題，同時，也發展出幼兒的想像力和創造性。

感性活動對情緒的紓發、人格成長更為直接，它重視的是現下的感覺與以上兩類很不相同。但在學校裡，要呈現給學生多方面的「資源」，啓發他們感覺的深入性，豐富他們肢體動作的創造性，這些「資源」是文化的，也是源自大自然的，是先人的發覺與耕耘，是各民族的體會和智慧，凡此都構成我們「大我」的一部分。

第一章至第五章參考書目

〈中文部分〉

王行（民79）。從Moreno角色理論談心理劇的治療理念。**東吳政治與社會學報**，第13期，439-447頁。

王行、鄭玉英譯（民80），Bill Nerin 原著。**家庭重塑**（*Family Recon-struction-Long Day's Journey into Light*）。台北，心理。

王行、鄭玉英著（民82）。**心靈舞台**。台北，張老師。

方明譯（1997），Stanislav Grof 原著。**意識革命**。台北，生命潛能。

王境之譯（1988），Virginia Satir 原著。**沈思與靈感**。香港，香港沙維雅人文發展中心。

王鐘和譯（民76），Eliabeth B. Hurlock 原著。**兒童發展**。台北，大洋。

李志明（2001），中國武術之天人合一觀。亞洲東方人體文化研討會手

　　冊，市立體育學院。

李宗芹著（民80）。**創造性舞蹈**。台北，遠流。

李昭玲（民75）。學前兒童社會行為的觀察研究。師大家研所碩士論文。

吳根明譯（民77），Rex Gibson 原著（1986）。**批判理論與教育**（*Criti-cal Theory and Education*）。台北，師大書苑。

吳就君等編（民74）。**由演劇到領悟**。台北，張老師。

吳就君著（民82）。**心理劇起源與發展**。台北，心理劇工作坊講義。

吳就君譯（民83），Virginia Satir 原著。**家庭如何塑造人**（*People Mak-ing*）。台北，張老師。

呂翠夏譯（1988），C. Smith 原著。**兒童的社會發展**。台北，五南。

林美珠（1995）。從精神病患者參加心理劇團體後的主觀感受，分析探討心理劇實務工作。**第一屆社會工作實務研討會大會手冊**。心理衛生協會。

紀文祥、李淑芬（民76）。**團體遊戲治療學前兒童社會關係及社會能力之影響**。政大教研所碩士論文。

胡寶琳（1986）。**戲劇與行為表現力**。台北，遠流。

夏林清、麥麗蓉合譯（民81），John B. P. Shaffer, David Galinsky 原著。**團體治療與敏感度訓練**（*Models of Group Therapy and Sensitivity Tra-ining*）。台北，張老師。

孫大成審譯（民79），Carl Rogers 原著。成為一個人意謂著什麼？**人的潛能和價值**。台北，結構群文化。

孫大成審譯（民79），A. H. Maslow 原著。自我實現及其超越、談高峰經驗、超越性動機論──價值生命的生物基礎。**人的潛能和價值**。台北，結構群文化。

孫大成審譯（民79），Herbert A. Otto　原著，人類潛能的新啟示。**人的潛能和價值**。台北，結構群文化。

陳平（民83）。**遊戲訓練對幼兒社會戲劇能力之研究**。文化兒童所碩士

論文。

黃月霞著（民 75）。**兒童團體諮商**。台北，桂冠。

黃月霞著（民 78）。**情感教學與發展性輔導**。台北，五南。

黃月霞著（民 79）。**兒童諮商與治療——理論與實務**。台北，五南。

游恆山譯（民 82），K. T. Strongman 原著。**情緒心理學**（*The Psychology of Emotion*）。台北，五南。

游麗嘉（民 72）。**心理劇入門**。台北，大洋。

溫淑眞譯，Ken Dychtwald 原著（1985）。**身心合一**。台北，牛頓。

漢菊德（1998）。**成為一個人的教育**。台北，光佑。

蔡延治（民 73）。**學前兒童同儕關係研究**。文化兒福所碩士論文。

〈英文部分〉

Austin, Ann M. Berghout, Young Children's Attention to Dyadic Conversation as Modified by Sociometric Status. *Journal of Group Psychotherapy, Psychodrama & Sociometry, Vol 40, no 2*(Spring, 1989).

Batcher, Elaine(1981), Emotion In the Classroom. Praeger, N Y.

Blatner, Adam, Applications of Moreno's Work in the 2 lst Century, Psychodrama and Its Associated Mehtods, Related Activities. 東京大學心理劇研討會專題演講講義，1993, 10。

Blatter, Adam Allee, The Metaphysics of Creativity as Reflected in Moreno's Metapraxie and the Mysical Tradition. *Journal of Group Psychotherapy, Psychodrama & Sociometry, Vol 40, No. 4*(Winter, 1988).

Blatner, Howard, M. D. (Sept, 1970). *Psychodrama, Role-Playing, And Action Methods: Theory & Practice.*

Brady, Grace L., A Group Work Approach for Sexually Abused Preschoolers. *Journal of Group Psychotherapy, Psychodrama & Sociometry, Vol 43, No.*

4, (Winter, 1991).

Carrier, Martin, Jürgen Mittelstrass(1995), Mind Brain Behavier. Walter de Gruyter, Berlin, N. Y.

Edited by Cole, Michael, John-Steiner, Vera, Scribner, Sylvia, Souberman, El-len (1978), *L. S. Vygotsky, Mind in Society.* Harvard University Press, Cambridge.

Edited by Daniels, Harry(1996), *An Introducation to Vygotsky.* Routledge, London.

Translated by Etzkorn, G. written by Michel Henry(1975), Philosophy and Phenomenology of the Body. Martinus Nijhoff-the Hague, Belgium.

Edited by Gersie, A,(1996), *Dramatic Approaches to Brief Therapy.* Jessica Kingsley, London.

Greenberg, Ira(1974), *Psychodrama: Theory and Therapy.* Behavioral Publication, N. Y.

Guldner, Clande A, O'connor, Tom, The ALF Group: A model of Group Theerapy With Children. *Journal of Group Psychotherapy, Psychodrama & Sociometry, Vol 43, No. 4*(Winter, 1991).

Hall, Calvin S, Lindzey, Gardner(1978), Theories of Personality 3rd Ed., USA.

Hamachek, Don E. (1978), *Encounters Wiht the Self.* Holt, Rinehart & Winston, U. S. A.

Hardcastle, Valerie Gray (1999), Where Biology Meets Psychology. MIT Press, Cambridge, London.

Harré, Rom (1991), Physical Being. Blackwell, Oxford.

Jennings, Sue (1993), *Play Therapy With Children.* Blackwell Scientific Publications, Oxford.

Jennings, Sue(1995), *The Handbook of Dramatherapy.* Routledge, London, N. Y.

Edited by Jenks, Chris(1982), *The Sociology of Childhood*. Billing & Son Ltd., Worcester, UK.

Kellermann, Peter, A Proposed Definition of Psychodrama. *Journal of Group Psycho therapy, Psychodrama & Sociometry. Vol 40, No. 2* (Spring, 1987).

Kipper, David A., On The Definition of Psychodrama: Another View. *Journal of Group Psychotherapy, Psychodrama & Sociometry, Vol 40, No. 4*(Winter, 1988).

Kratz, Peter L., A Demonstration of Warm-up Techniques with Young Children. *Journal of Group Psychotherapy, Psychodrama &Sociometry, Vol 43, No. 4*(Winter, 1991).

Lee, Teena, The Sociodramatist and Sociometrist in The Primary School. *Journal of Group Psychotherapy, Psychodraman & Sociometry, Vol 43, No. 4* (Winter, 1991).

Leutz, Grete A. (1994)Interdependence and Moderation in Psychodrama. 中華心理衛生學刊，七卷一期，13-20 頁。

Macdonald, Cynthia(1989), Mind-Body ldentity Theories. Routledge, London.

Maudsley, Henry(1993), The Psychology and Pathology of the Mind. reprinted by Routledge, London.

Moreno, Zerka T., Psychodrama, Role Theory, and the Concept of the Social Atom. *Journal of Group Psychotherapy, Psychodrama & Sociometry, Vol 42, No. 3*(Fall 1989).

Schwab, et al. (1989), *The Satir Approach to Communication*. Science Behavior Books, Inc. Palo Alto, Calif.

Edited by Vesey, G. N. A. (1970), Body and Mind. Billing & Son Ltd. London.

Whyte, W. (1957), *Organization Man*. Doubleday Anchor Book.

其他　Journal Articles (1/1987-9/1993)，和演講記錄多篇

第六章

藝術活動與幼兒情緒——兒童畫中用色現象之探討

～陸雅青

臺北市立師範學院　美勞教育學系副教授

（本文曾載於國立台灣藝術教育館「色彩與人生」系列講義中。）

摘　要

　　藝術為自我表達之媒介，兒童畫中之色彩，尤其被視為能反映其情感生活之內涵。在本篇論文中，作者將探討兒童在各發展階段的用色表現，並依據Lowenfeld與Prittain（1987）的兒童繪畫發展階段說及其藝術治療實務經驗，提出她個人的獨特見解。有關色彩知覺、色彩偏好的主題及色彩與造型在各個發展階段中的角色在本文中亦將一併探討。

Art as a way for self-expression is popularly shared by many scholars. Color in children's drawings, is especially considered an essential part that reveals the individual's emotional life. In this paper, the author will discuss how and why children apply color in their drawings in every developmental stage. Assumptions will be drawn based on Lowenfeld and Brittain's （1987） graphic developmental theory, and the authoris art therapy practice experiences. Issues of color or perception, color preference, and color vs form in every developmental stage will also be discussed.

導　言

儿童的繪畫長久以來，一直被相關學者視爲一研究兒童心智發展的重要線索（Lowenfeld & Brittain, 1987）。兒童的繪畫爲自我表現的重要形式之一（Landgarten, 1981），是與口語平行的認知語言，用來傳達兒童的概念（Silver, 1983）。本文作者則綜合相關文獻及實務經驗，認爲兒童的繪畫反映其生理、情感、認知、社會關係、美感及創造力等多層面的發展（陸雅青，民82）。

在兒童充斥著各種不同感官刺激的日常生活環境中，色彩似乎占有著異常重要的地位。一般而言，色彩被認爲能反映個體的情緒（Robbins, Lusebrink & Rhyne, 1978, Johnson, 1994）。爲了能審視色彩在人生各階段中所扮演的角色，作者在本文中將以發展學的觀點來探討兒童在各發展階段中的用色現象。文中所有繪畫發展階段之劃分，以 Lowenfeld 與 Brittain（1987）的理論爲依據。在每個階段中，作者將探討色彩知覺的發展，如兒童對色彩或造型之偏好及各年齡層兒童對色彩的偏好；同時，作者亦將以藝術治療的觀點，來探討及詮釋兒童在用色時可能的心路歷程（陸雅青，民82）。

第一節　塗鴉期（Scribbling Stage, 2～4 歲）兒童之用色

依據Lowenfeld & Brittain（1987）的理論，本時期又可細分爲三期：隨意塗鴉（2～2.5歲）、控制塗鴉（2.5～3歲）及命名塗鴉（3～4歲）。

幼童的塗鴉爲一連串動作歷程的軌跡，不只反映其知動能力的發展，亦暗示了他與環境互動的關係。當幼兒的塗鴉逐漸有封閉、獨立的線條（類似圓圈的造型）出現時（3～4歲），其思考的模式，已漸由感覺動作取向，轉而爲象徵取向（圖①）。

①由控制塗鴉邁向命名塗鴉階段，幼兒的塗鴉畫面逐漸有獨立而封閉性線條出現（作者實齡 2 歲 5 個月，心齡約 3 歲）。

　　整個塗鴉階段的發展，強調感覺動作經驗的成長與統合，故而線條的品質、方向與形式在孩子塗鴉的過程中，遠甚於色彩對他的吸引力，此種現象，與一些研究的發現不謀而合。對幼兒而言，造型的重要大過於色彩，直到三歲左右此種現象才有所改變（Kazan & Lemkin, 1961; Melkman, Koriat & Pardo, 1976）。此意謂著三歲以下的幼兒對於形色的反應是以運動行爲來定的，即是以事物是否可以「抓拿」的性質來決定。

　　事實上，前兩個塗鴉階段的幼童並不在意手中所握有的塗鴉工具或顏料是什麼。但若在我們所提供的色料充足、完整，且孩子有自由選取的能力之前提下，幼童對塗鴉色彩選擇，或能反映其對某種色彩的偏好。雖然較小的幼兒對黃色及粉色系色彩有偏好，但隨著年齡的增加，這個偏好將轉由紅色及藍色所取代（Birren, 1992；張瑞振，民 86）。幼兒在初次塗鴉時，或者會選用粉色系色彩（如淡黃 、淺藍、粉紅……等），但由於高明度的色彩線條在白紙上無法突顯出動作經驗的意義，他或有受挫的感

覺。控制塗鴉期的幼兒在此情況之下，則會主動的更換色彩，直到他滿意為止（圖②）。大體而言，幼兒追求能彰顯出線條意義的對比組合。亦即，背景（紙）與主體（線條）之明度與彩度之對比應用。

②控制塗鴉階段，幼兒具備尋找「視覺上能突顯出線條主題」的能力與傾向，遂能主動地更換色彩來塗鴉（作者實齡 2 歲，心齡約 2 歲半）。

　　由於一般成人較忽略此時期兒童繪畫的發展，在提供給幼兒塗鴉的素材上較為草率（以白色為主），因此，我們較少見到的幼兒塗鴉以粉色系為主體。倘若我們提供幼兒較深色的紙張，相信此類色彩的使用率將大為提高。

　　命名塗鴉期的孩子對於色彩的偏好大於造型的發現，適足以說明色彩在象徵性思考中的重要性。基於色彩能力反映個體情緒的論點，命名塗鴉中，象徵著不同的人或物的各色圓圈線條則反映幼兒豐富的情感世界（圖③）。此時期幼兒的用色是主觀而直接的，視圓圈所象徵的對象與他的情感關係而定。通常，個體對色彩的認知，愈年幼，愈受到生理、物理特性所左右，而隨著年齡的增長，則加入較多文化、學習的因素（凌嵩郎等，民 76）。情感的因素由於年齡的增長而愈趨分化，個體的用色，亦由單純地使用高彩度的原色轉而為不同明度、彩度之色彩的應用（Child, 1965）。個體辨色，命名色彩的能力，則大致與其在各發展階段的用色習性相同。亦即，辨色及命名色彩的能力，會隨著年齡的增長而更趨精緻化

（Mitchell, Davidoff & Brown, 1996）。

③命名塗鴉階段，象徵著不同的人或物的各色圓圈線條，反映幼兒豐富的情感世界（作者實齡 2 歲半，心齡 3～3. 5 歲）。

　　色彩不只與個體的情緒有關，在認知發展的過程中亦占有一席之地。色彩是人類知覺及在記憶建構的基礎單位之一（Davidoff, 1991），在資訊的傳達中扮演極重要的角色（Johnson, 1994）。每個結合文字及色彩的符號均有其蘊意（Osgood, 1953; Littlejohn, 1989; Johnson, 1994）。表 1 及表 2 所列之色彩的共通性，乃綜合色彩的物理特質、視知覺的生理特質及人類對色彩的特別感受……等因素歸納而成，此共通性又區分為一般屬性、具體的聯想與抽象的聯想三部分（吳仁芳，民 81；Kreitler & Kreitler, 1972；Birren, 1992）。綜合前述相關的文獻資料，我們可推論到此色彩的共通性，在愈幼小的兒童，愈以生理或具體的聯想為取向，命名塗鴉期（3～4 歲）以後，色彩的聯想內容將隨其生活經驗的愈趨豐富而更加複雜化。

　　表 1 及表 2 所列的色彩屬性及聯想，不少是具衝突性或對立的特質，完全由個人的獨特觀點來決定。綠色即是很好的例子。客觀而言，它是清涼、新鮮、清晰的，整體而言，予人愉悅的感覺；但當綠光照射在人體時，即刻讓人有陰森、恐怖的感受。色彩的聯想與個人之經驗有關，也因性別、年齡、人格特質、文化程度、環境、職業、文化差異與時代背景之

不同而或有差異。

　　一般而言，兒童的聯想與生活環境中自然或人文的景物之固有色有關。前樣式化時期之兒童在用色時雖未能嚴謹地應用固有色，隨著年齡的增長，在下個時期將會以謹慎的態度來使用固有色。換言之，小學中年級以前兒童對色彩的聯想以具體的聯想居多，爾後，聯想的範圍增廣，且傾向以抽象性概念來聯想的較多。吳仁芳（民 81）曾歸納出以下的幾個聯想原則：1.色彩的聯想與對色彩的嗜好及選擇有關。2.容易成為色彩聯想之對象者大都為經驗新鮮、印象深刻的事物。3.少年期的聯想大都為具象的具體物色彩，而中年以後則傾向抽象方面。4.一般人對中性的色彩很少有聯想。本文作者綜合相關文獻認為色彩聯想原則，當與色彩與其給人的情感或情緒強度成正比。強度愈大者，其烙印在腦海中的視覺印象愈鮮明且持久。人們對色彩的聯想，莫不與記憶有密切的關係。

表 1　色彩的一般屬性，具體的聯想與抽象的聯想

色名	一般屬性	具體的聯想	抽象的聯想
紅	燦爛的、強烈的、不透明的、乾燥的	火、血、口紅、蘋果、熱氣、母親節、喜慶	危險、治療、情慾、革命、熱情、強烈、兇猛、生氣、興奮、積極
橙	明亮的、光彩的、熾熱的	橘子、柿子、火焰、秋天、金屬	溫暖、殘暴、無情、嫉妒、驕傲、自我、熱情、活潑、積極、歡樂、豐富、滿足
黃	似陽光的、點燃的、放熱的、發光的	陽光、檸檬、香蕉、黃金、蛋黃、月亮	警告、快樂、光明、希望、積極、神聖、有朝氣、健康、啟發
綠	清晰、濕潤	綠葉、草地、森林、田園、郵差、大自然、海、屍體	清涼、清靜、清爽、和平、生命、成長、年輕、恐怖、驚嚇、疾病、晦暗、有罪惡感
藍	透明的、濕的	天空、水、冰、海、山脈、天國	寒冷、沈著、理智、冥想、寬廣、悠久、靈性、奉獻、哀愁、畏懼、憂鬱、隱密
紫	深沈、柔軟、有氣氛的	葡萄、茄子、牽牛花、紫蘿蘭。	涼的、朦朧的、優雅、高貴、權勢、神秘、華麗、悲傷、寂寞、絕望

續上表

色名	一般屬性	具體的聯想	抽象的聯想
棕	深沉、柔軟	泥土、糞便、物質、肉體	依賴、身體感覺、家族、關愛需求、責任、小器、節儉、習癖、關懷
白	明亮（空間）	雪、白紙、護士、棉花、雲、白天	純潔、乾淨、神聖、空無、年輕、天真
灰	晦暗（空間）	水泥、陰天、砂石、老鼠、灰燼	平凡、中庸、憂鬱、悲哀、無精打采
黑	黑暗（空間）	晚上、墨、木炭、頭髮	嚴肅、死亡、罪惡、恐怖

表2

三屬性的分類		人對色彩的感情反應之聯想
色相	暖色系	溫暖、活力、喜悅、甜熱、熱情、積極、活動、華美
	中性色	溫和、安靜、平凡、可愛
	冷色系	寒冷、消極、沈著、深遠、理智、休息、幽情、素淨
明度	高明度	輕快、明朗、清爽、單薄、軟弱、優美、女性化
	中明度	中庸、附屬性、隨和、保守
	低明度	厚、陰暗、壓抑、堅硬、遲鈍、安定、個性、男性化
彩度	高彩度	鮮豔、刺激、新鮮、活潑、積極性、熱鬧、有力量
	中彩度	日常的、中庸的、穩健、文雅
	低彩度	無刺激、陳舊、寂靜、老成、消極性、無力量、樸素

＊摘自吳仁芳，民81，p. 169

第二節　前樣式化期
（Pre-schematic Sate, 4～7歲）兒童之用色

　　一些以此發展階段兒童為研究對象來探討兒童對色彩或造型的反應之研究顯示：此階段兒童對色彩的偏好勝於造型（Kagan & Lemkin, 1961; Melkman, Koriat & Pardo, 1976; Seaman, 1974; St. George, 1938）。雖然不同的研究對此階段兒童的確實年紀或有一、兩歲的誤差，但由於兒童的發展速率有快有慢，此誤差是可以被理解的。在此兒童首次嘗試以視覺形式

來自我表現的階段，幼兒開始有意識地去創造形體，而此造型本身便成爲幼兒繪畫的主要考慮。雖然這並不意謂著此階段的幼兒忽略色彩的運用，而是藉由造型，幼兒可以表達他日新月異的新發現。用色則大都反映他自己對該物體的主觀情感（圖④）。

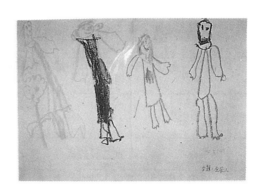

④前樣式化期幼兒在繪畫中的用色，反映其對該人或物的主觀情感（作者實齡 5 歲 1 個月，心齡約 5 歲半）。

此期兒童年齡雖已漸長，但仍是憑一時的喜好來用色，與所欲表達的物體，並不見得有客觀、明確的關係。由於語言表達能力的增長，此階段的兒童已能辨別幾種基本顏色，並說出其名稱；如：紅色、黃色、橘色、藍色、綠色、紫色、咖啡色、黑色、白色、灰色、金色、銀色，但其用色仍十分主觀。Lawler 與 Lawler（1965）從研究中發現，四歲左右的幼兒，會用黃色來描繪一個快樂的主題，但同樣的圖像，同一批幼兒被告知一個悲傷的故事時，大部分的孩子改用棕色來塗同一張畫。當然，色彩的選擇或有較深層的心理意義，但這些意義也因人而異，有賴主觀的闡釋。除了心理意義以外，也許還有其他原因，來說明孩子隨機用色的現象。孩子或許只是純粹機械化地用色，依著色筆排列的順序來用色，也或許他所用的那幾枝色筆，是筆盒內僅存可以賦彩的筆。

作者從與兒童工作的實務經驗中發現，兒童，尤其是幼兒偏好用原色來作畫，鮮有用二次或三次中間色者。將兒童畫與原住民藝拿來作比較，

會發現兩者的用色取向極爲類似。假若色彩與創作者的情緒和個性特質有某種程度的連結，則兒童與原住民所呈現的共通性爲：較少受文化的影響，率眞而純樸。事實上，此階段的幼兒所表現出來的情緒反應多半是單純、未分化的、直接的，與原色給人的感覺極爲類似。

　　前樣式化期的孩子，雖然未發現，或是已發現但並不在意所用的色彩與所欲表達的物體之間確切關係，但用色、塗色對他而言，可以是非常刺激、有趣的經驗（圖⑤）。Lowenfeld和Brittain（1987）建議父母或指導者提供不同的美術活動，讓幼兒從中經驗多種的色彩遊戲，以便他能自由地利用色彩來表達個人的情感，達到情緒淨化的目的。

⑤用色、塗色對幼兒而言，可以是非常刺激又有趣的經驗（作者實齡6
　歲，心齡與實齡相符）。

第三節　樣式化期（Schematic Stage, 7～9 歲）兒童之用色

　　此時期的兒童已自然地逐漸發現到色彩與物體之間似乎存在著某種特定關係。繪畫用色的方式，不再是隨機的，或是依情感來設色。兒童在此階段已能以較客觀的態度來描繪他的環境，不管是在造型、空間表現和用色方面，都發展出一些明確的邏輯概念。孩子開始應用一些固定的色彩來

描繪某些特定的物體，以表現出物體在常態下所呈現的色彩（圖⑥），我們將這些固定的色彩稱之為物體的「固有色」（Stationary color）。

⑥樣式化期兒童傾向以物體的「固有色」作為繪畫中用色的依據（作者實齡 8 歲，心齡與實齡相符）。

　　物體固有色之建立及其經常不斷地被再三使用，反映此時期兒童認知思考的模式。模糊不清的概念透過前一時期的試煉，在此時期以具體的形象和行動來呈現。兒童並透過反覆的形式來確立自己對事物的價值判斷。對孩子而言，碧海、藍天、綠樹、黑髮……是經過一段時間的探索之後，所發現的「真理」。他樂於將他所發現到的邏輯關係與他人分享，也從真誠的實踐中，與外界環境建立更具體的關係。

　　雖然大部分的兒童對一般性的物體，賦予相同的色彩，如綠草、黑髮、藍天（雲）……等，但每位兒童均有其獨特的固有色概念。孩子色彩樣式之視覺化表現，與他對色彩之情感有關。通常個體與景物之首次有意義的接觸經驗，決定該景物之色彩樣式。此色彩樣式將不斷地反覆出現，除非受到另一個有情感意義之經驗的影響才會改變，否則這個物體的設色方式要到下一個發展期才會有所改變。

　　作者以為色彩樣式之建立，受物理（生理）、文化及個別經驗之影響。**物理性的固有色**，以大自然在常態下的色彩現象居多，也或與溫度……等物理特性有關。如綠樹、藍天……等，大都是面積大的中性色彩。

由於孩子一出生即與大自然同在（在鄉間長大的兒童更是如此），自然的
景物無所不在。如藍天在視覺經驗中，經常是占有廣大面積的「背景」
（即使是天空中飛舞的蝴蝶才是當時視覺上的焦點），這個背景自然而然
地成爲視覺記憶中的一部分。也由於它的「背景」地位，孩子較能「客
觀」地認知它的存在，不受主觀情感經驗的影響而情緒化地用色。又譬
如，溫暖的太陽常以暖色系來描寫。因此，此類固有色的應用，可說是兒
童在繪畫表現時，最早出現的固有色（圖⑦）。

⑦「物理性的固有色」爲大多數兒童的繪畫中，最早出現的固有色，
　如雲、太陽、樹……等（作者實齡 7 歲半，心齡與實齡相符）。

文化性的固有色則與人種、地形、氣候，特定族群的生活方式及時代
背景有關。以美國的兒童爲例，該國的人種複雜，正值此發展期的兒童，
其人物畫的用色方式可反映此文化性。人物的膚色清楚地告訴觀者被描寫
對象之人種。白人、黑人、印第安人、亞裔人士的膚色分別以「肉」色或
象牙白、咖啡色、紅色或橙色及黃色來設色。又譬如西方社會常用粉藍色
與粉紅色來象徵男、女生的性別（西風東漸的影響，此亦爲世界性的潮
流）。男女嬰幼兒的日用品、玩具及寢具大都以此二色來代表不同性別的
使用物。這些象徵性別的色彩暗示著特定文化對兩性角色的不同期待。事
實上，每個文化和家庭對男、女孩的管教方式和期待都不甚相同，而這些
價值觀都會影響樣式化階段孩童的用色表現。此時期兒童的人物畫，男生

通常穿著藍色（或其他較中性色及寒色）的衣褲，女生則穿著紅色或暖色
系的衣裙（圖⑧）。在此理智萌芽的時期，孩子的繪畫表現反映其對文
化、家庭教育的認同。近幾年來由於國民所得普遍提高，家長在為嬰幼兒
選擇日用品或玩具時，常會購買一些歐美進口的品牌。如此一來，不只父
母在購買時會慎重地以物品的色彩為選擇的標準之一，幼兒在耳濡目染
下，亦會將性別與特定的色彩關聯在一起，而在七歲左右，形成一種普遍
存在的色彩樣式概念。

⑧「文化性固有色」的使用（如此圖中的女著紅衣裙，男著藍褲裝）
　反映樣式化期兒童對所屬文化的認同（作者實齡 9 歲，心齡與實齡相
　符）。

　　個別性的固有色則為兒童個別情感經驗的產物。由於孩童對於所描寫
的對象有強烈的情感，因而忽略了其物理特性文化特質，而以特別的色彩
樣式來傳達他個人與對象物間獨特的情感關係。圖⑨為一個七歲半兒童的
作品。此童為成長於鄉間、天真純樸的男孩。他所描寫的主題是：我送三
朵花給表妹，向她求婚。圖中所有的色彩應用均以物理性及文化性的固有
色為主，但是由於表妹太可愛了，所以她的頭髮便以紅色來上彩，充分表
現出作者對他表妹熱烈的情感。

⑨「個別性固有色」的使用（紅髮），反映作者（**實齡與心齡均為7歲半**）對表妹熱烈的情感。

　　在對色彩與造型之反應上，此階段的兒童則轉而為對造型有較強的關注，這種現象並且可能將持續一生（Kagan & Lemkin, 1961; Melkman, Koriat & Pardo, 1976; Seaman, 1974; Suchman, 1966）。早期學者大都認為個體對色彩的偏好反映其較原始的運作方式，反之，對於形式的偏好則代表較為進步的運作方式（Coran, 1964; Kagan & Lemkin, 1961; Suchmana & Trabasso, 1996）。但近來的研究則開始質疑這項論點，因為這並無法解釋為何三歲以前的幼兒對於形狀的關注大過於對色彩之現象。

　　最近的研究結果則認為人們對於色彩與造型的反應在童年階段似乎按照年齡以特定的模式在發展著。隨著年齡的增長，這種對於色彩與造型的反應，也愈來愈個別化，以致有兩種不同類型的人出現—偏好色彩者及偏好形狀者。在視知覺的運作過程中，有關對形狀（即線性的界限）的知覺運作，是與人類的左半腦有關，而色彩知覺則是右半腦運作的一部分（Robbins, Lusebrink & Rhyne, 1978）。換言之，人們對色彩與對造型的反應，涉及兩種不同層次的運作，也未必有高下之分。

　　在本時期兒童對色彩的偏好上，各研究的結果不一。本文作者幾年前在音樂作畫的研究中發現到本階段兒童在愉悅的情緒下，依序以紅、綠、

藍、黃顏色來描寫心境,其中以綠或藍色來作畫的兒童人數相差不多(Lu.
1991),Palmer (1973)在以三~四歲及八~十歲兒童為研究對象的研
究中,發現到愈大孩子愈偏好較冷色系的色彩,兒童對色彩的偏好依序為
紅、藍及黃。在一項跨文化的色彩研究中,Garth(1931)結論到所有的
七歲孩童均一致地選擇紅色為最愛,但隨著年齡的增加,兒童對色彩的偏
好也愈來愈多樣化。不管如何,文化對色彩偏好有決定性的影響,且個體
的年紀愈大,所受的影響也愈深,卻是眾多學者的共同看法(Choung-
ourian, 1968, 1931;Palmer, 1973)。

第四節　黨群期(Gang Age, 9~12 歲)
兒童之用色

　　隨著心智年齡的成長,黨群期的兒童在繪畫時用色上,亦促使用一成
不變的固有色來著色,轉變到能應用豐富的色調。兒童的生理發育日趨成
熟,賦予他更大的能力來操作及解決問題。亦即,前一時期所植基的結
構,已無法滿足其心理的需求,兒童嘗試去擴展其既有的結構。色調的應
用,代表本階段的兒童已能區辨較細膩的色彩變化,如藍綠色及黃綠色的
不同;但這並不意謂著他已有更成熟的視知覺,因為他尚無意表現物體在
不同光線下的色彩變化。

　　本階段兒童的繪畫用色,明顯地比上一時期的兒童來得活潑。孩子能
用不同的藍來表現畫面中的天空和河流,用不同的綠來區別山、樹和草
地,甚至光是一片草地即用不同的綠色來描寫(圖⑩)。在圖⑩中我們可
以觀察到此童並無真正色彩寫實的意念,但色調的使用卻使得本時期的繪
畫添增不少光彩。黨群期兒童的繪畫用色表現出其強烈的裝飾需求。連同
此階段兒童對黨群的依賴及強烈的認知慾望,反映其心智上與日俱增的擴
張需求。

　　生理的成長亦為影響此階段兒童用色表現的重要因素。小肌肉動作能
力的增強,促使兒童能掌握較細膩的動作,如:軟性水彩筆及毛筆的使

⑩黨群期兒童的繪畫用色，表現出強烈的裝飾需求。圖中的草地，以
　綠色調來賦彩，擴增了前一時期兒童對草地的固有色概念。

用，小學三年級以上的書法教學即有其生理的依據。軟性毛質筆的應用意
謂著兒童所使用的繪畫素材，已從以硬質取向的蠟筆、彩色筆類，發展到
以流質為取向的廣告顏料、水彩及墨汁……等。流質性顏料的使用，可讓
兒童不斷地發現新奇的色彩現象，進而能控制水分及顏料的比例，而調出
理想的色彩（圖⑪）。在努力維持一基本架構的階段（樣式化期），流質

⑪流質性顏色的使用，幫助黨群期兒童去發現更細膩的色彩變化，並
　用以表達與日俱增的情感經驗。

性顏料的使用較無法滿足兒童去「完全拷貝」樣式的需求，笨拙的操作能力甚至會造成用色失控的現象。但黨群期的兒童在身、心具備的情況下，流質性顏料豐富的寬容度，不只能引發兒童對色彩的好奇，調色、配色的經驗亦對下階段兒童的繪畫用色有莫大的幫助。

第五節　擬似寫實期（Pseudonaturalistic Stage, 12～14 歲）兒童之用色

在本文的第三節，我們曾提及人們對色彩與造型的反應在童年階段似乎按照年齡，以特定的模式在發展著。隨著個體的日趨成熟，大約在十二歲左右，人們對色彩與對造型的反應，也會愈來愈個別化，以至於有兩種不同傾向的人出現—偏好色彩者與偏好形狀者出現。此兩種不同傾向的個體，即是 Lowenfeld 與 Brittain（1987）所言的**觸覺型**（haptic type）與**視覺型**（visual type）者。這個學說的假設論點，即是將視覺型和觸覺型的個體視為數線上或常態分配下兩極端的人口。此兩極端傾向的人，對外在環境的知覺組織法和類別概念的模式截然不同。視覺型的個體經由觀察去熟悉環境，像個旁觀者，在畫面中描寫自然；觸覺型者則像個實際參與的人，在畫面中表現主觀的經驗和情感。而一般人的繪畫表現則介於這個種傾向之間。

在繪畫的用色上，為了能客觀地描寫物體，視覺型傾向的兒童注意到了物體的色彩與光線有密不可分的關係，同時也意識到了陰影的存在（圖⑫）。在未經過色彩教學之介入前，會嘗試在物體固有色上，增加明色與暗色，以表現物體的明暗感覺。若是此階段孩童以水質顏料在白紙上寫生，則會有不少人會以不飽和（水分較多）的色料來描繪物體的明亮面。觸覺型傾向的兒童則由於較專注於主觀經驗的闡釋，強調個人對外在世界及自己身體的感覺，因此色彩的應用便成為表現其情感經驗的重要媒介（圖⑬）。繪畫的主體常依其主觀經驗來賦彩，背景、物體與環境的關係則往往被忽視。

⑫視覺型青少女的繪畫用色，表現出其對色彩與光線之關係的認知。

⑬色彩的應用常爲觸覺型傾向的個體用來表達其情感經驗的重要媒介。

　　兒童繪畫能力的發展在此時期達到最高峰，在個體的身心均漸趨成熟之後，其繪畫表現便邁入 Lowenfeld 與 Brittain（1987）所謂的「決定期」（14～17 歲）。春青期孩子已有完全的抽象思考能力，其自由創作能不受具體形象的約束。畫面的色彩應用，可配合創作的主題或當下的情緒來設色，亦可因畫面的美感需求而存在（圖⑭）。最近的一項以「藝術的目的為何」為主題的跨文化研究，當研究者以開放式的問法詢問加拿大、法國及台灣不同年齡層共七百多位對象藝術的目的時，「藝術能表達情感」及「藝術能溝通理念」兩種答案為跨文化及年齡層共通的選擇，且分屬第一及第二高位。其中 13～17 歲組的受訪者選擇此兩項答案者比例尤其偏高（Kindler, Derras & Kuo, 1997）。此一研究的結果證實以藝術作為自我表達媒介在此時期的重要性，色彩的使用更是不容忽視。

⑭一位十六歲少女的「現實我」與「理想我」，心智已趨成熟的個體
　　能配合創作的主題或當下的情緒來設色。

第六節　結論與省思

　　兒童用色來表現其情緒，為內在生活的投射；兒童運用色彩和語言一樣，是一種發表思想與情感的工具（吳仁芳，民81）。作者依Lowenfeld與Brittain（1987）的兒童繪畫發展階段說為主要的理論依據，探討兒童在各個繪畫階段中的用色現象。其中並涉及色彩知覺的發展，如色彩與造型在各階段視知覺發展中的角色，各年齡層對色彩的喜好……等。作者並依據文獻及藝術治療的實務經驗所得，對各個繪畫階段的用色現象提出個人的看法。

　　大體而言，個體對色彩的認知，愈年幼愈受到生理及物理特性所左右。由於人類在幼年階段對於色彩有著極為相似的生理及情感反應，因此，在本文的第一節，作者特別彙整相關文獻，將色彩的屬性與聯想製作成表1與表2，以作為觀察各個階段兒童用色現象的參考。隨著年齡的增長，兒童的用色則加入更多文化及學習的因素。生活經驗的漸趨豐富讓個體的情緒反應日趨複雜化。個體繪畫時的用色現象，亦由單純地使用高彩度的顏色轉為不同色相、明度與彩度的應用，喜、怒、哀、樂之外，生活中有更多細膩微妙的情感，諸如期待、害臊、羞愧、嫉妒、內疚、同情、羨慕、惆悵、戀愛……等再加上物換星移，生活經驗烙印成一幕幕的視覺記憶。色彩成為事件聯想的一重要元素，色彩的表現也因而增添了個別化的風貌。兒童繪畫表現中的用色現象有其階段性的特質，這些特質當可成為師長觀察兒童情緒智慧（EQ）成長的重要依據。諸如智力正常、實齡八足歲的兒童其繪畫中少見固有色之使用（圖⑫），或不尋常的用色現象（圖⑬），如何反映繪圖者當時的感情世界？

　　兒童繪畫表現的成長反映其生理及心理的成熟狀況（陸雅青，民82，p.23～26）。多數的學者均認為繪畫的發展，是朝著寫實的基準進行。在繪畫寫實的過程中，寫實的能力與成果表現，無論是與概念有關（Golomb,

1993），或是與知覺、文化及智力息息相關（Arnheim, 1974），在創作者的心理層面上，可能意謂著藉由將物體再現的歷程，來肯定自我的存在。人天生即爲群居之動物，此肯定自我之存在的努力，當可視爲希望能獲得大多數人之肯定的訊息。換言之，此一邁向寫實的歷程，在兒童的心智成長上，反映其以自我爲中心到對社會價值觀念認同的歷程。

　　當我們將「色彩」從寫實的歷程中抽離出來，則不難發現兒童畫中「固有色」的發現，建立、維持（樣式化期）與擴張（黨群期色調之應用）反映了前述的心智成長歷程。日趨成熟個體對造型與用色之不同反應及觸覺型與視覺型兩類不同傾向的用色表現則打破了繪畫爲再現眞實的迷思。具備獨立思考及行動能力的成熟個體能賦予色彩非「寫實」傾向的形式語言（如野獸派的用色理論）。此舉或是個體對既定社會價值觀念的懷疑、解構到再定義的流程。成熟個體之用色當能隨心所欲，應用自如。

參考書目

〈中文部分〉

吳仁芳（民81）。**色彩的理論與實際**。台北，中華色研出版。

凌嵩郎（民76）。**藝術概論**。台北，空中大學。

張瑞振（民86）。**超齡的無敵金剛**——兒童玩具超齡化與電子科技化趨勢。自由時報。

陸雅青（民82）。**藝術治療**——繪畫詮釋：從美術進入孩子的心靈世界。

〈英文部分〉

Arnheim, R.（1974）. *Art and visual perception: A psychology of the creative eye*. Berkeley and Los Angeles: University of California Press.

Birren, F.（1992）. *Color psychology*. Secaucus, NJ: Carol Publishing Group.

Child, I. L.（1965）. Personality correlates of aesthetic judgment in college student. *Journal of Per sonality*, 33, 476-511.

Choungourian, A.（1968）. Color preferences: A cross-cultural and cross-sectional study. *Perceptual and Motor Skills*, 26, 1203-1206.

Colomb, C.（1993）. Rudolf Arnheim and the psychology of child art. *Journal of Aesthetic Education*, 27（4）, 11-29.

Coran, N. L.（1964）. Color and form in children's perceptual behavior. *Perceptual and Motor Skills*, 18, 313-316.

Davidoff, J.（1991）. *Cognition through color*. Cam bridge. MA: MIT Press.

Garth, T. R. （1931）, *Race psychology*. New York: Mcgraw-Hill.

Johnson, E. A. （1994）. Preliminry exploration of the chromatic differential: Tthe measurement of the meaning of color. Conference parper presented at the Annual Conference of the Visual Communication Association （8th. Feather River. CA, June 23-24, 1994）.

Kagan, J., & Lemkin, J. （1961）. Form, color and size in children's conceptual behavior. *Child Development*. 32, 25-18.

Kindler, A. M., Darras, B., & Kuo, A. C. S. （1997） Rationale for art: A Cross-cultural Perspective. Paper presented in Arts and Cultural Identity: An International Symposium in Art Education. Taipei. Taiwan, R. O. C. Nov. 21-23, 1997.

Kreitler, H., & Kritler, S. （1972）, *Psychology of the arts*. Durham, NC: Duke University Press.

Landgarten, H. B. （1981）. *Clinical art therapy: A comprehensive guide*, New York: Brunner/Mazel.

Lawler, C. O., & Lawler, E. E. （1965）. Color-mood associations in young children. *Journal of Genetic Psychology*. 107, 29-33.

Littlejohn, S. W. （1989）. *Theories of human communciation*. Belmont, CA: Wadsworth.

Lowenfeld, V., & Brittain, W. L. （1987）. *Creative and mental growth （8th ed.）*. New York: Macmillan.

Lu, L. （1991） *La Pintura Senso-sonora: teorias, estudio empirico, implications terapeuticas*. Madrid: Editorial de la Universidad Complutense de Madrid.

Melkman, R., Koriat A., & Pardo, K. （1976）. Preference for color and form in preschoolers as related to color and form differentiation. *Child Development*, 47, 1045-1050.

Mitchell, P., Davidoff, J., & Brown, C. （1996）. Young children's ability to process object colour; coloured pictogens and verbal mediation, *British Journal of Developmental Psychology*, 14（3）, 339-354.

Osgood, C. E. （1953）. *Method and theory in experimental psychology*. New York: Oxford University Press.

Palmer, E. L. （1973）. General color preference in young children of different race, age and enighbourhood of residence. *Perceptual and Motor Skills*, 36, 842.

Robbins, D., Lusebrink, V., & Rhyne, J. （1978）. Personal contructs-A study of color associated with stages of life: Drawing as references for personal constructs of color dynamiccs. Unpublished class notes for Expressive Therapies Program. University of Louisville.

Seaman, A. C. （1974）. Responses of Lower-and middle-class of 5-yr. -old children to acromatic and cormatic color and form stimuli. *Perceptual and Motor Skills*. 38, 1257-1258.

Silver, R. A. （1983）. Developing cognitive skills through art: Report of a 1980 National Institute of Education Project. In L. Gantt & S. whitman （Eds.）, *Proceedings of the Eleventh Annual conference of the American Art Therapy Association* （p. 41）. Falls Church. VA. AATA.

St. George, M. V. （1938）. Color perfernces of college students with refernce to chormatic pull. learning, and association. *American Journal of Psychology*. 51, 716.

Suchman, R. G. （1966）. Color-form prefernce. discriminative accuracy, and learning of deaf and hearing children, *Child Developmem*. 37, 439-451.

Suchman, R. G., Trabasso, T. （1966）. Color and form preference in young children, *Journal of Experimental Child Psychology*, 3, 439-451.

第七章

如何製作一齣兒童劇

前 言

　　美國藝評家 Kenneth. L. Grahani 指出兒童劇場至少有五種價值，分別
是娛樂、心靈的成長、教育的發展，美學的欣賞及未來觀衆的培養，所以
兒童戲劇是值得鼓勵推廣的。

　　兒童戲劇依照演出的性質與內容，大致分爲三種：1.兒童劇場（chil-
dren theatre）。2.創造性的兒童戲劇活動（creative dramatics）。3.遊樂
性質之兒童戲劇（recreational drama）。

　　兒童劇場是提供給兒童當觀衆的專業演出活動，與小孩自己演出的
「兒童劇」不同，兒童劇場的演員多爲成人，少數特殊角色才由兒童親自
擔任，比如紙風車劇團近年所公演的兒童劇「牛的禮讚——我們一車都是
牛」、「美國巫婆不在家」就是此種類型之演出。

　　創造性的兒童戲劇活動是通過戲劇的訓練，來發展兒童創造力的活
動，其目標不在於實際演出，而是在於上課和排演的過程中使孩子的人格
得以正常發展，能力得以充分發揮。它可列入總體教育的環節中，如訓練
語言表達能力、糾正孩子的偏差行爲、學習人際溝通與相處以及激發想像
力……等。紙風車劇團每年寒暑假的兒童戲劇營就是這類型的戲劇活動。
此項活動也可以配合學校課程，將教材戲劇化，使上課能從靜態變成動態
的雙向交流，因而更加生動活潑。

而由兒童表演給兒童看的戲劇類型，即是遊樂性質之兒童戲劇，強調表演者參與演出的經驗及發展而非娛樂觀眾，此類型演出不僅強調演出製作，同時也強調過程，其基礎應該來自創造性的戲劇活動。在台灣的環境中，比較接近學校「同樂會」的才藝劇表演，或是代表學校校際戲劇觀察或比賽。

台灣的劇場發展，直至近二十年來，才開始發展起來，還不能算是普及，所以一般大眾對戲劇的認識，及對劇場的了解都稍嫌不夠，更遑論兒童劇場的製作演出。以至於許多喜愛兒童戲劇的朋友、兒童文學工作者、學校老師雖有心要製作兒童劇，但往往在對製作編導實務及劇場技術執行缺乏經驗的情況下，常不知所措或事倍功半。而學校中的兒童戲劇應從創造性的戲劇活動或遊樂性質的兒童戲劇為出發，卻要求專業兒童劇場children theatre的演出水準及場面，使大人和小孩都耗盡很多的精力，搞得身心俱疲且耗費大量金錢，但得到的卻是反效果、反教育，這就變得非常可惜了。

在上述情況下，有志於兒童劇場的朋友或者學校老師，為了活動、觀摩或競賽，應該怎麼把這劇場活動變得事半功倍？在此我們提供在紙風車劇團五年的經驗，歸納出一些心得：內容偏重於製作及編導的實際性，希望能對有心兒童劇場的朋友，提供一些幫助。以下之內容，會以紙風車劇團八十六年十一月於國家劇院所演出的「牛的禮讚——我們一車都是牛」，八十七年四月在台北新舞台製作的「美國巫婆不在家」及一些相關的演出製作為例，同時提供編導實務及劇場技術執行該注意的一些事項。

第一節　製作前應有的心態和準備

製作之前，應以企業的精神與態度來面對複雜的演出製作作業，因演出作業涉及編、導、演、燈光、音響……等各方面的配合，十分龐雜。而

且舞台的演出最重臨場演出的「時間過程」，幕一拉開觀眾就要看到「成果」因此，全部都要準備就緒，台上一有差錯就很難補救，所以其製作及運作過程就要精密的設計了。

◉ **劇本的取材**

　　兒童劇場演出的題材包羅廣泛，舉凡歷史、人物、神話、文學作品、童話，皆為劇本取材的來源，此外我們亦可從生活經驗、社會新聞、自然科學常識……等去發掘題材。

　　以「牛的禮讚——我們一車都是牛」為例：「牛」是演出之主題，所以所有演出之故事段落都和牛有關，取材更是五花八門，有民俗藝陣改編之「鬥牛陣」，中西神話如「西遊記」、「封神榜」、「希臘神話」及「克里特島傳說」節取之「牛魔王大戰孫悟空」、「黃飛虎騎五彩神牛」、「宙斯與白牛」、「迷宮怪獸」，台灣民間故事「農夫與老牛」，成語新解「庖丁解牛」、「對牛彈琴」現代的「NBA 公牛隊」，及以創作者之童年印象創作之「歡樂台灣牛」。我們也會因應社會時事編寫兒童劇本如：「小芬小蓮歷險記」（見圖 1）以現代社會的問題，而以演出的方式教導小學生面對綁架者的應變之道；由生活中的「賴床」為主題的「起床號」（見圖 2）；由兒童文學作品改編，而以「幻燈劇」的方式呈現的「賣芭樂」。其他如傳統戲曲中的「趙氏孤兒」、「三國演義」、「荷珠配」，甚至「三岔口」都可以編成兒童版，我想許多童話或「兒童繪本」中之故事，只要稍加處理即能成為很好的兒童劇劇本。

　　但若不以「劇本」為取材之出發，而以「演出形式」做為取材之選擇，則範圍更廣：如一首詩、一段音樂、一張照片、一種材料都可以發展成一段表演，因此劇團就會以維瓦第（Verdi）的音樂「四季」中之「春」，再運用手套與黑光效果編成一段落的「手的舞蹈」（見圖 3）或創作者因童年在廟會看煙火的印象，而以陳揚的音樂「歡樂中國節」再結合黑光與彩帶舞蹈而成「歡樂中國節」的演出（見圖 4），或是單純以彈性布為素材，而導演提出架構由演員共同發展之「小口袋」（見圖 5）。由此可見兒童劇之「可能性」很多，且在所有表演中是題材最廣泛且有趣

1.　「小芬小蓮歷險記」（紙風車劇團提供）。

2.　「起床號」（紙風車劇團提供，高修明攝）。

3.　「手的舞蹈」（紙風車劇團，鄧玉麟攝）。

4.　「歡樂中國節」（紙風車劇團提供，高修明攝）。

5.　「小口袋」（紙風車劇團提供，高修明攝）。

，亦富想像力的。

　　如果就挑選「劇本」而言，對於演出劇本我們要注意的是審視劇本是
否有完整的劇情或戲劇動作，是否有「衝突」的故事性，縱然沒有充分的
曲折和懸疑，也要有精彩的舞台表現及戲劇動作，否則兒童的注意力集中
時間不長，沒有豐富的內容及變化，是不能讓小朋友安心坐著看戲的。但
是太複雜深奧的劇情也不很適合大多數兒童的分析理解能力，所以慎選劇
本變成「好的開始」的重要關鍵。

　　新編的劇本與創作要注意的原則也是一樣的，重點如下：

㈠主題

　　即劇本的中心思想。對兒童劇來說，必須明確清楚的強調主題：兒童
善於模仿，且對事物的判斷較單純，沒有多方面的思考及關照能力，所以
在主題上必須明確的導引，才不會引起不良的影響。但是在演出呈現上，

卻有不同的方法，像先前提到在「牛的禮讚──我們一車都是牛」改編自希臘克里特島傳說的「迷宮怪獸」當中有一隻會吃小孩的「牛頭怪」（見圖6），「小芬小蓮歷險記」綁架勒索的壞人「盧曼，大尾」。雖然他們都是「壞」角色，但在演出上就不能讓他們窮兇惡極，舞台上略誇張及可愛的處理，將減少小朋友觀賞演出對角色的害怕。又如「起床號」中愛賴床的人，或「賣芭樂」中不敢大聲叫賣的小女孩「多生」，其主題是孩子在生活中不能避免會碰觸的困難，但卻需要引導小朋友面對困難，解決阻礙。兒童劇場的對象是兒童，因此主題之「教育意義」雖不是主要亦不可忽視。但必須注意兒童劇場表達之主題，在於場合與時間，對象及參與性和學校及家庭不同，必須有所區隔於家庭與學校及其他活動所提供的教育概念。同時在劇場中，強化劇場之美學及藝術教育，創意和想像力才能充分發揮劇場及兒童劇真正的魅力，我們不能再把現代兒童當作一無所知，而這也是紙風車劇團近年來極力想突破的觀念。

「牛的禮讚──我們一車都是牛」（紙風車劇團，高修民攝）。

(二)人物安排

人物角色之創作，可由個性、缺點、習慣……去創造出角色之特質與劇情之張力和衝突。因為一個特質上的差異，即可創造出不同的狀況，因此「膽小」、「害羞」、「有壞習慣」、「冒險領袖性」、「迷糊」……常是兒童戲劇的角色人物的特性，亦會發展出劇情的變化。因此「起床號」的立安，怎麼叫都不會起床，即創造出許多「笑果」。「賣芭樂」的多生，因為「害羞」，到了市場不敢大聲叫「賣芭樂」，而由「勇敢」與「機智」的哥哥出面解決危機，就可產生極佳的戲劇性。「迷宮怪獸」中三個進迷宮冒險的小孩，個性就會有「膽小」、「勇敢」和「打腫臉充胖子」的不同特質

而就演出而言，演員可依照劇本設計之個性與特質上，運用肢體和聲音創造出舞台上不同的角色，但是在於表演上的拿捏就應注意其轉化的過程：有時壞人一出現，小朋友就嚇哭了，演出團體絕對不願意這樣的情況在表演時發生，也因此在表演和個性的安排上，必須注意：好人應加強描述，以產生使小朋友效法的功能；對壞人也要交代清楚，為什麼壞，怎麼壞應有原因，但可以儘量從缺點和個性的差異來設計，較適合兒童劇場的觀眾。

但面對不同的演出主題、對象和場合，亦有不同的處理方式，例如：劇場中演出的「小芬小蓮歷險記」，欲設計綁架勒索的烏龍流氓「盧曼」和「大尾」，雖然戲裡是壞人，但在演出的最後就必須告訴小朋友他們是因家鄉收成不好，家裡有困難才會做壞事，讓小朋友可以原諒他們，學習「有愛心」。但是也不是絕對的；例如：因為近年來「兒童安全保護」問題已經發展成「社會的」問題，而以戲劇方式引導學童如何保護自己的校園演出中，我們在搬演「小芬小蓮歷險記」時，就會讓兩壞人於演出中因其他大人之喝阻落荒而逃，而將最後改邪歸正的之段落刪除，以明白之表達欲傳達之主題。

(三)對話

以生活化的對話為原則，明白易懂為主，如提到「鼓掌」，可改成「拍手」，「害怕」可能比「恐懼」來得適宜。當你在劇中說出「君不見昔時燕家重阡，擁篲折節無嫌猜」時，大部分的小朋友會很納悶？聽不懂？所以，要配合劇中人身分、地位，使觀眾聽得明白清楚，生活化及口語化的對話，是一大原則。甚至歷史劇，也不必要強調諸如啓奏皇上等文言文體。我們可以小學國語課本作參考，其中的詞句、成語是他們剛學習的，小朋友所熟知的。而台詞最好愈少愈好，有的部分用動作代替，以讓小朋友能較安穩的看戲，萬不得已才用多一點的對話，且以簡短為原則。看布袋戲常有「事情是這樣那樣」然後敲鼓三聲、比劃二下，把過去事情就算說清楚了，此種型式是中國戲曲所特有的。

在現代的兒童劇場中，我們常會將現代的語彙放入演出當中，如「酷斃了」、「電腦網路」、「才藝班」等新詞彙，不論在古裝之人物、西方童話或中外傳說，以拉近和現代觀眾之距離。

(四)其他

此外，在劇本安排，演出時間的安排可依故事的「格局」大小來處理，不怕太「短」，卻怕太長。我們會建議在針對由小朋友「演出」的劇本片段可以精簡在二十～三十分鐘之內，而重點強調在參與的過程。如果老師們自己演的兒童劇，時間可控制在四十～六十分鐘之內，除了可以減輕「排練」的工作壓力外，亦可以增加觀眾投入的興趣。如果是專業兒童劇場的表演，五十～九十分鐘皆可，但必須有中場休息，因為兒童會坐不住。

另外在編寫劇本時對於年齡的區分也要顧及，有些學者把年齡區分為四歲以下；四歲～八歲；八歲～十一歲；十一歲～十三歲；十三歲以上。七歲以下，對動物的擬人化及童話故事較為喜愛，八歲以後恢復喜歡較眞實的事件，不過這只是大略的分法，男女也有差別，但專業兒童劇團在演出創作時是必須要設定清楚的年齡，觀眾才能做選擇，較特殊的情況是：

台灣的兒童劇場比較常參與的小朋友都是國小三、四年級以下的學生，因為五、六年級的小朋友都「補習」去了！

第二節　演出與製作之分工

　　一個演出製作之分工可繁可簡，全依「人力」及「能力」而定位，人力充沛則可做細部之分工，但前提是各部門的負責人都可以清楚且獨立完成相關之工作，專業劇場為求演出品質，當然必須包含各種不同領域之專業人士，但針對老師及小朋友參與之演出，「校長兼工友」的情況，則可視為「必然」。

　　而以下則就老師較不熟悉的劇場「工作元素」做一說明，而因前文已就表演及編劇方面已有說明，以下以演出工作之相關部門，做一簡單之說明：

一、導演

　　導演的工作很繁複，導演人選應以有舞台經驗或者曾參加過演出的人擔任較適合，因為僅憑一點概念或一次演戲經驗要作好一齣戲，實在不容易，比如團裡曾有一名團員，突然被他的學校指派製作兒童劇的演出，使他不知所措、連夜失眠，這時若有一位劇場工作者指導他，以減少他的「害怕」，將可使作業不致耽誤或預防不夠周延。

　　導演要擬訂計畫，包括對劇本的詳細研究、演出技術的規畫、對角色人物的塑造、要了解劇情的高低起伏，至於形式、表現方法則要有統一的概念。氣氛、節奏要加以設定，走位動作要明確的設計。我們可把舞台區分六個區位或九個區位（見表3），標示大道具位置，人物以號碼代替，然後順著劇情畫出簡單的圖示（見表4），以免導戲時場面調度混亂而手足無措，使演員一頭霧水。

表 3 舞台九區分表

右上	中上	左上
右中	中	左中
右下	中下	左下

表 4 演員走位表

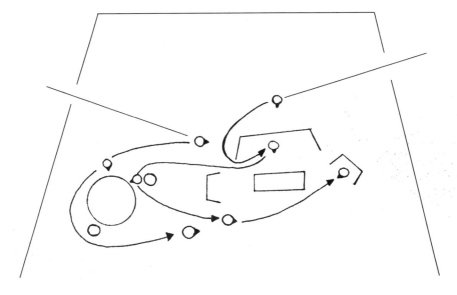

　　由於小朋友注意力不夠持久，對事物新鮮感短暫，所以在劇情中適時強調肢體、場面、聲音的變化是必要的，以歌舞或動作的出現，在對話中亦也可加些幽默語、俏皮話，對話的韻律也可參考數來寶、吟唱或相聲的特性以加強效果。甚至像面具、偶戲、光影不同表現方式都可運用，紙風車的演出劇碼中，常有舞蹈、歌唱、動作的出現，就是為了使小朋友能持續著看戲的興趣，且常以「片段」方式來呈現，而各段落之演出特色皆不相同，目的就在此。但我們也要注意其統一性，如在古裝戲中出現穿緊身衣跳芭蕾舞的演員就顯得唐突。

　　導演除了上述創作的功課外還要擬出演出計畫。此部分將直接影響整體演出的品質及工作狀況，重點如下：

1. 釐清演出的目的是要呈現自己的構想，還是為了比賽或觀摩，假使是比賽或觀摩，記得不要把學生弄得太呆板而形成反教育的效果，因為教育兒童遠比比賽得到名次要重要。
2. 充分掌握工作進度，如：演出時間、演出場地的資料，了解各部門工作時間的長短，以控制排演和製作的進度。
3. 工作人員的選定：研究劇本的內容及需要之後決定工作人員的多寡。一般的編制（見表5），如果人數少，可身兼數職，但必須了解工作人員的系統及確定執行者，但也要判斷有的項目在學校演出較沒必要，像是宣傳、票務等。

　　設計部門之下可分更細的製作組，以分工合作來完成，簡易的技術如換景可由學生來執行，以達到從工作中學習的作用。在學校中老師可帶領學生完成製作部分，演員亦可在排演的空檔加入製作布景或道具、服裝的行列，以期充分運用時間及人力。

二、舞台、布景、道具

　　舞台、布景、道具儘量也以簡單為原則，在很多材料的運用上，用替代品就可以達到同樣的效果，舞台上可用桌椅、紙箱或小平台覆蓋上經過處理的帆布或蚊帳就可以成為美麗的原野或高山、村莊。布景可用表演場地原有的背幕，別上紙張做出的造型，就可省下大布景的錢了，例如紙風

表 5　製作及演出編制

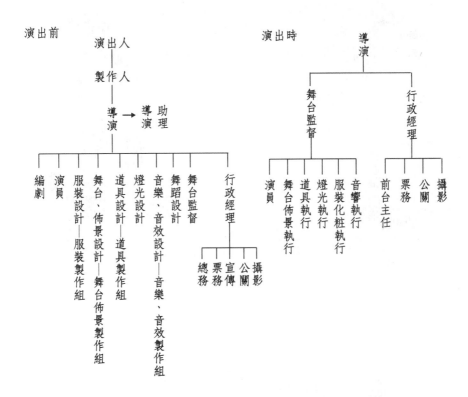

車劇團製作的「妙猴王大鬧花果村」劇中的舞獅、舞龍，就用廢棄的泡棉及拆船廠買的布條及各種旗幟製作而成，不僅省錢而且造成的效果並不會比租借來得差（見圖 7）。「小小人國歷險記」的布偶即運用丟棄的日用品製作而成；例如，牙刷當權杖、小 YG 內褲當國王的身體……（見圖 8）等。

在兒童劇中有些演出中常適合以演員來扮演道具，而且更有想像力，如：衣架、床、椅子、熱水瓶等，不但省下製作搬運的麻煩，演員在排練時，亦常因自己的創意發揮而高興不已。舞台上的華麗，並不一定要花大量金錢來獲得，只要多以團體的智慧，化腐朽為神奇，就可使劇場花最少的錢做出最好的效果。如果是學生的演出，我想鼓勵他們自己製作，則是最好的創造性教學及力行的訓練了。

7. 「妙猴王大鬧花果村」（紙風車劇團提供）。

8. 「小小人國奇遇記」（紙風車劇團提供）。

　　進劇場也別忘了準備修補道具及舞台的工作，各種釘子、鐵錘、鉗子是必備的工具。

三、服裝和造型

　　服裝或造型裝扮的概念是兒童劇演出中，非常重要的部分，因為造型可以幫助觀眾了解與接受劇中之角色與人物，但為省錢，我們常以「家家酒」的「裝扮」概念建議老師們採用，而非一定要花大錢租借「戲服」才有效果，如何以「畫龍點睛」的概念來處理是最好。但是因為是演出，演員在裝扮完成後，一定要試驗自己演出的動作，如有「翻筋斗」的動作，又是穿裙子、或戴帽子，就必須在裝扮完成後試驗動作，如果有問題，看是改動作或加強固定服裝配件，否則就會常看到很多非專業演員的演出，剛出場時，造型光鮮亮麗，但演出一半，造型剩一半，衣服也鬆了，配件也掉了，那就不太好了！但某些古裝衣服仍可向服裝公司租借，這樣還是可以省下製作經費及時間。

　　化妝時準備基本妝所需的粉條、腮紅、眼影、眉筆，特殊妝可以用紙漿或蜂蜜加上廣告原料調成即可，甚至不用基本妝也可用色紙、玻璃紙、膠帶來取代，否則化妝的原料價錢動輒是一筆大數目。

　　進劇場之前一定要準備縫補服裝道具的器具，雙面膠、子母帶是必備的應急品，否則突然褲子掉了、衣服破了的情況才有補救了的機會。

四、燈光

　　是演出必備的設備，但也是老師最不熟悉的，因為要達到舞台的燈光變化效果，一定要有足夠的燈具，而且演出場地的電容量也必須足夠才可達成。當然在文化中心或劇場裡，如果有充足的器材，我們就可以做不同的燈光氣氛，暖色光和冷色光的基本變化，或是不同的定點光區，或其他色系燈光變化當然可以達到更佳的舞台效果。而燈光設計者必須和導演及製作人就經費及各演出段落劇情氣氛和導演需要來設計變化。此部門在專業劇團只要有充足的經費，就可以有更好的效果，沒錢很難做事。

　　而當然在幼稚園或國小校園內不可能有好的舞台燈光設備，上述是提

供概念參考。但對於校園演出而言，無法有特殊之燈光變化，但在分工上也必須考慮進去，例如演出有場間之暗場、亮場，就算用日光燈，也一定要安排一個到數個人人可以控制開關，因為這是大家常忽略的事，有時會想到，但也常沒人負責的事情，因此特別提醒。

五、音樂、音效和音響

音樂的運用在兒童劇非常必要，因戲劇情境選用適當的音樂可達成非常好的效果。老師們常覺得平常很少聽音樂，又不能亂買，因為花錢，也不一定能買到適合的。因此建議老師們平常可以從看電視，尤其是看電影的過程中可以多「聽」一些，現在很多電影原聲帶，可能可以找到類似「感覺」的音樂。但要提醒兩件事：音樂感覺要合於演出的「動作」：常看到一些演出，台上可能是一隻小貓遇到一隻野狼，只有兩個演員，氣氛緊張。但老師會選用如「侏羅紀公園」、「鐵達尼號」、「星際大戰」等千軍萬馬、氣勢磅礡的「扣人心弦」感受的音樂，這樣就給人「大頭小身體」的不對稱感覺了。

另外就是音樂版權問題，為提升國人對音樂著作權使用之尊重，不論大小之公開演出，請大家務必注意這件事，如有疑問可洽：中華民國著作權人協會（地址：台北市青島東路七號二樓之一，TEL：（02）2396-1882）。

至於音效，市面上有出售這樣的帶子，包括打雷、閃電、流水、風聲等各式各樣的效果。如果要自己作曲時，錄製的花費最好調查清楚，如果演出場地沒有音響設備，租借費也要預估在經費內，如果一百人左右的觀眾，就可用手提音響或卡拉OK即可。演員的聲音是必須被訓練和要求大聲的，但如果是三至五百人的場地就可能一定要租借「小蜜蜂」或更好的擴音系統來輔助，因為對於校內之演出而言，可能聲音的要求比燈光還重要。

演出時同樣要安排專人控制音樂，而且必須熟悉演出和放音樂的點，所以一定要常來看排戲。演出前每段音樂都要定大小聲，才不會有音樂和講話聲音互相干擾的問題。此外，提供一個找音樂開頭的技巧：常看到很

多老師的表演在音樂要出現的時間，常會等二至五秒之後音樂才出現，台上一片尷尬，原因在於錄音帶最前面一定會有一段空白時間，而演出要求精確，每次演出之前都必須找到音樂開始的點，一放就有聲音，怎麼找：用錄音機把音樂帶放出音樂，一聽到音樂開頭點立刻按下 stop 或 pause，取出錄音帶，用小指迴轉半圈，即非常接近音樂起頭點。但這只是一個技巧，要控制音樂的人必須自己練習而且自我感覺一下，就可以有很「專業」的表現，一定要自己練習，因為每個人的小指「直徑」不一樣。

六、舞台監督和行政經理

舞台監督在一齣戲的演出是非常重要，他是導演與其他工作人員溝通的橋樑，在製作排演時期，要和導演密切合作、擬訂進度表、與各工作人員聯繫，並控制所有進度的流程、熟悉表演場地的各種設備及操作情況，演出前的各種檢查及演出時技術的配合，及技術部門演出 cue 點的下達，都是他的工作。選擇舞台監督宜以頭腦冷靜、執行溝通及應變協調能力強的人來擔任。舞台監督不是藝術的創作者，卻是劇場藝術的實現者。

行政經理和舞台監督同為導演的兩員大將，他負責演出製作對外關係的處理、經費的控制運用以及一般行政事務的處理。在經費上，應以經費總數來考慮各部門所需的預算，有的演出在舞台布景要花大錢，有的是在音樂上、服裝上，而此時其他部門就得節省，這就要看導演及演出特色所要的效果，來設定演出預算及與各部門的製作成本之預算，否則一不小心就會超支。好的行政經理可使導演在很多方面無後顧之憂。

第三節　橫向溝通的製作會議

製作會議的進行導演必須將劇碼的主題、表現方式做講解，舞台監督確定工作人員執行項目及內容以避免工作重複，介紹演出場地的詳細資

料；設計者提出設計構想、製作預算；行政經理提出宣傳計畫及行政計畫；大家討論協調之後擬訂各部門的工作進度，舞台監督提出擬訂進度總表（見表6）以後就可依照總表控制整個製作，設計者可依此表，擬訂各部門的工作詳細進度（見表7）。

這個進度總表依工作的天數、各部門的進度計畫來作戲，有下列幾個優點：

表6　製作流程、進度總表

選劇本→選導演編劇→演出計劃的設定→製作會議

進劇場→技術排排→彩排→正式演出→拆台
（此表只是假設而已，真正設定要視狀況而定）

時間＼項目	第1天	第8天	第9天	第10天	第12天	第15天	第32天	第44天	第46天	第48天	第50天
舞台布景	提出構想	設計圖完成	開始製作	代用品完成			大舞台完成	完成	修改	修改	修改完成
道具	提出構想	設計圖完成	開始製作	代用品完成		劇照用道具完成	大道具完成	完成	修改	修改	修改完成
服裝化妝	提出構想	設計圖完成	開始製作			劇照用服裝完成		試裝	修改	修改	修改完成
音樂音效	提出構想	構想完成	搜集音效	主題曲完成	音效完成	作曲完成	排演帶成	製作完成		音效音樂配合完成	完成
燈光	提出構想	構想設計完成								租借燈具	
演員		甄選演員完成	排演開始			拍劇照	整排		整排	整排	
舞蹈	提出構想			第一次排演			舞蹈編排完成		修改		修改完成
宣傳	提出構想	計畫完成	演出消息發布			拍劇照	聯絡者				再發布演出消息
節目單海報	提出構想	設計完成		節目單文章作者確定		拍劇照	海報出節目單定稿	節目單進廠			節目單完成
票務	提出構想					門票設計完成	售票				
備註	第一次製作會議	第二次製作會議				拍劇照	第三次製作會議		記者會		裝台會議

表 7 演員詳細工作進度表

時間（天數）	演員
2	演員甄試
8	演員甄試完成、公布演員角色
9	給與劇本、講解演出構想
10	讀劇本、舞蹈動作講解
11	對詞
13	排演第一幕第一場、舞蹈
14	排演第一幕第二場、舞蹈
15	拍劇照、排演第二幕第一場
16	排演第二幕第一場、第一支舞完成
44	整排、整體試裝、舞蹈完成
46	記者會
51	進劇場
52	技術排演
53	彩排、正式演出

1. 全覽各部門的工作項目及狀況。各部門互相都有密切的關係，萬一某部門拖延，就可看出其他部門將受到影響，需要調整進度計畫。

2. 依照完成的時間輕重緩急使各部門改變工作方式，比方說拍劇照的服裝要比其他服裝先完成，需要事先演練熟悉的道具或效果要先做，如紙風車劇團有一個「小口袋」的演出，若沒有彈性布製作的口袋，則無法進行排練。又比如「藍騎士與白武士」，重點在「拼裝武士」的操作（見圖9），若沒有實物，則排練達不到效果。此外如「歡樂中國節」，「手的舞蹈」，則可以用一般彩帶及手套先代用即可，演出再製作特殊處理過之道具即可。

製作會議的重點在於各部門人員和工作協調與討論，更重要的是取得共識而一起為演出而努力，因此可視情況再開第二次、第三次的製作會議，以進一步協調，期使演出配合更加完美。

9.　「藍騎士與白武士」（紙風車劇團提供，高修明攝）。

第四節　整排、彩排與演出

　　整排是導演對細部動作，演員走位與整體演出做過觀察後提供修改方向，及演員對完成的舞台、道具、服裝做熟悉和修正。

　　進劇場之前，要舉行裝台會議，使裝車、裝台工作的各部門能密切配合，達到人力及時間的節省，以期望有更多時間來做技術排演。技術排演是使技術如燈光、音效、舞台換景……等與演員能夠互相配合與練習，萬一有問題可馬上解決。彩排是所有舞台技術與演員完全成熟的預演，與正式演出無二，此時不要忘了做各部門的意見修正及務求完美。

　　正式演出之前，不要忘了給演員做最後的準備——暖身及打氣；暖身

使演員的發音、身體達到最好的狀況，並且要思考其每個演出場次所需注意的事項、該用的道具，服裝別忘了先準備。打氣則能安撫演員情緒，使其對演出有信心且全力以赴。

演出結束之前，記得要詳細做好拆台計畫，一如裝台會議，對演出之後的整理及歸還工作要分配好，千萬避免演完即鳥獸散的情況，尤其是學校演出，有始有終是劇場所提供教育的一環。

以上是一齣兒童劇演出從選劇本到演出的一個工作流程、注意事項和一些實例，雖然看來繁複，實際上限於篇幅，卻還不夠完整，我和劇團的工作伙伴也是在多次演出後，獲得這些經驗。紙風車劇團雖是專業劇團，但也如這篇文章一樣的不夠完整，有些原則無法做到完美，有時做得無法設想周全，但我們也在多做多調整的情況下，盡力做好兒童戲劇，也希望這些經驗能提供給相關人士做參考。

最後再一次強調，不論是參與校際的戲劇觀摩還是比賽，希望當事人不要把結果看太重，過程的教育才是最重要的。因演出的壓力而使學生疲於奔命，反而會使學生對戲劇或表演產生恐懼及排斥感；也希望評審委員儘量不要被場面華麗或精緻的布景所導引，簡單的布置、設計並非不好，創造力的表現及孩子的歡樂、團體合作的精神才是最為重要。

而在學校內推廣創造性的兒童戲劇活動，更值得提倡，因為它不僅可使兒童從中得到戲劇的經驗，而且具有本文開場白所提的功用，只要老師們研究有關資料或請教專家，嘗試使教材戲劇化，師生就能共同沈浸在戲劇的天地裡。「紙風車」藉由舞台劇的演出，來訓練創造性兒童戲劇活動的指導者，並經由自辦的兒童戲劇營累積經驗，期望有朝一日能整理出一套明確的指導計畫。使兒童戲劇落實在教學環境中，也讓孩子們能真正的擁有「快樂的童年」，這是我們努力的最終目標。

第八章

對相關活動的看法

～漢菊德

第一節　幼兒藝術創作中成人的立場

本文所涉及的是創作活動而不是欣賞，後者在幼稚園裡也是受到重視，不容置疑。

美術教育家對幼兒美術活動看法有相當大的分歧，從美學觀的一端到心理分析的另一端，使幼教教師感到迷惑而無所適從，大家進入學院進修，懂得越多了，越覺得沒有把握了。的確如此，家長和教師都需要在不同的爭議中找出一條明確的路。因此，要對幼兒繪畫與造型的意義，幼兒畫些什麼，做些什麼？為什麼這樣畫、這樣做，做一番探討。

專家們如兒童畫教師及學者常常為幼兒繪畫、造型分類、分析線條、構圖、結構色彩的變化，以了解幼兒的發展及作品的意義，其中有著名的 V. Lowenfeld, R. Kellogg 及 L. Brittain 等人。柯氏找出幼兒畫裡從塗鴉期間開始到學齡前後一些基本的圖形。她發現這些圖形是不分民族、地域性、全世界的幼兒都是一樣的。同時，這些圖形也和洞窟裡發掘的原始初民的圖繪、造型有雷同之處（夏勳譯，民 77）。我們應該如何解釋這些基本圖形呢？

從純粹美學的觀點上看，這些圖形都不代表情緒，這些都是構成「美」的最基本元素，他們當它為美的自體，它的普通現象也是因來自天性。在他們看來，似乎人天生就有要求秩序、圓潤、對稱的傾向，因此，凡具有這些純粹圖形完整的作品才會永恆不朽，才會激起情緒。而以心象

為主，與概念有關的作品則容易被淘汰。所以他們認為好的作品都具有形式美。渥夫更明確的指出，我們可以從幼兒繪畫的線條中找出美的特質──律動、均衡、比例。

美術教育家們更進一步指出幼兒繪畫具有現代畫的特質，幼兒畫的是一種「抽象」畫，抽象畫家要離開現實，回到天真純樸的心境，擺脫形象的束縛，用線條、形、色抽離現象；呈現原始與基本的構造，追求純粹的形式美。幼兒像抽象畫畫家一樣，唯有超過具體形象，才有自由，不受限制，才有可能無拘無束地從事「形」的創造。

但從心理學的觀點看，幼兒繪畫不但與情緒有關還和人的意識有關。那些基本圖形如曼陀羅（mandalas：圓形或方形圖，為普遍之圖形），在容格（Jung）看來是先天的印象（夏勳譯，民 77），來自集體無意識，也就是，人以一種所謂的原型（architype）的形象來表現人在「自我」中最深沈的一部分，而這一部分是全人類所共有的，就曼陀羅而言，是遠古時代先祖的經驗，無論是為了什麼目的，創造了這個圖形，銘刻在人的記憶裡，潛藏並流傳了下來，此後人便以此原型───一種共同的符號──的方式傳達個人的深沈意識。因此，這些幼兒畫中的圖形是先天性的，是神秘的，代表著「自我」的一部分。

里德（Herbert Read）也認為幼兒繪畫乃是一種透過思想的情緒表現，情緒之一部分來自集體無意識，一部分來自個人的感情（而這裡的「集體」與「個人」的部分，事實上是容格的人格──「自我」結構理論。）所以幼兒繪畫與情緒有關是一種「自我」的表現。

幼兒的藝術活動除了形式美之價值外，是否真的其他都不重要了呢？美學家們為幼兒繪畫與「美」以外的事物無關，幼兒未受到自然、社會深入的影響，可以不理會自然具體形象，「率性」而作，這固然是真的，但超過三歲塗鴉期，四歲以上的孩子，在內容上逐漸生活化，而不只是單純的圖形和線條，雖然構圖仍然有基本形、質樸線條的圖形表現，但內容的主題卻已經豐富了許多。

藝術品的價值除了表現形式美之外，藝術家應該要藉著美的形式表現他的「自我」和情感才是上乘之作，我們看畢卡索畫風的演變，都可以自

畫中看到他的個性和情感,進而推測他的思想。他的粉紅時期、藍色時期
的作品,除了給我們「美」的感受外,可以看出他每個階段個人的生活,
當時的社會背景,及他的感受。一個偉大的藝術必定也是自我情緒的闡述
者,譬如羅丹晚期對愛與寬恕的表現,而這些情感的闡釋並不會失去他原
有的形式美。

　　表現主義大師康丁斯基(Kantinsky)提出了「內在需要原則」爲藝
術的根本精神(吳瑪琍譯,民 74)。內在需要有三方面:一、是表現自
己的個人因素,二、表現時代特有的風格,三、是美學家們所最重視的藝
術的元素。當然,能具備這三種的才是好的作品,因爲藝術元素是客觀
的,前兩項是主觀的,有了主觀元素才能形成個人風格,而永恆的藝術原
則藉著主觀元素傳達出來。可見,以一個藝術家的立場,雖然重視藝術的
美的原則,卻也不忽視個人和時代因素。藝術的元素是必要的,否則作品
就不能稱爲藝術品,但好的作品沒有一樣不具有個人風格。Lowenfeld 就
反對以美學觀修改幼兒的畫,如比例,以免妨礙幼兒誇張的表現(李叡明
譯,民 80)。

　　重視美學的 Brittain 也認爲幼兒以美術活動宣泄其感情,藉著活動爽
直的表現自己,幼兒可在一個活動中做不斷的改變,顯示出情緒的需要,
他認爲幼兒並不了解自己畫出的東西是藝術,只是不隱藏自己的感情,當
我們要求說明時,我們發現他們畫的是自己親身的經驗,並沒有特殊的象
徵意義(陳武鎮譯,民 80)。

　　一個幼教老師是否應該完全接受幼兒美術的心理學觀呢?如果我們接
受,應該接受到那種程度呢?我們是否應像心理分析學派,將創造性過程
和心理分析做比較,並在教學過程中特別強調心理過程呢?

　　我們當然要注意作品中的創造性,想像力及思維的精緻度,就像我們
要從圖畫中了解幼兒的生活、心智發展和情緒一樣。但是沒有經過正統、
長期「藝術治療」的訓練,沒有豐富的經驗,教師不應該以幼兒的作品
「診斷」幼兒的情緒或智能發展!將「診斷」留給專家,教師只用來作參
考,教師可以聽聽幼兒自己的解釋。

　　我們對幼兒繪畫的看法影響著我們對幼兒作品的態度和教學方式。

　　我覺得幼兒繪畫為正統畫家所接受並推崇為純粹美的藝術是值得重視的。因為兒童畫的美學觀點被接受，對兒童畫的教學過程和態度應該有好的影響，大人接受孩子的畫就不會認為他們亂畫，而給予不必要的指導或干涉。Wolff（夏勳譯，民 77）認為塗鴉會帶給孩子運動感，從孩子的線條方向可以看出他們手、眼協調的情況，以及工作時的姿勢，是縱向、橫向、斜向、圓圈等都關係著頭的上下移動，身體的移動等。所以幼兒的藝術活動是優美的，用整個身體去體驗美，參與美，同時，這些身體動作也是未來寫字的基礎，它的過程比結果更有價值才對。

　　柯氏雖是以美學看幼兒的畫，但不是一個唯美主義者。唯美主義者會以成人的觀點──以表現「美」為藝術創作的全部──來看幼兒。但以幼兒而言，如里德所說，藝術的形式是遊戲，是各部位肌肉的感官運動來達到統合的目的。幼兒看繪畫是「玩」顏色，是「好玩兒」，是「送媽媽當禮物」的，是「想把郊遊畫下來」。我們若把藝術活動當成嚴肅的美學課，而不是把它當成孩子的「生活」、「情緒」的自由表現，我們會變成技能導向，主張「教」幼兒一些正統的技巧，而給予過多的指導或干涉以致阻礙了他的情緒、自我表現。

　　站在幼教的立場，我們當然不主張技能導向的教學，美術教育家艾斯納（Lowenfeld）認為讓幼兒自由表現才是真正的美術教育，才能發展幼兒的創造性，「刻意」讓他們使用太多美術技巧、美術知識，會阻礙或限制他們的創造。但 Brittain 認為這樣的美術教育對認知和美感也一樣有幫助。

　　里德曾說：「藝術不是要求兒童服從的訓練，它是兒童與生俱來的自然秩序中符合完全自由的一種訓練。」雖然我們不願把藝術視為「訓練」（也許這是翻譯之誤），但我們贊成孩子的藝術活動中不要太過強調美術技巧或美的「法則限定」。我們贊成孩子有充分的創造自由。

　　總之，我們一方面認為幼兒有追求美的傾向，一方面認為幼兒會在藝術活動中表現他的自我和生活。我們對幼兒的藝術活動，採取以下的立場和途徑：

　　我們不給孩子教師的成品當成示範，而鼓勵創造不同的作品。

　　我們不教孩子臨摩或圖形著色，以免過止其創造力。

　　我們不批評，只肯定幼兒的作品，並張貼所有作品。

　　我們不修改或否定幼兒的作品，尊重、接受他們的自我表現。

　　我們不比較作品，相信藝術是自由創作的過程，故不鼓勵參加繪畫比賽（關心落選幼兒）。

　　我們不以直接的方式教美學技巧（如刻板的線條比例等），但呈現美術資源，提供美的生活經驗，美的環境，讓幼兒去發現美，感受美。

　　我們不限定材料，提供不同材料，教導材料的用法。

　　我們以參觀展覽　遊戲、音樂、分享生活、閱讀、探索自然與藝術活動結合，引導幼兒認識感覺與情緒，啟發幼兒思維。豐富和刺激幼兒的創造，而使藝術超越領域，成為統整性學習。

　　我們以幼兒作品與專家和家長討論分享，並重視幼兒的解說，以深入了解幼兒的情緒或問題。

　　我們以藝術為全人教育的一環，重視幼兒的社會情緒、人際關係、情意等方面在「過程」中的發展，而不強調「成果」。

（參考書目見本章末）

第二節　幼兒閱讀

一、探討幼兒閱讀有以下幾個理由

㈠養成喜愛書本和閱讀的習慣會增加閱讀能力

　　喜愛書本、愛念書的習慣是一個人求學和做事的一大助力；相反的，不喜好念書及不擅長念書的人在求學過程中自然會遭受困難，工作中也無法取得資訊（資訊和知識的管道由書本中取得和由電視媒體或耳聞中取得，在實質上是有差別的，前者更為深入和具體。所以，我們每個人都要養成習慣多從書本中獲取知識和資訊），其中求學中的挫折已經引起教育界密切的關注了。

　　十多年以來，美國檢討學生 27% 的輟學率起因於對閱讀沒興趣。更有很高比率（81%）的大學一年級生需要補習閱讀，基於這現象，美國的 NRC（National Research Council）在一九九八年三月八日提出早期教育的建議，以防止青少年及成人有閱讀困難。NRC 提出的三個方案其一是要幼兒學發音認字、字意，其二就要學習廣泛的閱讀，其三則是加強對個別需要的幼兒教學。

　　他們認為這三方面的加強會在小學三年級時顯示出教學的成效，而有效的教學和豐富的讀物會使有閱讀困難危險的兒童成為成功的閱讀者。

　　根據行政院主計處在民國八十四年所做「中華民國國民型態與倫理調查」，十五歲以上最近一個月內曾閱讀的圖書、雜誌頻率，每天看書的只有 16.72%，兩三天看一次的 16.86%，每週看一次的 33.79%，每兩週看一次的占 20.79%。

　　我們要留意不讀書可能帶來的個人問題和社會成本。避免這現象，就要從小養成閱讀習慣，增進閱讀能力。

㈡書本幫助孩子逐漸形成個人的價值體系

　　培養想像力和解決問題的能力，學到社會性、人文的或自然的知識，並且會感受到作者所營造出來的美感和情緒，只要有適當引導，閱讀中會幫助孩子有統整性的發展，而不是單方面的益處。當然，這和閱讀的過程有關。

㈢書本會促使孩子思想，並增進語言的能力

　　寫下來的文字和口語最大的差別是，書寫的東西可以給孩子充足的時

間去思考。在過去，喬姆斯基（Chomsky）認爲人類語言的能力是天生
的，人對語言的獲得毫不費力，好像有一種與生俱來的語言裝置，根據先
天普遍語法，由普遍語法轉變成個別語法，他稱爲 L. A. D. （Language
Acquisition Device）。根據這種說法，我們可以不必爲幼兒的語言發展操
心了。語言純粹是一種自然情況下的模仿行爲。只要將孩子安置在語言的
環境中，他自然就學會了，孩子似乎完全是被動的接受。

　　但後皮亞傑的心理學家不承認語言的先天裝備，而認爲那是沒有根據
的，語言的學習中，幼兒是主動的參與者，這是一種創造和思考的歷程，
其中涉及解釋、選擇。幼兒在聽到一個詞或一口話時，從語音、文法到語
意，乃至用法，並不是像鸚鵡似的學人說話，而是經過他當時的狀況去解
釋，去掌握語言，即使是發音也不一定會一模一樣的學人。

　　此外，語言學家認爲行爲主義的看法更不足採信。狼人之所以不會說
話，也證實了語言必須在社會環境中才會發展，不能單憑「增強」，學習
語言要靠「思想」和「建構」。

　　道納生（Donaldson）等認爲語言是一回事，語言之所由生的社會情
境又是一回事，幼兒所建構的是語言的社會情境，兩者相關但語言則要特
別學習。因爲孩子先了解他所說的內容，而了解語言本身，而了解語言又
先於了解語法，語言是很早就從經驗中產生的。孩子在對外用語言做詮釋
的時候，是解釋外在的社會情境而不是語言本身，道納生又認爲，即使孩
子不用語言時，他也會去建構情境或了解情境，而他對情境的了解和建構
影響著他對語言的解釋（Donaldson, 1980）。

　　同時她強調孩子不是那麼的自我中心，他一定要了解大人的心思意念
才能和大人溝通，建立和大人之間的關係。因此根據這些基本能力，孩子
初期的語言在外界的互動中得到了，是一種外在關係的產物，接下去孩子
要將這外在的東西向內發展逐漸與思想結合。維高斯基（Vygotsky）認爲
（Vaker, 1962）沒有思想，語言不會被「發現」，他將語言和思想的關係
分析如下：

　　1.從發展上看，思想和語言來自不同的源頭。

　　2.在語言發展上，幼兒必然有一個前智能期，而在思想發展上，有一

個前語言期。

3.兩方面的發展，在某個時期是各自獨立分開的。

4.到了某一個時期，兩方面的發展相結合，以至於思想成為語言的，而語言成為合理的。

他認為，語言和思想以不同於感官的方式反映現象界，代表人類意識的性質。語文不只是思想發展的主幹，也是整體意識的歷史成長中心。一個字是人類心靈意識的縮影。

因此，語言的內化過程是很重要的，捨此，語言的層次就停留在口語的階段上。當語言和思想結合以後，概念化的語言便有助於思想的發展，兩者相輔相成，交互影響。譬如，道納生發現來自文化背景不同的孩子對語言的反應是：文化背景有利的孩子（用語層次高）會仔細聽，在回答以前會思考、分析用語，而文化背景不利的孩子（語言層次低）則用「較平常的」話回答問題，不加深思。

增進語言能力，閱讀是重要的途徑之一，孩子從日常口語的對應性上逐漸接觸到「非口語化」的語言，使他的語言能力，能在日後「脫離現場」的情形下，還能清楚的表達，使語言能為思想使用。閱讀使孩子停下來思想，因而會對自己的思想做省察，而能專注於一個問題去思想，並排除不相干因素，這種能力即所謂「控制」（control）的能力增長，而這些省察與控制力又對邏輯類思想有幫助。

㈣閱讀會促進大人和孩子的關係

幼兒閱讀有時要和父母或老師一起進行，大人唸給孩子聽是最古老的方式，而這樣的共同時間對父母和教師也是成長，我們可以在這種共享的時間了解孩子的反應，他的情緒，他對書本內容的解釋、接受度，藉著這種交流，使大人更認識孩子的內心世界，更能幫助孩子，也更會發現孩子的反應中所流露出大人未料到及未感受或體會到的部分，這將會帶給大人無限的溫馨。對孩子人格的成長有著莫大的幫助，這才是最大的益處。如果將閱讀當成認知的活動，限制或規定孩子遵照大人的進度，則閱讀就不是一件親子間愉快的事了。

二、與閱讀相關聯的準備

幼兒閱讀前必先經過「前閱讀」的階段,這是閱讀的準備,或者說閱讀根本就要時時與「前閱讀」活動相結合,使閱讀成為有趣的、統整性的活動,而不致淪為填鴨教育。因此,我們先要了解所謂「前閱讀」做些什麼。「前閱讀」必與感官相關,例如:

1. 兩歲前有關觸覺、視覺、聽覺的玩具書,對感官給統合性的發展有幫助,感官的健全及靈敏有助於日後的學習,包括閱讀。

    幼兒先「玩」書,可以抱著書,可以拍打書發出聲音,可以和書一起睡覺,可以用書作小肌肉操作練習等等,從玩中先認識書為何物,產生親切感,等兩歲以上,接觸到正式的書,便要培養正確的愛護書的習慣。

2. 聽力的培養,譬如和孩子一起唱歌,將孩子呀呀學語的聲音錄下來給他聽,教孩子指認發音物體的位置,如洗衣機、爸爸說話的聲音,或者聽故事等等。聽力要在日常生活中學得,而不要刻意將一個錄音機放在孩子身邊,反覆地播放,這是教育家們所反對的。節奏可以培養孩子對語言抑揚頓挫的認識,和孩子說話拍手也有助於孩子節奏感的培養。

3. 在幼稚園裡,前閱讀活動有各種戲劇扮演,透過玩偶、繪畫等方式,尤其是手指偶對自言自語的幼兒溝通能力發展及情緒發展均有幫助。

4. 幼兒可以練習說出來,例如:看圖說故事、看照片、視聽教材等,都是可以嘗試的方法。

5. 生活分享、團體討論,或是分成各類小組、進行團體活動。

6. 唸童詩、說故事之各類活動。

總之,幼兒的發展是整體性的,各方面的活動都相互關連,由感官到動作,乃至於思考,對語言能力的發展均有影響。

三、閱讀些什麼？

(一)童話

發展最早的，可謂孩子的神話。一個民族或部落都以童話方式傳遞給下一代族內的傳說、觀念或遵守的規則。童話分古典、現代、科學三類。

(二)寓言

以故事方式說明一個明確的道理。最早的寓言在西元前六百多年的「伊索」寓言，又如中國的「愚公移山」等。

(三)神話

一個民族的集體產物，心理學家也認為神話代表著人類潛意識的浮現，或思想方式，代表著先民對自然現象的解釋。如希臘神話、盤古開天、女媧補天。

(四)童詩、歌謠

流傳的童詩沒有作者，現代童詩才有作者。地方流傳的童詩有台灣的、北方的、南方的，可以用方言唸，是方言教學最好的教材。

(五)民間故事、傳說

也摻雜著一些迷信，中國的民間故事內容多重忠孝節義。與神話不同，是發生在生活中的，如「包青天」，各種民俗傳說等。

四、如何選擇讀物？

綜合多人的看法，我認為：

1. 不要選擇連自己都不喜歡的書。好的作品是大人也會喜歡，譬如《西遊記》。自己不喜歡必會表現在閱讀過程中。
2. 選擇書時要考慮孩子的認知、社會的程度，不要使他們聽不懂，給

他們挑戰，但不能使他們有挫折。如有些有關性教育的書，知識性太強。

3. 不要選擇超出孩子情緒發展的書籍。例如「娃娃誕生」中父母做愛的補述。

4. 太通俗的故事，尤其上過電視的故事不要選擇，因為內容都知道，就失去了趣味感，但如果孩子喜歡再看一遍書或聽一次，甚至將故事演成動態的活動，則另當別論。

5. 得獎的書不一定適合每個孩子，評審委員事實上無法顧及全面，在一本書的優缺點中，必須做一個選擇，若評審者所選的不適合個別需要，則不要選用。

6. 選擇閱讀要看是否有重複性，重複使用的語句或句型對幼兒語言學習有幫助。如「遲到大王」，語句重複，但內容有變化，孩子感到有趣味又能學到語句。

7. 情節有變化的，而不是由開始到結束，簡單的聯結，年齡越大越需要有變化的情節。例如「醜小鴨」中小鴨變成天鵝中間有許多事情發生。

8. 情節中必有高潮，使幼兒有耳目一新的感覺，例如「漢生兄妹」中發現糖果屋的那一環。「神燈」中巨魔出現的一環。

9. 有幽默感或溫馨感，譬如「先左腳再右腳」「王六郎」的溫馨感和「猴子和賣帽子的人」。

10. 適於較大孩子的故事，要有對話的形式，只有敘述會失去趣味和真實感，如「青蛙與蟾蜍」。

11. 有思考空間，可以引發問題和討論，如「三個強盜」及寓言類書。

12. 印刷精美，紙張不可反光。

13. 文字簡潔。翻譯作品一定要符合中國人的語法，人名字亦不可用很長的譯音。如「驚喜」裡的語法。

14. 文字字體要大，如「青蛙與蟾蜍」，圖畫也要大幅。年幼幼兒書要一字一頁。

幼兒讀物中最受歡迎的是童話，童話是自十七世紀法國貝洛爾（C.

Perrault, 1628-1703）的「鵝媽媽說故事」到現在，進步是緩慢的（陳正治，民 83）。每個時代都會產生反映當時社會價值和興趣的大眾文學而影響了兒童文學，例如：十七世紀主要是宮庭文學、在美國則是清教徒的影響；十八世紀盧梭主張自然卻也強調了成人角色；維多利亞時代發現「童年」卻又保持道德觀之下所結合的道德說教與人文主義的作品。

從十九世紀後半葉到二十世紀的兒童文學創作，是美國人的天下，這些現代作品呈現了與古典截然不同的特色，除了仍然具備豐富的想像力、趣味性以及溫馨感以外，綜合專家們的觀點，可看出創作新趨勢：

1. 人物與背景由貴族生活轉向市井小民和親切的生活題材，顯示對社會現象與問題的重視及社會價值的改變。如美國懷特（E. B. White）的作品，「蜘蛛與小豬」、「天鵝的喇叭」。

2. 心理學影響文學童話開始重視孩子的情緒問題，對孩子更用心，更能顯示同理心和關懷，對於「死亡」、「恐懼」等情緒也十分關注。是以往強調道德主義所不能比的。

3. 多元價值觀。現代的作品會呈現問題，讓讀者去思考，沒有清楚「教條」或絕對的是非標準，將價值澄清留給孩子，如「三個強盜」。

4. 世界主義的趨向，以往每個民族都有濃厚的民族主義色彩的童話或神話，如猶太主義、日本「桃太郎」，現代作品強調和平主義和世界觀，更不允許有暴力和種族歧視的存在。如美國哈里士（Harris）的作品。

5. 現代作品對性別歧視非常敏感，從內容到用詞，都要留意不可冒犯女性，不能以「他」代表「她」，而故事內容也不可以界定女性角色或有輕視女性的情節，如「灰姑娘」。

對於童話的詮釋，專家們的角度不同，有從美學觀點看，如林良等（杜淑貞，民 83）。而上述這些趨勢則是從社會學觀點看，是現代父母和教師選擇讀物的參考。

五、卡通與童話

　　幼兒對各類童話故事及卡通影片人物的喜好故事又是每個幼稚園所必備的設備。這是幼兒文化的主流，過去曾有人針對卡通影片做過分析，認為父母應對幼兒做一些防護，以免受到不良卡通的影響。譬如，過多的暴力、性暗示，或超乎幼兒年齡的愛情，俊男美女的造型等，推論幼兒會早熟或產生一些看不見的潛在影響。最近這些年來，卡通有了不少的改進，呈現豐富的想像力，強調環保、友愛、睿智，但是還是要家長慎選並能陪伴著孩子觀賞，對孩子的成長才有幫助的，至於取材自世界著名的童話故事，更要提供和陪伴幼兒觀賞。

　　我請陳玉吟和練雅婷為我蒐集了幼兒對各種人物的反應，因為這兩班正值做戲劇的方案，幼兒對角色體會也許會較深入。歸納這些資料發現：

1. 幼兒對公主有特別的喜愛。他們喜歡公主的長頭髮、漂亮的裙子，大部分孩子認為公主善良，會照顧人或小動物，當然多數是認為公主漂亮，還有人表示不管公主漂亮不漂亮，反正就是喜歡公主。幼兒對公主的喜愛似乎為外表所吸引，而「善良」的觀念已受到幼兒的注意和重視，「美感」與「愛」的社會情緒發展得很明確了。

2. 許多小男生喜歡柯南、小叮噹、白馬王子、羅賓漢、大金剛、蝙蝠俠、勇士蘇洛、鹹蛋超人、鋼彈 W 機器人，因為這些人都有超人的能力，可以打擊壞人。幼兒對有「能力」的人有羨慕的傾向，而對於打擊壞人也認為是理所當然的事，「正義感」已經形成了。

3. 小女生喜歡美少女戰士和小丸子，也是象徵能力和正義感的角色，平時，小女孩會自製美少女戰士使用的手杖，自行扮演起來，可見她們多麼著迷。

4. 有不少孩子想當一休和尚，因為他聰明，會解決問題，也表明了幼兒的價值觀。

5. 也有不少孩子喜歡有情趣的人。如小矮人和其中的糊塗蛋，認為他們淘氣又可愛。此外，蠟筆小新的逗趣也很討好，當然，他們表示不會學他。由此可見幼兒情緒發展已經有幽默感了。

幼兒對好人壞人分得很清楚，童書裡都是兩極化的分法，因此幼兒很清楚誰是好人，誰是壞人，後母、巫婆、大野狼等是他們認定的壞人，而殺人、害人、騙人、說謊是他們認定的壞事。好人壞人是沒有性別之分的。影片和童書給了他們這樣明確的觀念！

當然，最近有專家評估某些卡通不適宜兒童，如「美少女戰士」會影響性別認同。因此教師要帶領幼兒做一番價值澄清，事實上，無論是閱讀或是觀看卡通，事後的討論都是必須的，討論的功用是多方面的，有助於情緒的探索，和思維能力的提升、價值觀的建立。

幼兒文化環境影響著他們，使我們了解他們已具備的基礎，我們也要善加利用這些文化題材作為我們感性教育題材，因為無論我們喜不喜歡，這些都是擋不住的（參考書見本章末書目）。

六、閱讀與故事治療

對幼兒而言閱讀故事和聽故事可以結合，他們可以一面看著繪本一面聽大人念故事內容。大人用不同的聲調生動地模擬著書中各種的角色情節引起幼兒的興趣，或用簡易玩偶配合語氣、聲調的變化及身體的姿勢、移動幫助幼兒體會得更深入。

從幼兒聽故事也可以了解幼兒的內心世界：請幼兒解說故事及請幼兒改編故事。

幼兒解說故事中流露出自己的觀念和情緒，譬如，在「三隻小豬」中大野狼吹壞了兩個哥哥的草房和木房，幼兒認為蓋磚房的第三隻豬比較聰明，他們會問：「為什麼爸爸媽媽不教他們呢？」而認為豬爸爸豬媽媽不對，也有人判斷是他們自己忘記了。從解說中可見幼兒心思的細膩！對於不滿意的情節他們會改編，這就是創作的開始。

幼兒在改編故事中完全將作者原來的用意置之不理，或根本就沒有發現原創者的意圖！幼兒在表現自己，只是在借用這故事的人物和場景而已。就像在說自己的故事，他們完全沒有防衛心理，將自己的生活、興趣、願望、久藏的情結等自由自在的「投射」出來讓我們了解。

第三節　童詩創作

～漢菊德

　　南海實幼自民國七十八年籌備期間的兩班開始，就主張以各地的兒歌為民族文化教材，幫助幼兒的語言發展，同時計畫透過幼兒的祖父母將失傳的民間歌謠傳承下去，無意中發現在日據時代成長的那一代，記憶中的兒歌並不多，幼兒能唸的兒歌仍然是園方提供的，取材自專家、童詩作家所編寫、蒐集的詩、歌，讓他（她）們和父母親或祖父母一起朗誦。這六年來兒歌一直是每週週報必備的一項家庭親子活動，如今，唸兒歌或童詩在「南海」已是當然之事，甚至幼兒從事集體創作也已蔚為風氣了。

　　一般而言，我們是兒歌（或童謠）與童詩同時使用，兒歌之使用，多採用沒有作者的、流傳已久的鄉土歌謠，而童詩自然是有作者的，介紹受到肯定的作品，使幼兒接觸到的都是最好的。在選擇上自然要配合教室活動的主題，考慮到歌謠的趣味性、韻律感、創造力及其優美。在筆者看來，詩歌對幼兒有顯著的幫助，可從以下幾方面談：

一、增進親子關係

　　由於南海一向鼓勵父母親在家中和子女一起唸兒歌，也徵求家長提供兒歌給全班幼兒，而使兒歌展現出它的原始力量。兒歌本來就起源於母親對嬰兒的哼唱，代表著一種生命成長的力量，母親藉著曲調和歌詞將她的愛及民族的情感、思想模式傳遞下去，使下一代在這之間成長。親子關係也由於這互動的過程而更加親密。

二、學習語言的途徑

　　童詩和歌謠都是有組織的語言,童詩尤其是精緻語言,而兒歌,有些則是帶有鄉土風韻的語言,押韻較童詩明顯,對於正在學語言的幼兒很容易掌握。而童詩作家也告訴我們,童詩與兒歌中多用重複的語句或字詞,這也是除了押韻易唸之外,幼兒容易習得語言的重要原因。而兒歌中的繞口令,只要不難,都可以練習發音。

　　近幾年後皮亞傑學派的學者主張語言學習要超越日常說話,即所謂溝通的層次,好的兒歌和童詩提供了思想和情緒探索的空間。趙天儀說兒童詩是一種語言的藝術,所以,無論是台語、南北方各地語言,都可能使幼兒學到超越純口語的、有文法、有組織的精緻語言。

　　幼兒唸兒歌童詩提升了語言學習的層次,但絕不能走進填鴨的模式。所以,教詩歌一則要注意保持童言童語和童趣,不需教古詩,畢竟古詩離我們太遠了,不是幼小的心靈所能體會的;一則,詩歌的選取要配合幼兒的需要,與幼兒活動密切結合,而絕不是分科教學中的國語教材。學習的過程也是動態的,幼兒在自然的環境下,先會唸詩歌後,才逐漸認識文字,而不是教師逐字逐字地教。

三、有助於社會情緒發展

　　童謠中有些成為政令宣導的媒介或生活常規、倫理道德的說教工具,這些玩藝兒,在筆者看來都是八股。我們教導禮義廉恥、忠孝仁愛,不需要教幼兒記誦教條,好的童詩、兒歌在無形中傳達了民族中值得傳承的價值觀,但那都是感情的,讓幼兒去感受,譬如趙天儀評介林武憲的詩中的一首:「我要做一個小仙人」(趙天儀,238~239頁)

　　　我要做個小仙人／好把灰塵變成蝴蝶／我要做個小仙人／好讓汽車的喇叭／放出優美的音樂／我要做個小仙人／好為到處亂跑的北風／找個溫暖舒適的家／我要做個小仙人／好把孩子的爸媽／從天上

找回來／讓那些可愛的孩子們／不要流淚。

　　在筆者看來，這首詩傳達了濃厚的關懷和憂患意識，從對自然到對人！它勝過一百首的教條歌！

　　童詩對幼兒的情緒也提供探索的機會，譬如，田尾國小五年級巫寶姈寫的「鬼也會哭」（《少年周刊》第二七〇期）：

小弟弟小妹妹／玩捉迷藏。／小妹妹當鬼／捉不到小弟弟／就哭了起來／哦！鬼也會哭。

　　對於怕鬼的幼兒，經過一番情緒探索，知道鬼並不可怕。這並不是這位小作者原來的意思，讀的人有時會領會另一層感受，凡是詩都是情感的，將大人的「訊息」硬生生地加進去，是傳統權威的作風，不足取法。讓詩、歌保持它原有的含蓄和美感，才能發揮情感教育的功能。

四、童詩兒歌有認知的功用

　　杜淑貞教授將兒歌分為十七種。筆者以為其中用以增加知識或認知能力的就有五、六種。兒歌原是早期主要的教育方式，難怪有如此豐富的知識和認知內容，譬如浙江的十二月令歌，告訴兒童從一月到十二月每個月所盛開的花。北方的「打棗」，台灣的「一隻青蛙一張嘴」等，主要在教兒童數數兒，而各種節慶歌童詩，幼兒所接觸到的不只是認知而已，還是一種豐富的鄉土情感，培育出深厚的鄉土情懷。

五、培養節奏感

　　兒歌有很明顯的音韻和節奏，有些兒歌可以配合節奏樂器如手響板朗誦，兒歌階段感受較深的就是這種外形的節奏，而內在的節奏感對較大的兒童容易察覺，比較敏感。節奏明顯的如：「小老鼠上燈台」的四川兒歌：

小老鼠／上燈台／偷油吃／下不來／叫媽媽／媽不來／叫爸爸／爸不來／嘰哩咕嚕滾下來。

　　幼兒音樂教育從節奏感開始，從生活中發掘音的存在和音的異同，找出節奏來。節奏感並不一定要由歌曲的音譜中認識，而是存在在日常生活裡、語言裡。取材自日常生活兒歌或童詩，都是理想的教材，帶領幼兒體認語言中的節奏。

　　大人寫的童詩沒有韻腳，因為有時拘泥於韻腳會犧牲創作的自由，捨棄了原來美好的思想和感覺。雖然不押韻，只要讓幼兒多唸，還是會體認出詩中的節奏感，譬如，李伊莉的「白鷺鷥」（《大雨》童詩創刊號）：

飛飛飛／飛到牛背上／歇歇腳／飛飛飛／飛到田野上／泡泡水／飛飛飛／飛到稻草邊／捉迷藏。

　　幼兒唸多了，自己也會說出有節奏感的詩句來。

六、激發創造力和美感

　　筆者粗淺的看法，好的童詩較兒歌精緻，有創造性和美感。由於寫詩是將其獨特的思想和感覺形象化，所以詩裡有許多比擬、聯想和擬人化而產生了美感。好的詩是作者發揮想像力、創造力的成果，常唸童詩或兒歌，可培養想像力，增加幼兒的創造力，激發思想上和表現上的獨特性。譬如杜淑貞所舉劉饒民的「海水」一例，便有很好的擬人化表現：

海水海水我問你：／你為什麼這麼藍？／海水笑著回答：／我的懷裡抱著天／海水海水我問你：／你為什麼這麼鹹？／海水笑著回答：／因為漁人流了汗。

　　好的詩不勝枚舉，教師和家長要懂得如何選擇。常常唸詩、歌的結

果，就會引起創作的動機，在南海的幼兒，常在教師的引導下說出一句句的詩句，再經過討論組合成詩，也許有人認為幼兒的集體創作不能算詩，但根據林良先生的看法，我們只能說那些是好詩，那些是不好的詩，好詩壞詩都是詩，因為我們不能否定那可愛的創作意向。因此，也讓我們稱之為詩吧！雖談不上優美，卻也稚氣。

幼兒集體創作可以說是玩出來的，要怎麼「玩」詩？怎麼才會玩出了詩？試試看以下的建議：

1. 將兒歌與童詩與日常生活及活動主題結合起來，在南海，課程是開放的，有來自幼兒生活分享的，有來自園內或社區的探訪活動，而園內的資源環境中，教師可在學習區內放置一些與季節、節日，及由個人到大自然的相關兒歌或童詩，教幼兒使用錄音機播放，讓幼兒在小組或班級中分享給他人。分享的範圍很廣，教師引導幼兒找出詩歌的節奏，幼兒可隨著節奏自由創造動作，但不必設計一致的動作，將創造的機會留給幼兒。

2. 提供活動的機會。教師及家長可以提供各類詩歌，若有敘事詩，則引導幼兒討論和發展故事內容，幼兒可據此改編成戲劇活動，活動結束後，幼兒可以將改變的故事重組成詩，看看和原來的詩有什麼不一樣。幼兒集體創作多在結束一個活動之後。方案教學是有主題的，詩、歌成為方案中的一環，進行中和結束時都容易發展出集體創作來，譬如本期各班的活動中的「鴨微仔，真古錐」，先由欣賞兒歌開始，經過活動、討論後產生集體創作的敘事詩。

3. 從事活動時要教幼兒觀察入微，觀察不但是認知的關鍵，也是情意發展的要訣，幼兒如果看到別人沒有看到的，一定會說出獨特性高的句子來，譬如河馬班的幼兒觀察鴨子游泳時，眼睛在水裡是張開的，不眨眼的，回到教室裡討論他（她）們的發現，而後說了出他（她）們的發現。

4. 引導幼兒探索感覺。在活動後的討論中，或唸過詩、歌後的分享中，要問幼兒「有什麼感覺？」看過一群螞蟻搬豆，幼兒會說：「好辛苦喲！」、「好重喲！」等等的感覺；看到水裡蝌蚪，幼兒

會說：「牠們好快樂。」、「好舒服！」、「好涼！」等等。感覺是詩的靈魂。譬如方素珍的「遠足」，所寫的並不是遠足的見聞，而是兒童對遠足的期盼、等待的感覺。

引導幼兒探索感覺無論是否能引出好詩，都是教學中必要的，因為如此，幼兒才會注意到感覺和情緒的部分，而不將活動或觀察限定在認知上。河馬班的幼兒似乎已發展出對鴨子和蚯蚓之間關係的感覺了。

5.教師引導幼兒想像，可採用列舉法，教幼兒說出「像什麼？」譬如說「山」像什麼？「媽媽的臉」像什麼？幼兒說不出來的時候，教師可以提示：「它的形狀像什麼？」「形狀」舉完了，再提示：「它的聲音像什麼？」，「聲音」舉完了，再問：「它嗅起來像什麼？」、「摸起來像什麼？」依此類推，並且可以順著幼兒不同的答案而延伸。

趙天儀認為詩是超越比喻的練習，要使之有創意，就要研究如何使用比喻，而這一層次是高深的。在幼兒的階段，與其說是練習作詩，不如說是練習創造性。比喻的句子是幼兒說出的，如何組成「詩」，是教師引導幼兒討論出來的。詹冰的「插秧」，筆者認為最能說明列舉（163頁）：

水田是鏡子／照映著藍天／照映著白雲／照映著青山／照映著綠樹／農夫在插秧／插在綠樹上／插在青山上／插在白雲上／插在藍天上。

如果是幼兒在列舉，他（她）們可能會說：「農夫插秧好像插在青山上……」等等，一般而言，教師會不加修詞，幫他（她）們組合，高明的教師才會建議把「好像」拿掉。在南海，一個最好的列舉的集體創作列子是「春天」：

春天在草地上／春天在樹枝上／春天在水池裡／春天在老師的臉上／春天在老師的裙子上。

6.教師帶領幼兒玩圖象詩。幼兒在學習上，正處於圖象時期，玩詩的排字遊戲是很適合他（她）們的，而且可以讓他（她）們自己排。譬如杜淑貞所舉何芳秋小朋友的「鷺鷥」裡寫到「藍天」、「白雲」，是將字倒著「曰藍」、「雲白」，表示有倒影的意思，認爲她具有大膽的「創意」（666頁）。

又如凌俊嫻舉詹益川的「山路上的螞蟻」：（「兒童詩」2）

螞蟻螞蟻螞蟻螞蟻螞蟻螞蟻

蝗蟲的大腿

螞蟻螞蟻螞蟻螞蟻螞蟻螞蟻

螞蟻螞蟻螞蟻螞蟻螞蟻螞蟻

蜻蜓的眼睛

螞蟻螞蟻螞蟻螞蟻螞蟻螞蟻

　　此外張志銘小朋友的「火車」，將詩句排成長長的火車狀。這就是中文的可愛，教師讓幼兒玩文字的遊戲，說不定會爲未來種下詩的種子（參考書目見本章末）。

第四節　幼兒音律活動

　　許多父母親在孩子很小的時候就將他送去學彈鋼琴或小提琴，以爲這才是音樂；也有許多父母親常常問孩子老師教過些什麼歌，以爲這就是音樂。當然這些都是音樂，但不是音樂的全部！

一、從祭典到遊戲

　　很久以來我們的祖先就會用不同的聲音問他們的神明表達內心的虔

敬、畏懼及感謝,遠古先民集體的吶喊聲,配上手腳的動作,及手中的棒棍、武器,便形成了有韻律感的動人的、甚至震撼的場面,其實這不就是一場音樂盛會嗎?原住民的豐年祭,其他少數民族的狩獵儀式乃至於成年禮,都少不了吹奏或敲擊相伴,音樂是我們的一部分!這類活動隨著我們的文明史而發展成不同時代的音樂和不同民族的音樂。

音樂就是聲音,它存在於時間中而不是空間。幼兒要經過操作才能發現它。史萬維克(Swanwick, 1988)把「聲音」和「靜止」(sound & silence)當成音樂的素材。因此,幼兒發現聲音是在遊戲中發現的。森林裡的原始人在偶然中發現某種聲音會嚇跑一隻羚羊或兔子而感到喜悅,皮亞傑(1951)也認為幼兒會在探索和了解環境中享受到純粹的樂趣(而這種樂趣不是來自特別的學習目的),幼兒會感覺到自己有能力(virtuosity or power),會讓某樣東西發出聲音來。這種經驗給了幼兒自信心,是日後發展的基礎。

二、從聲音到音樂的發展

從聲音到音樂,學者如史氏(Swanwick)等人認為就是皮亞傑提出的三個階段:經過精練遊戲(mastery play),也就是能透過感官與操作掌握環境中的聲音,到模仿遊戲(immitation),亦即在遊戲中可以表現出所學,而模仿之中也會有個人的部分,到最後的想像遊戲(imaginative play),將聲音結構化了,發現聲音之間的關係,及事物之間關係而將聲音組合起來。

可見幼稚園裡的聲音探索並非停留在以感官為主的嬰兒時期,史氏和提爾曼(Tilman)研究發現幼兒到想像的階段就很不容易了,在六歲組五十個受試者中沒有人達到此一階段(雖然史氏並不相信皮亞傑的發展說中對年齡的限定)三歲和四歲有半數在感官階段上,五、六歲有半數以上在表現階段,屬於模仿遊戲,而四歲中也已不少人有這種表現了,唱歌會以兒歌伴隨著肢體動作是最常見的了(Swanwich, 1986)。

三、幼兒的音樂教學方式

　　幼兒發現聲音從個人開始，最先他試著擊打父母親給他的小湯匙和小碗，搖晃小沙鈴或小手搖鈴，到了幼稚園便在團體中學習和經驗，和同伴一起去發現四周會有聲音的東西如水桶、管子。因此，家長和教師要提供給幼兒第一手的生活素材和生活經驗。

　　只讓幼兒聽錄音帶裡的音樂不是第一手素材。幼兒的學習是統合的，學習音樂不如說是整體學習一環，除了提供素材之外，如果能夠配合某種主題，更會使生活經驗融入音樂裡。從形式上看，音樂又和律動，扮演、戲劇等不可分割，而這些活動也無一不是遊戲的形式。

　　因此，幼兒音樂是要強調表現、情緒、與身體的涉入的，和其他的領域一樣，要以幼兒為中心，重視幼兒的「感覺」，引導幼兒親自去「發現」，使幼兒不但要感覺到音樂，也得到了認知、社會性、創造性及語言的發展，而創造性和語言更是多數音樂教育家所重視的（Abeles, Durrant, Hoffer, Klotman, 1984）。

　　著名的奧福（Carl Orff, 1964）認為音樂要普及化，教師要教的不是樂器彈奏技巧和識譜的能力，這些都是附帶的，真正要教的是音樂的基本「要素」（elementals），也就是節奏感和音律形式。音樂應該是在我們身邊的本土的、自然的、可觸及的（Swanwick, 1988）。我們看到在奧福教室裡所進行的教學，除了一些識譜和彈奏課是應家長要求，為招生而設的，其他的課就可以看出奧福的觀點，身體探索和身體與空間關係的探索等，先從身體上發現聲音。至於奧福的老師們花很多錢從德國買來奧福原裝樂器，以為這才標準。我認為這樣不夠本土化，如果我們買不起奧福樂器，我們要提供幼兒他們熟悉的，親切的素材和樂器，幼兒一樣可學到音樂。並非訓練幼兒演奏，或是使用標準、精美的樂器才是唯一的方式。當然了，幼兒對聲音的認識到了某種程度，可以試著去認識一下精準的音了。我個人還是比較喜歡讓幼兒「玩」音樂，很自然的從生活中取材，空紙箱、空瓶子，撒胡椒的罐子等，都是好的樂器。例如：

　　當幼兒在校門口附近等媽媽來接他回家時，手裡拿著兩根木棍，隨地

在庭院的水桶上敲擊，原來不經意的慢慢地敲，老師便把握機會走過來和他一起敲，甚至叫其他小朋友也加入，引導他們將節奏逐漸加快，或教他們時而敲牆，時而敲桶。在幼稚園有多少類似這樣的機會？這類事件其實就是幼兒音樂的素材而常被老師們忽視的，老師要把握這樣的事例立即加入孩子的活動裡，使一個偶然的活動發展成音樂。

首先老師一定要正視這種「事件」的音樂價值，利用環境中的材料，引發孩子想表達的內在需要，加上其他孩子的樂器，再配合音樂合聲，就產生熱鬧的兒童音樂。教師可以帶孩子找出天然發聲器，從製作、裝飾，到使用做一系列的超越領域的活動，讓孩子自己去發現音樂。

當孩子搭建大積木的時候，教師可以提供金屬棒和木棒，孩子隨機用來敲擊木積木，當孩子敲著大小不同的積木時，教師可以問他有何不同？當他用不同的棒子敲時，教師再問他有何不同？教師若提供金屬物品，孩子又可發現更多的聲音，如此，孩子可一手一支木棒，一手一支金屬棒，同時敲擊在大小質地不同的物品上而形成自己的音樂，這種節奏會吸引其他孩子的興趣，而組成一組自發性的音樂活動。

在教室裡，教師可以將不用的鉛筆頭、橡皮擦等文具放在小盒子裡封緊，教孩子搖，長的橡皮彈起來像吉他，教孩子在空牛奶瓶口上彈，每發出聲音來，教師就說：「這是一個很好的樂器，你要不要用它來伴奏？」鼓勵孩子在教室裡找其他的發音器，其他的孩子有興趣也一起來，教師要提示他們各種東西發出的聲音有何不同？如何使聲音不同？搖、敲、磨擦、彈，不同的物品如木質、玻璃、花瓶、皮革的、紙的等，教孩子找出音的差異。不同形狀如長形、圓形，不同大小，配上不同質地的東西，音的變化更加複雜，讓孩子去找出來，敲擊、吹奏，比使用正式購買來的樂器還要有趣。

到此，孩子的音樂活動可以與感官認知活動結合了，收集不同高低的瓶子，竹筒子做樂器，或叫孩子用紙捲成筒，著色，畫圓，找石子裝飾後當成敲擊器，這些活動都是超越領域的，生活化的音樂教學活動。此外可使用的廢棄物幾乎沒有不能做成樂器的，如用過的紙杯、紙碗、筷子、空罐頭，沙裝在盒子裡或小瓦片、木片的磨擦，大小不同的空箱子，衣鈕鬆

釘在木棒上等等。

　　音樂更可以和故事、兒歌、童詩結合，唸詩時讓幼兒用響板找節奏以外，和自發性戲劇扮演活動相結合。教師將幼兒樂器放在這些活動區，孩子自然會去試探，教師隨機提示扮演活動的某個角色或動作，教孩子試試用聲音表現出來，說故事時亦可如此，幼兒玩樂器發現情緒與節奏的關係，好像在為劇情配樂似的。

四、聲音從那裡來？

(一)身體的聲音

　　最近的聲音應該是身體上的了，但是為如果我們不引導幼兒探索，身體是十分陌生的。所以首先教師要帶領幼兒找出身體隱藏的聲，及創造出身體的聲。第四篇的活動中有些就是探討身體的聲音及聲音與感覺的關係，在此不再重複描述。

　　身體可以發出許多聲音，如唱歌、吹口哨、拍手、踏腳，或以手拍擊某部位，教師在引導時可以請幼兒自己去想，然後試著做出聲音來。

(二)生活環境中的聲音

　　教師帶領幼兒找出家中聽到的聲音，如（家人說話），炒菜、切菜、洗澡、洗衣機、時鐘、果汁機、吸塵器、電視機、睡覺的聲音，以及各類器皿碰擊的聲音等等。

　　逛街時聽到的人潮聲、汽車喇叭聲、百貨公司裡的背景音樂、廣播的聲音，各種商店、消防隊、廟宇、教堂及市場的聲音。

　　校園裡的聲音、庭院裡、辦公室裡、各教室裡、廚房裡……等。

(三)大自然的聲音

　　無論身處何處，都會聽到不同的大自然的聲音，鳥的叫聲、風聲、雨聲、雷電聲、流水聲、蟲聲、蛙叫聲，以及身邊小動物、家禽的聲音等。

　　此外，當然還有各種樂器的聲音，以及發自人體和樂器的各民族的樂

曲，在我看來也是一種素材，而樂器如果能具備當地民族的特質會更能直接令人感受到，如原住民的音樂，使人感覺到他們與大自然的親密關係。

五、從聲音到音樂

這些聲音在發現後經過進一步的探討，使幼兒找到其中的優美和韻律，將原始的素材意義化，幼兒就是在學音樂了。教師首先要帶領幼兒探討四方面（Chillds, 1996），我認為這四方面的教學，分別應該採取以下的方式：

(一)音質

請幼兒分出那些是噪音，那些是悅耳的聲音，並可以請幼兒用語言做比喻，那種聲音使人感覺怎麼樣，用身體的動作及表情表現，或請幼兒將這種聲音帶來的感覺畫下來，選擇自己感受到的色彩，或選一樣樂器、身邊的發音器彈一下試試看像不像，總之，要讓幼兒表達出對音質的感覺。

(二)音量

請幼兒從聲音中分出聲音大的和聲音小的，用不同的方式如身體動作、表情及上述方法表現出每個人的感覺。身體在空間創造極大、極小，從四面：前、後、左、右，伸延身體表達大、小的觀念，更以每位幼兒不同的位置創造距離的大小（或遠近）。

(三)節奏

帶領幼兒從聲音中，如一首童詩、韻句、一句話中，找出音的節奏，什麼地方應該快、慢或停，用小響板或拍手，配合其他敲擊樂器表現出來，身體方面表現快、慢不同速度的動作及「開始——停止」、急、緩的動作，教師用節奏樂器指揮。

(四)頻率

帶領幼兒從聲音中找出高、低音，題材可以是一首歌、河洛語童詩、

台語語句等等，用適當的樂器找出高低音或用身體動作表達出音的高低，身體由平面到伸高跳躍表現音的高低。

　　幼兒對這些要素熟悉後，就可以選擇一首歌或詩句，試試用簡易的（或自製的）小樂器或生活中的物品，配合一部分幼兒的身體動作（如前文所述）「合奏」了。

六、結　語

　　音樂就存在在我們的四周、我們的身上、我們的生活裡、我們的民族文化裡，和大自然中。難怪古希臘數學家佩達格拉斯（Protagoras）將數學視為宇宙萬物的基本元素，因為他發現這些數字的無限組合就是音樂，代表創造的無限可能。梅羅依（Rollo May）也發現人體的節奏緊密的與大自然契合，人的心跳與大自然的脈動相互對應著，這就是發現從身體到大自然乃是相連續的無窮的探索資源。嬰兒最先接觸的聲音，「應該」是媽的心跳聲，媽媽的擁抱是嬰兒認識身體和聲音的第一課，然後是媽媽的腳步聲、笑聲，逐漸地將他帶入生活與大自然的音律世界裡，使他感受到的不僅僅是聲音之美，還有這些人、風、鳥、蟲所帶來的愉悅。

第五節　戲劇扮演對幼兒的影響

　　戲劇扮演無論是教師演的或是幼兒自己發展出來的，對幼兒的影響是非常廣泛的，英國人珍妮斯（Jennings, 1994）主張戲劇始自我們出生，那就是和父母親之間的身體互動，及嬰兒模仿大人的聲音、表情等情形，這些「原始戲劇」（proto drama）發展成日後幼稚園裡的感官戲劇遊戲。再發展到七歲（西方標準）的所謂EPR「身體動作──投射──角色」的戲劇形式，而這是深受家庭、學校和社會文化的影響的。因此學校要珍視這種發展的傾向，戲劇的獨特性在於它是一種綜合性活動，涉及繪畫、聲音、動作、語言，珍氏稱之為「多面的自我」。

一、對語言和社會性的影響

　　戲劇反映出社會文化，包括了語言和風俗、文化價值觀。幾乎所有的專家在相關的書中都論及對語言和情緒的影響。無可置疑的，戲劇中有豐富的生活對話，使幼兒增加較高層次的成人社會的語彙，戲劇中各角色之間的互動更是幼兒學習社會能力的場合。珍氏認爲戲劇可以將一個故事濃縮在一個時空裡讓我們看得清楚，對事情有完整的了解，有助於我們建立個人和社會的認同感，而在過程中有演員和觀衆的互動，觀衆和演員情緒上的交融，使「觀衆也變成演員了」。看戲使我們與社會文化更加緊密的結合了。

　　日常扮演對幼兒角色的學習很有幫助。專家認爲戲劇中各種角色反映出實際人生中的各種角色。每個人都扮演不同的角色、子女、父母、學生、老師……等等，我們要把自己的每個角色都扮演好才會有幸福的人生，而戲劇對幼兒、對成年人的角色認同有直接的影響。

二、對價值內化的幫助

　　演戲可以幫助幼兒建立概念，而觀念的形成又與語言學習有直接的關係。維高斯基（Vygotsky）在一九六二年提出兒童是在社會互動中學到觀念。兒童首先是以早期主觀經驗的觀念與人溝通，在社會互動中這些觀念得以修正。道納生（Donaldson）也爲觀念植基於情境脈絡（context）當中。克萊（Maria Creye）有系統的以實驗研究出，證實幼兒戲劇遊戲與觀念組織有關，而他們的觀念組成能力是令人驚奇的。但是他們的觀念很明顯的是根據特定環境關係而來，而且年齡越小越要依靠環境關係組織他們的觀念。因此，我們不能再說幼兒觀念不穩定沒有常性了，也不能認爲觀念可以由普遍抽象化而來，而必須根據幼兒對實際環境中關係所賦予的意義（meaning）而定，捨此意義，觀念不會穩定，也就不會形成。

　　研究者分析環境關係有物理（性的）視覺關係（physical percptual context），社會（性的）語言關係（social-verbal context）及意義關係（meaning context）。視覺關係是指環境中物質的空間關係是否會影響幼

兒觀念的形成，幼兒是否會由一個向度轉移超到另一個向度，即是否可由一個關係轉移到一個新的關係中而形成觀念。語言環境是指幼兒是否了解他人——即成人的語言涵義，而修正自己的觀念。意義關係是環境關係中成人和幼兒看法的一致性，而一致性則來自共同的經驗所產生的，能給特定環境關係一種與成人相同的意義，就會建立起觀念。

這些環境關係都可以在幼兒戲劇中看到，而教師演出的戲劇，其中有道具的表現，有成年人的語言，有整個戲劇所傳達的成人觀念，這些特性都幫助幼兒建立觀念，而在過程中自然學習到成年人的語言。

當然這並不意謂看戲劇都要走上直述的說教式，對於四歲以上，具有良好語言基礎，和生活經驗的幼兒而言，以反社會的方向呈現戲劇，更有趣味，更能引起幼兒的注意，激發他們去思辨！本著這樣的信念，我嘗試使「和尚吃湯圓」一劇以反社會行為呈現，發現幼兒有更多的思想空間，幼兒照樣可以建立成人社會所能接受的觀念。但必須要有事後的討論，否則會形成觀念的混淆。

芬生（Larry Fenson, 1982）等人的研究發現幼兒會隨著年齡增加而逐漸可以脫離情境現場而建立觀念（conceptextualization）。反社會行為戲劇會引起幼兒熱烈的討論，實則是四歲以上較大幼兒的表現，顯然他們已可以做抽離環境關係的思考了。

芬生同時為扮演活動中語言和行動有平行的功能，兩者都可以分開單獨使用，或者和道具、角色等扮演要素合併使用。語言和動作有互補的作用，有時用語言表現，有時用動作加強。語言是戲劇活動中最基本的表現模式。所以在戲劇中或在看戲中，幼兒都會學到語言表達。

南海在幼兒自創自導自演的戲劇中，他們很顯然分享共同的思想，能夠接納別人的行為和想法。他們學著共同創作和計畫，如今南海的幼兒已精於此道了。這說明幼兒「在創造一種非正式的文化，在其結構上不斷趨向成熟。」（Fein, 1976）。而幼兒戲劇活動，費恩（Fein）認為就是這文化中的現象。幼兒會訂定參與團體的規則，調整自己的步調，掌握基本的社會規範和原則。這其間，社會規範是來自成人的，參與規則則是幼兒自行溝通的結果，這種過程就是後設溝通（metacommunication）。而當

他們調整自己的行動時，他們就是在練習文化的社會技能。基芬（Holly Giffing）在這方面有深入的研究。

戲劇是情感教育的一環，價值觀的建立（如前文中觀念的形成）如果採取直述的講述法，是不足以「改變」兒童的。教育要造成「改變」而不是浮面的「說教」。真正的改變來自內心的感覺。戲劇牽動的是情感，不只是觀念。例如，我們教導幼兒愛護自然，直接將成年人的信念「告訴」他們是沒有用的。若演出一個動物受害的感人故事，就會觸動他們的情緒，幼兒的感覺隨著戲劇情節變化，戲劇在深入的「改變」他們。

三、對情緒的幫助

此戲劇在情緒方面又有淨化的作用（Catharsis）。亞里斯多德是最先提出這個觀念的人，戲劇引起的共鳴，使觀賞者將個人的經驗與劇情結合起來，個人情緒得到釋放、傾洩。幼兒在看老師演戲時和台上打成一片，或叫罵、或指責、或指點、出主意，幼兒的情緒得到充分的淨化。

俗語說，「人生為戲」或「戲為人生」，戲劇反映出不只是社會文化，還有我們自己，因此，我們的生活中處處都是戲。譬如，生活中有許多的儀式在進行，婚禮、葬禮、畢業典禮、各類慶祝禮儀，都具有明顯的戲劇形式，而大人和幼兒日常的自由扮演更會反映出個人的生活和情緒，珍氏認為凡此都說明戲劇與個人生活的關係，而角色扮演正可創造一種「戲劇現況」（drama realilty）協助扮演的人思考或去感覺他生活中的問題而加以整理和調整。

艾慕納（Rene Emunah）（Gersie, 1996）認為自由扮演不會完全和生活一樣，也就是「戲劇現況」與生活現況是有些距離的，而這種距離使扮演的人可以覺察到自己。至於扮演有結構的故事，演員在模仿一個角色時會去經驗這個角色的感覺、處境，其中或許會與自己相關，是自己平時不經意的部分，因此從演故事到自由扮演對自我察覺甚至於治療都是有幫助的。

從任何一個角度上看，強調戲劇是正確的，而戲劇日常教學化更是可貴的。戲劇不再只是公演，而落實到教室裡！幼兒不再只有看戲，自己也

可以演戲呢！

第六節　幼兒的價值澄清

一、價值是什麼？

　　我們常聽孩子告狀：「老師，小胖是小偷，他拿走我的玩具。」或：「媽，昨天我把我的點心給姊姊吃，今天她都不給我吃！」諸如此類的話。我們可以自其中看出孩子的「埋怨」，而這些埋怨事實上已透露出孩子的價值觀。因此，我們可以看出價值觀是個人與環境中的人或物互動結果，能滿足個人需求時所產生的主觀的觀點，也是個人認爲對自己有正面意義的觀點而成爲個人行爲的依據。

二、價值的主觀與客觀性

　　將價值觀視爲主觀可以源自希臘的畢達格拉氏（Protagoras），陳秉璋等（民 79）將之譯爲感性的《個人主義之價值相對論》，認爲這是現代心理學主觀價值認定論的理論依據。的確，這堪謂非主流派的哲學是我們倡導重視個別性，重視感覺等感性教育的根源（但是南海的理念是從個別性而進入「超個人」的終極理想）。這派人認爲感官知識是建構知識唯一途徑，人也因著感覺的需求而認定價值，「人爲萬物的衡量」，價值成爲極端的主觀和個人主義的、感覺的產物。

　　雖然我們倡導人本主義，尊重個人的主觀意念，但是如果走入了極端，便是人人可以爲所欲爲的境況，是危險而且有困境的。Reimer 等人（1990）發現在價值澄清過程中，學生的主觀價值發展到極處，教師就必須使出權威了，譬如，在學生討論「誠實」的問題時，認爲有時是要誠實，有時不必誠實，看情況自己決定，此時教師必須提出原則規定他們要誠實。而這樣的結論就不再是學生自己歸納出來的了。

早在蘇格拉底即已看出價值的極度相對性的問題，而主張要發揮理智，站在社會的立場去思考，使價值即適用於社會整體又合於個人，專家稱之為「社會個人主義的客觀考量」。蘇氏以知識為價值觀的根基，他說：「知識就是道德。」所以要從認知上去建立價值觀。Kohlberg提出了道德推理及道德判斷也是基於同樣的理由。

Kohlberg認為如果我們尊重價值觀的相對性、主觀性，就必須用道德的角度去支持價值，使價值觀在道德判斷和道德推理之下被界定和認可，經過澄清過程，學生或幼兒了解自己的，也了解別人的價值觀。Kohlberg想藉此增進學習者對自我和他人的道德推理能力，道德成為價值觀的標準。所以，主觀性的價值觀要有道德判斷的界定才能被接納，進而認同。如此，價值觀才不致變得太分歧、太主觀而最後訴諸權威。

筆者認為學校要接受的主觀性和相對性價值觀有兩方面：

1. 是指對各種不同文化背景的尊重和包容。各民族的食衣住行及生活禮俗各不相同，學校不應該強制或批判少數民族或某地區的學生，而要求他們放棄他們的生活方式，遵從多數民族。也就是學校要尊重來自不同文化的家庭及學生的價值觀，同時要使學生之間彼此了解和包容接納，譬如不同的生活禮儀等。

2. 是指中性價值的觀念，不會造成他人的不便，甚至傷及他人的，也就是無所謂「對」、「錯」、「好」、「壞」的觀念。這類價值觀也許與文化背景無關，純屬個人的喜好，也是應該接納的。譬如可以滿足人精神需求的藝術等。

有人說達到理想可以不計方法，這是危險的想法！在這裡就需要價值判斷以確定方法的適當與否。不當的行動會使理想盡失！譬如，被視為至善的觀念、利他主義，及對愛無條件的付出。所涉及的行為的方式是相對和主觀的，其澄清對幼兒尤為重要。

三、為何要價值澄清？

價值澄清代表我們採取多元價值的教育觀，需要澄清的價值觀也是需要道德判斷及推理的，乃是在價值觀尚未確定之際。價值觀確定後成為價

值指標，才能引導我們的行為。

1. 價值澄清除了實際上的需要以外，還代表著人本主義的精神，尊重受教者的需要和看法，從他們的觀點出發，經過團體互動，發展出適宜他們的價值指標。同時由於以他們的立場為基礎，由他們而來，所建立的價值觀必是他們所樂於接納的。這是一個民主的歷程，團體澄清出來的價值觀，與成年人直接傳授的，其意義和受接納度是迥然不同的。

2. 實施價值澄清表示我們對人性樂觀和信任。基本上我們相信人性是善良的。經驗告訴我們幼兒在師長的引導下必會發展出適宜的價值觀。當然了，在某些關節上確實受到認知能力的限制，尤其在推理上，這和他們的生活經驗相關，教師自然不能過度要求。

然而 Kohlberg 採取 Piaget 的認知發展階段（stage）認為人的道德發展受到認知能力的限制而分成六個階段。許多研究發現幼兒在推理與判斷上的限制不是很絕對的，畢竟有許多人是聰穎有慧根的，但對於人至高層次的需求——大愛的需求，Hersh 等人（1990）指出，已經有許多專家研究證實幼兒發展得很早，而不需要等到上了年紀才會有超我的情操。可見幼兒並不受 Piaget 及 Kohlberg 等人所說的自我中心的影響。譬如：Schulman 及 Mekler（陳仁華譯，民 78 年）說，一些四、五歲的小孩被問到他為什麼要對人好時，有百分之二十五的答案指出是由於受助人的需求，還有是為了友誼、及助人者主動助人、和與人分享的意願。

3. 價值澄清是以幼兒的生活經驗為根據，從生活中發生的事件為澄清的主題，所以幼兒對價值觀有感同身受感，更能落實到道德的行動上，使觀念和行動確實結合。再者由於日常生活為基礎，價值澄清必定要重視潛在課程。

4. 價值澄清使價值與時代潮流配合，價值具備時代意義。譬如「節省」、「效忠」等會隨著社會變遷而有不同含意，價值觀可藉由新的事件澄清出新的意義來。

四、價值觀澄清的過程方法

㈠資源

日常生活中的見聞或發生的事件，如幼兒發現家中兄弟姊妹或父母間發生的事、園裡教職員的言行、幼兒教保活動及事件、媒體上報導的事件等，都是價值澄清的題材。

書本雜誌、報紙等由閱讀而來的資訊，如故事書由教師閱讀過後帶領幼兒討論其中的衝突、疑難，作為價值澄清的素材。

影片或戲劇觀賞後，教師也可以其內容作價值澄清。

㈡方式

透過戲劇或角色扮演、團體活動使戲劇體會不同角色的不同立場，從不同角度去思考問題，脫離自我中心。尤其是角色取代中由別人扮演自己更使自己看清自己，了解別人心中的自己。

和幼兒個別談話是隨時隨地都可以進行的，教師針對幼兒個別行為，立即引導幼兒反思，鼓勵幼兒自己去找出適宜的答案，建立自己的價值觀，故有時需要在團體之外討論。

無論是生活事件、看戲或演戲，都要隨著團體討論，引起幼兒之間的互動，意見交換，使觀念越談越明確而得到清楚的價值觀。團體討論是最不可缺少的方式。

㈢過程

1. **根據幼兒生活經驗、見聞或探索到的資訊，教師引發出兩難問題（ dilemma ）或衝突問題（ conflict issues ）使幼兒有探討的動機：** 從 Piaget 和 Kohlberg 的觀點解釋，這就是人與環境互動時的不平衡現象，人在面對不平衡時就會調適他（她）的思維處理來自外在的認知或情緒危機以解決價值體系中的衝突。有時這些兩難或衝突現象非常明顯，有時則是隱藏的，需要教師指點出來，而「點出」的方式各不相同。

(1)由生活事件引起，譬如，練雅婷老師班上曾舉辦過一次成功的討論
　　會，主題是當時的新聞事件：幼兒在娃娃車裡悶死。幼兒不需要提
　　示就會自行找到衝突點：老師應該還是不應該把小朋友關在車上？
　又如對於常見的生活簡單事件如「老師，小朋友不和我玩！」教師可
以直接將問題帶進團體裡討論，因為這本身就是一個衝突事件。

(2)突顯問題的方式，在幼稚園裡常用扮演的方式，譬如，在南海實幼
　　期刊「南海傳真」的「美少女 V. S. 金剛戰士」一文中，師生的扮
　　演；在「誰是野狼」中，述及陌生家長的扮演；在「深呼吸，微微
　　笑，對不起」中，教師扮演圖片中的故事等。衝突問題會十分明顯
　　的呈現出來，老師只要問：「你（妳）們剛才看到什麼？」就可以
　　了。對年幼的孩子而言，必須有明顯易見的生活經驗或事件才容易
　　具體的引出問題，而這些經驗有時是自然的與個人直接有關；有些
　　則是教師提供的，如上三例，教師先了解幼兒的問題，再刻意提供
　　資源、發展活動以引出問題。

(3)問「為什麼」或「如果」等類似語詞引起。譬如，對於愛吃糖的孩
　　子，教師可以說：「我不愛吃糖，還有誰不愛吃？」幼兒若有回
　　答：「我也不愛。」就容易接下去了「為什麼？」若沒有人回答，
　　教師可以說：「你們知道為什麼我不愛吃，你（妳）們愛吃？」或
　　「如果有人不愛吃糖，你們會勸他吃嗎？」

　2.深入探討：討論中不只是教師與幼兒個別的對話，而更重要的是要
全體幼兒都要參與討論，使幼兒之間彼此有互動。在過程中，教師要注意
不要讓討論主題偏離了，時時將話題拉回，除非是解決問題方面，可以提
出各種有創意的解決之道。在道德判斷和推理方面，則要針對主題。原則
上教師要接納孩子的觀點，如果有可以擴大討論的觀點，教師要立刻說
明：「云云的看法很好，我們明天討論好嗎？」教師將這件事當眾記下
來，和幼兒約定好第二天討論。在進行中，教師時時提醒幼兒我們現在在
談的是什麼，鼓勵他（她）們集中思考。至於討論中的邏輯性自然也要引
導。

　在做深入討論時，教師有時會覺得內容空洞無話可談，在這裡建議你

（妳）儘量在事先做準備，想想要問些什麼，該如何發問，將每個問題的可能反應列出，再針對每個可能的反應計畫回答和提問的內容，如此，你（妳）的討論必會有層次、有步驟，而且內容豐富。深度探討有幾種方法提供參考，幫助刺激幼兒不同看法：

(1)請幼兒說出相同或類似的經驗以擴大幼兒經驗見聞，並從中發現問題與個人的關係，增加內容，使討論更深入、豐富，譬如教師說：「請你舉個例子……。」「還有誰知道（誰做過）？」

(2)請幼兒將問題進一步說清楚（澄清）。在幼兒說明的過程中，教師可以看出幼兒觀點，譬如，幼兒說：「今天我找他下棋也不肯，昨天肯今天不肯，因為今天我沒有帶糖果來給他，所以我很難過！」教師：「你昨天給他糖果了？」幼兒：「有。」教師就可以徵求其他幼兒的意見做深入討論。

(3)教師提出幼兒沒有看到的點，請幼兒說明，或教師在發現某個重要觀點時，請某位幼兒提出，譬如：在「南海傳真」的「我的夢中情人」一文中，教師說「有些小朋友會做小幫手，吃飯也很快，卻沒有當選夢中情人，為什麼？」

(4)探討過程中，安排教學活動，如扮演及團體活動、參觀等，使幼兒在活動中再進一步深入了解問題，做判斷。譬如在本期「交朋友的方法」中舉辦好朋友票選活動，及「溫柔之約」中做人體接觸的活動等，都可以刺激幼兒深度思考。

(5)在兩個衝突之間做選擇，引導幼兒思索那一個比較重要，進一步討論價值觀的相對性和相關的行動。譬如主題「假日中我們要爸媽陪我們出去玩呢？還是去探望病中的祖母？」討論每個人不同的情況和做法及大家共同的、基本的觀念是什麼。

(6)提出假設情境或提出「假如你是他」以增加探討深度。將幼兒提出的觀點用在別處，讓幼兒討論會發生什麼情形。即鼓勵幼兒從別的角度去看，增加幼兒對道德原則的應用能力。譬如幼兒已經得到一個結論：「我們不看暴力節目」，假設你在伯父家作客而他天天看暴力電視節目，你該怎麼辦？又如，「假如今天你是那個偷東西的

乞丐。」一個假設情境也許是一個新的道德判斷問題，也許有時只是「問題解決」的問題。「假設」之提出在討論某個價值可用到那些方面。

　　3.**澄清結論**：教師鼓勵幼兒把結論用一句話說出來給大家聽，公開可以堅定每個人對新價值觀的信念。價值澄清是幼兒自己建構的觀點，經過一段探索、思考、而欣賞接納的過程，幼兒自會視爲自己的看法。下一步要做的是帶領幼兒做出行動來，讓幼兒照著自己的規則做下去，並隨時澄清和檢討。

五、結　語

　　Kohlberg 是對價值澄清最有貢獻的人，但除了前文談過他過度強調認知發展階段對道德判斷力的影響外，專家如 Straughan（1989）認爲他在許多的研究中忽視了價值的行動，只重視認知，價值判斷和推理。因爲價值經判斷後，要被接受，也是幼兒要做選擇，認同這個價值觀，再經過澄清確定後付諸行動。行動要持續才算眞正完成了價值觀的建立，而 Kohlberg 對行動的研究卻是空白的。因此，在過程中幼兒的行動表現是我們應該注意的地方。

　　此外，Staughan 也指出，當 Kohlberg 說道德原則（principle）不只爲普遍化，並且是世界性的，道德法則（rule）爲適用於所有人，放諸四海而皆準的選擇，是不是將標準放得太高，把學生的價值觀發展成爲一種至高無上的「正義原則」（The Principle of Justice）呢？這問題表明我們在引導幼兒澄清時只需發展一般性的適用性價值觀，保持價值觀的相對性意義，使它即是團體的也是個人的價值觀。至於正義原則，至少對幼兒而言，是空洞不適切的，最後淪爲權威。

　　我們要以正確的價值觀引導幼兒的行動，沒有價值觀的行爲會導向沒有價值觀的盲目人生，是精神疾病的來源。道德固然可以經模仿和社會性增強而獲得，然而結合情意和認知的人文主義途徑——價值澄清，更能做到潛移默化，同時整個澄清過程就是內化和反思的過程，無論是教師或幼兒都會在過程中得到人格的成長和經驗到師生互助成長的喜悅。

參考書目

〈中文部分〉

李英輔譯（民 80），日本北川及民次原著。**兒童的繪畫與教育**。台北，
　世界文物。

杜淑貞（民 83）。**兒童文學析論**。台北，五南。

李瑪琍譯（民 74），康丁斯基原著。**藝術的精神性**。台北，藝術家。

李叡明譯（民 80），Victor Lowenfeld 原著。**兒童美術與成長**。台北，世
　界文物社。

林守為（民 65）。**兒童文學**。台北，五南。

林良（民 65）。**淺語的藝術**。台北，國語日報。

林玫君（民 84）。**創作性兒童戲劇入門**。台北，心理。

陳木城（民 83）。**童詩開門—敲門篇**。台北，國語日報。

陳木城（民 83）。**童詩開門—開門篇**。台北，國語日報。

陳木城（民 83）。**童詩開門—三進篇**。台北，國語日報。

陳正治（民 83）。**童話寫作研究**。台北，五南。

陳正治（民 84）。**中國兒歌研究**。台北，國語日報。

陳武鎮譯（民 80）。W. L. Brittain 原著。**幼兒創造力與美術**。台北，世
　界文物。

夏勳譯（民 77），Rhoda Kellogg 原著。**兒童畫的發展過程**。台北，世界
　文物社。

陸雅青（民 82）。**藝術治療**。台北，心理。

楊艾琳等（民 87）。**藝術教育教師手冊幼兒戲劇篇**。台北，國立台灣藝
　　術教育館。

趙天儀（民 81）。**兒童詩初探討**。台北，富春文化。

蔡金柱、李叡明譯（民 82），日本田靜志原著。**兒童畫的心理與教育**。
　　台北，世界文物社。

鄭黛瓊等（民 87）。**藝術教育教師手冊幼兒戲劇篇**。台北，國立台灣藝
　　術教育館。

劉淑英等（民 87）。**藝術教育教師手冊幼兒舞蹈篇**。台北，國立台灣藝
　　術教育館。

蘇振明等（民 87）。**藝術教育教師手冊幼兒美術篇**。台北，國立台灣藝
　　術教育館。

〈英文部分〉

Abeles, Harold F., Hoffer, Charles R, Klotman, Robert H. （1984）, *Foundations of Music Education*, Schirmer Books, Macmillan, N. Y. & London.

Carlton, Malcolm （1987）, *Music in Education*, The Woburn Press, London.

Childs, John （1996）, *Making Music Special*, David Fulton, London.

Choksy, Lois （1988）, *The Koda'y Mathod*, Pentice Hall, Eaglewood Cliffs, N. J.

Donaldson, M. （1980）, Children's Minds. Glasgow : Fontana & Collins.

Durrant, Collin & Welch, Graham （1995）, *Making Sense of Music*, Cassell, Wellington, London.

Frostig, Marianne （1970）, *Movement Education*, Theory & prachce Follett Publishing Co., Chicago.

Gersie, Alida （1996）, *Dramatic Approaches to Brief Therapy*, Crownwell, Wiltshire, U. K.

Greenhalgh, Paul （1994）, *Emotional Growth and Learning*, Routledge, N. Y., London.

Jennings, Sue（1994）, *The Handbook of Dramatherapy*, Routledge, London.

Nucci, Larry P. （1989）, *Moral Development and Character Education*. The National Society for the Study of Education, U. S. A.

Reismer, Joseph, Paolitto, Diana, Hersh, Richard H. （1990）, *Promoting Moral Growth From Piaget to Kohlberg*, Waveland Press, USA.

（Edited by）Spiecker, Ben（1988）, *Philosophical Issues in Moral Education & Development*, Open University Press, Milton Keynes, U. S. A.

Straughan, Rogers （1989）, *Beliefs, Behavior and Education*, Cassell Educational Limited, London.

Swanwick, Keith（1988）, *Music, Mind and Education*, Routledge, N. Y.

Thomson, Martina（1991）*On Art and Therapy*（*An Exploration*）, Virago, London.

Vygotsty, L. （Translated by E. Hanfman & G. Vaker）1962. Thought and Language. Cambridge : M. I. T. Press.

其他著名童詩佳作若干本。

第三篇

幼兒感性教育的支持環境

第九章

教師成長

第一節　成長理論為出發點

　　我的生活經驗上學習到三種模式的行為改變理論，一是醫療模式。二是行為模式。三是成長模式。其實在我個人的運作中三種模式的概念都相互影響，其中成長模式的理論概念最能契合自己，因此特別介紹成長模式的理論對人的看法，對行為的假設，以及改變行為的方法。

　　成長理論是一動力概念，它把人與環境看做是動態的，要去了解人最重要的事是：1.了解目前的狀態，身體的、互動的。2.他所經歷的是什麼。3.他想走的方向等之間的相互影響關係。

　　持成長理論者對人的看法是：1.肯定人都有成長的能力。2.每個人有不同的成長韻律。3.人要學習適合於他自己的方式來成長、生產與創造，它暗示著環境必須有其方式讓個體表現出不同，而不導致自尊的喪失，讓個體能獲得自己的最大成長潛能，同時環境必須要有方法來維持穩定，相互能夠適應個體不斷改變成長的需要。

　　成長模式所依據的假設是每一件行為，不管是否破壞性的，都有一種意圖心一定要成長。一個人可能在生活經驗中學到必須打架、偷竊、攻擊甚至於殺人才能成長。或生活在扭曲的想法中，認為成長意味的是成就──即金錢、財產或權力。不管那一種，他們想去發展自己，經驗生活的慾望是每個人與生俱來的。這種天生的慾望可能被蔑視、蹂躪、置於不可理喻的壓力下，或被扭曲成破壞的途徑，但它從不消失。

例如自殺，在行動的時刻他是在破壞自己，卻會留下隻字片語寫道：「可能有其他的方法『救我』。或發出的訊號含意是救救我吧！這件事情也許還有其他可行的辦法。」這種對人類行為的看法構成**正向意圖的理念**（Positive Regard or Positive Intent）這個理念延伸出來的行為改變的概念是：1.發現成長意圖的核心，意即發掘人成長意願的純正部分。2.標示並助長成長過程。3.滋潤它。4.促使尋找合適的成長方法與過程。

一旦能了解這種正向意圖的理念，每個人對行為的看法將會擴大。例如一個偷竊的少年被抓，父母方面懲罰他的方法是關起來打、罵、揍，……不管那一種懲罰之外，能夠有個重要的人給他另一個訊息是「那種行為不像你會做的」「因此你必須為這種行為說些話，一起探索這種破壞、傷害自己的行為訊息是表示什麼？」「你不是個壞男孩」、「如果你做了某些破壞性的事情，你必須有某些理由，讓我了解那理由以便找到表達你自己而不傷害自己或傷害我們的方式。」想要了解與尋求正向意圖並不意謂著矯飾、欺騙，或否認真實，滋事的青少年往往有其困境或想試驗其危險性或假設對方有負向意圖而採取攻擊。如果說人能夠信任彼此，都是關心他人的人，並不是真的要傷害他人，能夠了解到是例外而不是「就是」「總是」如此。那麼每個人可以由於別人信任他是一個好人，而學習到如何信任自己與尊敬自己。當他學到信任與尊敬自己時，他的行為原則將來自自我的尊重，而不是害怕或企圖操縱他人，攻擊他人。

人類情感的自然成長會同時發生在二個層面，一是自尊、一是滿意並願意增進「和他人建立關係」的能力。以下是一個人須學習的特質，以便能建立自我價值的自尊感。

「真實」（authenticity）指個人表現真實的能力，他有做人的意識，出於自我意願對自己的思想、感情、行動誠實，沒有滿腦袋的判決、批評、自責及比較。接納自我產生的統整狀態：

「統整」（integrity）包括設立適於自己的行為價值觀與禮儀能力。例如，不管對方是否尊敬他自己或我，我待以人以尊敬。因為人輕視別人也等於輕視自己，我們都是茫茫人海中的滄海一粟，彼此構成人類世界的一部分。不可能對人以輕蔑、殘忍或破壞的方式後，而不會傷害到自己的

自尊的，不管㈠㈡㈢我們是不是喜歡，我們彼此是互相關聯的。

　　產生眞實與統整的人需要下列幾種行爲特質。

　　*1.*勇氣（courage）：冒險嘗試新事物，爲了學習而表露人類脆弱敏感的情緒狀態、願意成長和試驗新的方法，承認自己所不熟悉的部分。

　　*2.*自發性（spontaneity）：能夠冒險接觸內心最深層的感情而作反應——不加以懷疑他人所想，而以他人期待他表現的看法來修飾他的表達。

　　*3.*責任（responsibility）：與他人有關的自我行爲、思想、感情與心境狀態的所有權意識。例如，若我犯了錯我能承認它，表示懊悔意識而不輕蔑自己或責備他人。如果依我的標準我感覺到且表現出幼稚的樣子，我願意擁有那屬於我一部分的幼稚。對其他的人來說，並不需要喜歡它或忍受它，而我也不須假裝它不存在或否認不屬於我的樣子。有時我表現出我所不喜歡或不贊成的情感、行爲來，正是我是個凡人而不是我壞、愚笨，或瘋狂。這並不是藉口，而是一種認識，認識我的成長是一持續性、流動的過程，如果我能認識到我所不喜歡的自我部分，我對成長學習過程妨害將少些。擁有與接受那些過程，而不責備自己，這將自動促進成長。

　　*4.*獻身感（commitment）：使某人固守的能力。這需要個人願意坦白自己的有限性。例如，我可能承諾要做某件事，而在過程中發現我高估自己的能力，無法做到所承諾的。如果我尊重我的獻身感，那麼，我必須讓與契約有關的人知道我的限制以及無能力完成合同。這需要我能夠接受新的可能、行爲方式，接受進入未可知的後果所須做的冒險，以及可能遭遇到失敗一事。然而，我將「失敗」看作是個人限制的指標，而不是喪失自我價值，否則，我將用藉口、否認或退縮方式來躲避已有的承諾，如同無任何承諾一樣。我願意許下承諾而且遵守它，未必基於承諾的後果，而是在過程中讓與承諾有關的人知道我在那裡。於是，在我身上產生一種獻身感的特質，結構如下列幾點：⑴一致性（congruency）——字語（words）、行爲（behavior）、舉動（actions）、感受語氣（feeling tones）、聲音特性（voice quality）、身體表達（body expression）都表現同一訊息。「我知道我自己站在那裡，我也會清楚地讓你知道的，你能信賴

的！」⑵開放（explosion）——一個自尊的人，他能解放自我，帶有放鬆感，自然流露歡樂、悲傷、生氣、性。他感覺有機體充滿歡樂、哀傷、憤怒或強烈的快樂。他能信任他覺得自己是誰，而不會遺棄自己，不管自己充滿著多少的感覺。因此，他能允許自己是一開放的管道接觸自己、暢流無阻，增進自我感及對他人的認識。

如何以有意義的方式和他人聯結，這種能力的發生是自然成長過程中的另一層面，這種能力的內涵，可以用下列八點說明：

1.能夠將彼此有差異的經驗視為促進成長：他人所想、所覺、所行與自己不同時正是提供自己學習新事物、新的運作方式的機會，並不是一威脅或輕視的來源。

2.能夠將分離的經驗視為完整性而不是孤立的：無論獨處時或與他人在一起時能夠經驗到自己是一完整的個體，而且發展他自己自然的韻律、往復於此兩種經驗間。如果他沒有整體感，他將在獨處時或與人在一起時感到自我的喪失，從不會覺得完全滿意或飽足的。獨自時，會覺得失落與焦慮；與人相處時，他對自己是誰感到迷惑且傾向於依他認為別人期待他應怎麼樣的方式來模倣或界定自己。

3.能夠主張：主張需要被看作生存與成長的核心：不管主張舉動的後果如何。表達個人真實、深層的感覺的行動將產生個體的成長。基於成長的主要事項是表達自己是誰及對於後果為何願意冒險的能力。一旦個人能了解此概念，他將更願意表露他的情感，因為他的價值是附著在成長上，而不是某些固定的結果。

4.能夠尊敬與接納另一個執行者：每個人有負責和選擇的自由。因此，需要認識到另一個執行者。即使是兒童，也能負責管理自己。我們不能迫使他們去想、感覺、行動都要依我們的方式或要接受我們的價值觀。基於了解個人的權利、感覺與限制，我們應該給每個人選擇機會和權利。多年來的臨床工作中讓我們知道，實在沒有法子進入別人的腦袋裡在想什麼，需要當事人來確定或表達自己才是適切之道。

5.不失去自己而能聽到且同理他人的感受的能力：能去聽他人的痛苦或快樂，能去關心對自己來說是相當重要的人。去聽說話者所述之事而不

去加以解釋說明。每一個體在不同的時候都需要空間，讓他發發牢騷或容納低落的情緒，但不一定要得到解決的方法，或加以防衛或退縮。人所需要的僅是一隻富有同情心的耳朵。假如有需要解決時，人就進一步表示求助。

6.**能夠接納他人的獨特性。每個人都有獨特的個性**：同時人與人之間彼此相互關聯著，但沒有因此就說每個人必須要像別人。每個人依他自己的感覺所表達出來的，人與人之間就要學習接受，而不去要求證明為什麼他要如此做。「感覺」這東西的存在，很少是合乎邏輯的。對一個人的行為「為什麼」這一詞的發問，常帶有不應該那樣的意味，甚至覺得如果有關心的話，他就不應如此行為的含意在。

7.**能夠選擇，能夠接觸內在深層的自己、能夠經歷什麼行為適合自己而做的決定、能夠負完全的責任，同時能夠認識環境中其他人的權利與感覺**：沒有人是要完全為他人負責任的。即使是一家人之間，很小的小孩也要給予自我選擇機會且須讓他學習在某些範圍內他應負的責任。三歲的小孩可說：「我拿這塊糖是因為我要它，『而不是』我要這塊糖，是因為昨天你對我喊叫」。

8.**認識清楚「死亡」與「缺少支持」是不同的意義**：當一少年人，他的家庭在某些方面已破碎了，他受傷害到覺得他將會死去。這對一年輕的孩童來說是適當的感覺。然而，他還要有任務來學習，「個人的生存是與自己及自我成長有關」。如果他能學到這點，當他長大，他能夠離開家庭而視家庭成員為可相互分享的朋友，而不是視他們為財神爺、旅舍老板、審判官或神。而後，他會找尋另一伴侶，而不是一恆久的父母。

家庭與學校都有責任提供教養的結構與讓每個成員發展自尊的空間，以及與家人、校長、教師、同學及以外的人建立關係的能力。這表示家庭學校或環境都要不斷有發展過程來修正其中每個人學習時所扭曲的部分，適應由每個個體不斷成長所產生的改變。

綜合來說，成長模式理論的主要層面有：

1.**將環境視為動態系統**：其動力是來自個人的發展（evolution of individuals），每個個體與環境互動能力的發展；外界的壓力、要求、轉變

等；使得環境運作的各種系統呈現不斷改變的動態系統。

2.視個人爲能量系統（an energy system）：它的目標是充滿生意，做個「生」「活」的人，此系統是依個人能力成長、創造以及適合於他自己且爲團體所接受的方式來從事生產的。

3.所有的人類行爲都是爲決定和個人及其過去歷史有關的成長意圖（growth intent）促使發生的：過去的歷史，現在的狀態，個人成長驅使，以及對未來所抱的希望交織互動，構成人類成長歷史。

成長團體第一步強調的就是關懷，讓我們以學校爲重心來說明。

第二節　教師感到頭痛的問題

（本資料蒐集自現任教師）

1.處理學生問題時常有無力感，除家長無法配合之因素外，個人能力之未逮亦爲主因，迫切想利用暑期進修，每因無法捨下年幼子女而至今未能實現。偶知學生已成社會敗類，則益加深愧疚感。

2.工作當中常感覺激進反對者之意見遠較溫和建議者之意見受人尊重與接納，請問該選擇當那一種人？

3.家庭與學校雙方面能夠密切聯繫，我想學生問題將可減少，在處理學生錯誤行爲時，除了愛心、關懷之外，我尤其注意其心態，並隨時提醒自己，以愉快心情來面對可愛的孩子。

4.個人的教育理念在教學過程的推展中，因受家長只重視結果忽視過程的現實心態的牽制，有時要配合家長而放棄教育理想，心裡很難過。

5.自己很努力，卻受到不實的中傷，工作覺得很洩氣！

6.工作沒有安定感，政府政策急轉彎，自己辛苦的考進公幼來現在又要公辦民營，不知自己將來要去那裡？

7.這是一個很有趣的項目，不是嗎？許多人都忙忙碌碌的過日子，不知道自己爲的是什麼？其實心中有極爲肯定的目標。我就是這麼一個十分混淆的人，矛盾地生活著，我害怕被拒絕，喜歡放鬆自己，被別人接納，

只是因為過去學習經驗，沒有法子告訴我，指引我如何讓自己成長，有系統地學習，使自己堅定的時間更長，所以我參加教師成長團體是渴望自己更有信心、更加堅實嘗試新的觀點。

8.在同一工作環境中，有學校行政人員及某些小學部教師不重視幼教，多方面不能配合。

9.在人際相處中，我和同事相處很融洽，但也因為同事多，且都是好同事，故覺得談話、研究學問的時間不夠。

10.當我來到這個工作環境時，我深深的愛上它，只因這裡有多麼上軌道的制度與許多同科伙伴，然而時間一久，竟又發現同伴中少數的游離份子帶來威脅，讓我不禁感慨到難道這個世界真的不讓人擁有十全十美嗎？

11.對家庭、工作都曾有勃勃雄心與大志，唯因某種因素而常感力不從心，也由於不知如何取捨而使情緒陷入低潮。

12.在自我摸索中成長，也曾遺憾沒有明智前輩的提攜，然而此時面對學生，尤其自己的子女時，卻又會惶恐自己對他們的教誨與拉拔是否正確？

13.在面對人生的衝擊，如何在紛亂的思緒裡找到問題的癥結，打破自己的盲點？

14.在幼稚園上班，感覺自己像個廉價的工人，待遇太低沒有專業感。

15.做個私人園所的園所長比在公立托幼機構做老師吃香，因為他們的聲音政府裡負責決策的職員才聽得見。我們好像可以任他們透過政府的職員來操控似的。

16.社會價值觀混淆，教師正統觀念常受挑戰（笑貧不笑娼、性行為、金錢觀）幼教教師社會地位低落。

17.開始思考社會變動中，教師如何自我定位（是否視為終身事業？要用多少力量？如何應對外界質疑？如何充實生活內容？）

第三節　關懷教師

學校裡有各種各樣的關懷活動。老師關心學生的學習，提供有興趣的教學活動，引發學生學習；學生學的好，就會帶給教師和家長一份寬慰，這是學生對父母師長的關懷；校長提供安全有益的氣氛，令老師學生安心教學；父母關心小孩，給予支持和鼓勵，社會提供經費和獎學金來關心學校教育的發展，諸如此類都是關懷的表現。然而，這些關懷有時並不是學校裡的人都獲得的，甚至於會懷疑這些關懷是否有效地達到全體人的身上。大班教學及大規模的開會，似乎要表達關懷或分享經驗都不能達到個別需要和滿足。因此近幾年來各級學校致力於學校輔導工作，尤其團體輔導的應運而生，正是欲彌補大班教學而來。有的學校對家長的關懷方面亦採用團體輔導的原則，由各科老師召開四至十二人的小型家長會，例如由數學老師主持，談：「如何幫助孩子學習數學」家長在會中亦分享教孩子的困難和經驗。或是八至十二人的國二學生為一小組，討論和分享交朋友的經驗。這種小團體進行的方式最大的價值就是關懷可以彼此相互可及。這是學校裡的其他活動設計所沒有的。那麼如何關懷教師的「人」是不是也可以循這樣的途徑試試看呢？

第四節　教師身心疲憊怎麼辦？

教師是提供學生有效學習的主要人物。雖有優秀的教學計畫，假如教師身心疲憊或士氣低落，但實施效果必然打折扣。尤其近五十年來，社會急劇變化，教育價值觀變得模糊和歪曲；教師角色受到錯誤期待。諸如此類不斷衝擊教育界。凡是有所抱負的教師夾在這種夾縫中如何生存？是值

得關心的問題。原本抱著教育理想投入教育的行列，幾年後，開始懷疑自己在做什麼？在那裡？教育愛受到激烈的挑戰。有些家長的特異要求，加上實際工作的負擔，而對學生的問題，會一時集中影響教師如何統整自我。凡是現代教師就會在生活上時時刻刻面臨這些衝突、矛盾。很容易導致無助無力的境地，日積月累影響教育界的士氣，或教師的身心健康，這是直接間接影響我們國家的第二代命脈！誰來關懷教師？用什麼方法，才能有效地關懷教師？

六○年代以來可以說是團體的時代，不僅在教育、醫療、文化和工商界都運用團體的方式來互相幫助，互相改變。如人際關係訓練團體，領導才能訓練團體，經驗的改變，家庭的改變。凡是現代化國家的發展一方面有擴大傾向；另一方面尋找如何彌補保護人際的措施，那麼這種小團體的運動剛好滿足了人類很重要的需要……人需要與別人親近不孤離的經驗，那不是禮貌或現行商業文化可以充代的。

教師生活在現代裡也不例外地分享了時代的疏離感和無力感。若能自動自發地形成教師同輩團體，彼此提供支持、了解和成長，稱之為「教師成長團」。有人認為同輩團體有害亦有利。利的是互相認同和激勵向上；害的是互相認同而學壞、消極。那麼關鍵在「誰」來引導？「如何」來引導？如何引導教師成長團體容後詳述。先強化正向的看法如下：同輩團體情境中會有支持和對立，有如真實的生活情境，但成員在其中可以對自己和別人行為研究、比較和改變。嘗試用新的方法來處理問題，發展新的與人來往行為；增加對自己新的認識，新的認同，覺得較有同伴而不孤單，感覺改變的過程上有被保護的依賴感，從反抗和服從的兩極端之間，逐漸走向獨立而有活力的團體。這豈不是每個現代人所尋找的途徑嗎？教師生活中這種過程，這種經驗多麼重要！

第五節　教師成長團體需要行政主管的認可和支持

記得最有人情味的人際工程師 Virginia Satir 對人類行為中常見的抗拒

行爲（Resistance）做個很近人情的講解。她說人們需要生活在熟悉的，習慣的環境裡，一旦有人說我們要增加什麼或改變什麼，那麼對於要增加的，改變的過程和結果都是不熟悉的新的東西，是「未知」的後果（unknown），人要邁向「未知」，自然有焦慮。這要比精神分析學派的說法平易近人多了。

新的設計、新的活動在學校推展時，常遭到社區的、行政的、教師的、學生的，甚至輔導老師本身的抗拒。就以教師成長團體的推動來說，有的看法認爲；讓他們聚在一起談他們想談的問題會談出什麼結果來，越談越糟。大概他們都在批評主管吧，這種看法是根本上對於人類的情感面不同意列入整個人生教育的過程中。教師成長團體的價值觀正好強調一個人的情感面。

一個行政體系的主管人物，對於教師成長團體願意給予認可和鼓勵。並且在整個組織系統操作時考慮去配合它和催化它。甚至於本身也願意尋找機會參加與他同輩的成長團體，那成果將會蔚成教育界的正向成長風氣。

第六節　如何策畫教師成長團體？

前面已經提到過人與人之間的關懷以八至十二人組成小團體的情境中最能面對直接的表達與接受。因此教師成長團體是設計以小團體方式進行。

1. **時間**：最好選擇至少二十小時連續的時間。
2. **地點**：最好選擇與平日工作地點不同的寧靜環境，可以暫時隔離家庭和工作的地點，提供一個有新的時、空、刺激。
3. **場所設備**：小型教室空間，不要桌子、有椅子、寫字板和安全的地板，以及方便的茶水即可，另有食宿提供。
4. **邀請函**：通常教師成長團體應獲得各級行政作業上的認可。由校長

授權有關人員執行。團體的成長性是基於每個個體的自動自發參加。因此有關人員除了公布這項設計以外，還要發給每位老師（包括校長及各主任）邀請函。其內容應包括下列幾方面的消息：

(1)教師成長團體是什麼？這是我們的團體。想共同探索你我他的想法是什麼？需要是什麼？平日生活中的感受是什麼……這是一種途徑來改善我與別人的關係……發現我可以做些什麼新的嘗試，了解自己，及如何運用自己的潛在能力。

(2)如何進行？我們一塊兒下來做些活動、練習和交談……，與一位專業訓練過的催化人成員，大家共守隱密尊重小團體的契約下進行。我們彼此協助尋找答案。

(3)什麼時候？×月份中選擇兩天時間，將往××地點，連續××小時的小團體時間。

(4)如何參加？這是我們教師自動參加的活動，假如你有興趣參加請逕向輔導室○○老師處報名。

第七節　教師成長團體常見的工作目標

1. 了解自己並學習適當的表達自己。
2. 被了解的經驗和學習接受他人。
3. 體認角色轉換。如師長、校長、主管、妻子、母親等角色轉換。
4. 加強教師認同感。
5. 增加人際敏感度及良好人際溝通技巧。
6. 學習輔導技巧。
7. 促進同仁親愛融洽關係培養團隊精神。
8. 分享問題和感覺，共同尋找問題解決的途徑。

原載台北市政府教育局輔導叢書二十二「教師成長團體」。

第十章

家庭中的感性活動

~漢菊德

　　幼兒的情感教育是要靠教師和家庭雙方配合和努力的，因此，第九章「教師成長」中，家長也是可以參與的。幼稚園在經費的許可下應該為家長舉辦成長團體，如此家長和教師才能夠一起為幼兒努力。因此基於親師合作的重要性，南海實幼提供了家庭的感性活動。

　　始自民國七十八年的南海實幼「悄悄話」——親師連絡簿裡提供家庭感性活動，每學期一冊，共四冊，由園長漢菊德編寫。每冊一個主題，都在每冊前面給家長的話裡面說明過。

「悄悄話」

一、 【親密時間】

1. 爸爸、媽媽和兄弟姊妹坐在客廳，由爸爸或媽媽開始一句話傳到旁邊的人，一路傳下去，只准在身邊小聲說，最後要傳回第一個人由第一個人說明這句話傳的對不對。

2. 爸爸媽媽為家人慶祝生日時，準備一個布（紙袋），裡面用紙條寫一些一個動作的詞（動詞），如：「親親」、「抱抱」、「說一句祝福的話」、「說我愛你」……等，讓每個人抽，抽到字條就向壽星做出字條上的動作。

3. 陪孩子一起畫圖，畫完分享圖畫的內容，注意孩子的情緒，父母引導孩子說出時，不妨自己率先坦露自己心情，如：「那天阿嬤怪我，我很難過！」

4. 爸媽在孩子生日那天向他（她）說明他（她）那些方面令爸媽非常高興或驕傲，給他（她）一句具體稱讚的話。

5. 陪孩子一起唱歌或做發聲遊戲，要求孩子發出和別人不同的聲音──高低、節奏快慢等，如此一家人一起做聲音的「合奏」。

6. 和孩子唱：當我高興我就唱「哈哈」、當我生氣我就唱「哼哼」，讓孩子自己揣摩聲音「哈哈」、「哼哼」、「唉唉」的不同。

7. 爸爸媽媽和孩子一起做機器人走路，走到一個房間時要怎麼轉彎，要拾起東西時要怎麼彎腰，叫孩子自己揣摩。

8. 用家裡的舊床單，親子一起鑽進去做身體造型，在床單裡伸展和變化手腳的動作，外面的人觀賞，如此輪流遊戲。

9. 爸爸給口令，讓媽媽和孩子們在房間四周漫步。「走，走，

走，停！現在用鼻子說 Hello」，他們便將鼻子碰在一起；「走，走，走，停！現在用額頭說 Hello」，……「現在用屁股說 Hello」……等。

10. 磨豆漿：爸媽要磨豆漿，孩子們當豆子，爸爸媽媽做出推磨的樣子，孩子們擠在一起轉動。如此可以輪流當豆子和磨豆漿。

11. 爸媽當大貓，孩子當小貓，爸媽說：想想看小貓怎麼用身體向爸爸媽媽撒嬌？如果孩子不會，爸媽可先示範，將孩子抱在懷裡在地面上滾、轉、翻，用臉輕撫孩子的臉、手、身體，使孩子學習。

12. 爸媽用床單當成搖籃，孩子躺在裡面，爸媽輕搖。

13. 爸媽將孩子托起輕搖。

14. 孩子站中間，爸媽站兩邊，孩子輪流向爸媽兩邊傾倒身體，倒向爸媽身上時，用手接住孩子。距離不要太遠，要使孩子有安全感。

　爸媽中亦可由一人做。

15. 親子玩拍手掌遊戲，如：一角兩角三角形，四角五角六角半，七角八角手叉腰，九角十角打電話，喂喂喂，你家小朋友在家嗎？……或玩勾手指的遊戲。

16. 爸爸和孩子玩「送貨」遊戲，規定只准用嘴巴或腿，或屁股。搬運家中的物品，譬如兩人用嘴送一個橘子給爸爸或阿嬤，用腿夾一個氣球或玩具球給弟弟等等，一定要兩人一起做。

17. 放音樂，全家一起跳扭扭舞，爸媽說「碰」，就要用臀部碰旁邊的人。

18. 爸媽和孩子一起當洗衣機，爸媽說：「開動，洗衣服了！」，大家一起扭轉身體，爸媽帶領相互碰觸，「衣服纏在一起了！」爸媽其中一人，將大家一一拉開。

19. 全家出門前，爸媽二人，一人當火車頭，叫著「嗚嗚，火車來了！」到一個房間，叫「小朋友快上車，我們要出發了！」孩子加入，手扶著爸媽的腰部向前走，「嗚嗚，到站了！」到第二個房間或地方，請家中其他成員加入，如此一一加入後，走

到門口，穿上鞋出門。

20.全家人有人做時針，有人做分針，有人做秒針，爸媽中一人站
　中間說：「時鐘開始走了，開始！」每個人速度不同，他
　（她）說「停」大家就不動，他（她）說「時鐘馬達原地
　動！」大家以不同的速度扭動身體。

「悄悄話」

二、 【親密時間】

1. 父母親和孩子計畫如何使用壓歲錢，想想一些需要幫助的人，應如何表示我們的關懷？並教導孩子儲蓄的方法。

2. 父母親和子女一起整理及觀賞新年期間的家族活動照片，說出各人的感受。

3. 父母親和孩子討論或由經驗中回想，如果媽媽回外婆家，家裡會怎麼樣？如果爸爸出國一年，會怎麼樣？教孩子說爸爸媽媽長時間不在家的感覺（進而提示去體會沒有父母的小小朋友的處境和感受）。

4. 父母親和孩子一起計畫作息時間，何時看電視、何時遊戲、何時聽兒歌、故事、玩數字或文字卡片、積木等。養成孩子自動自發的作息習慣。

5. 父母親在孩子沐浴時，為他（她）擦擦背，和身體其他部位，問問他（她）每個部位的感覺，什麼材料的擦子在身上有什麼不同的感覺。

6. 父母親和孩子討論孩子認識了多少新朋友？和他（她）們在一起做些什麼？為什麼喜歡這些朋友？並將他（她）們的照片貼在自己的相簿上。

7. 父母親替子女分工，有的擦桌椅、有的倒垃圾，分工後切實執行，養成孩子負責、有恆心的習慣。

   工作前做暖身運動，表演擦、洗的身體動作，扭轉腰、臀部、胸部等。

8. 父母和孩子一起看他（她）們的結婚照片，問孩子「想不想看媽媽穿新娘衣的樣子？」要求孩子為自己打扮，也為孩子打扮

成花童，和他（她）們合照。

9. 父母親和孩子各自用姿勢做出對方的特徵，如媽媽溫柔的表情和聲音，爸爸常有的手勢或動作，彼此交換意見，父母認為孩子是什麼樣子，孩子認為爸媽是什麼樣子。

10. 爸爸和孩子一起策劃母親節的家庭活動或自製禮物，具體做出步驟及負責執行的人。爸爸教孩子要對媽媽做肢體的表達如擁抱及親親。

11. 父親和孩子在母親節那天各自想出一些祝福母親的話和歌曲錄在錄音帶裡，播放給母親聽。

12. 父母親和子女們，各自做一個姿勢，不要動，請大家猜猜他（她）現在的心情，看大家猜得對不對。心情不好的人，大家要去抱抱他（她），並要說出來讓大家知道。

13. 父母親各自說出對方的缺點，如「太胖了」、「太矮了」等，引導家人各自想出自己及對方的缺點，每得到一個缺點就得到一個黑葡萄，父母親問：「被人家說缺點有什麼感覺？」「說人家的缺點有什麼感覺？」最後問孩子說：「怎麼每個人都有黑葡萄呢？」孩子回答說：「因為每個人都有缺點呀！」父母說：「原來如此，有黑葡萄有沒有關係？」「我有黑葡萄，你還愛我嗎？」等問題。

14. 父母親和全家共聚一堂吃水果紅蕃茄和黑葡萄，父母建議暫停，各自說出對方的優點，每個優點就得到一個紅蕃茄，父母親問：「為什麼每個人都有紅蕃茄？」「你喜歡他（她）的紅蕃茄嗎？」「他（她）的和你的一不一樣？為什麼喜歡他（她）的？」最後啟示孩子做出結論：「每個人的紅蕃茄不一樣，所以我喜歡自己的，也喜歡別人的。」

15. 父母親和孩子各自說一說或畫出自己的願望，並鼓勵孩子做計畫，彼此幫助設法實現願望。

16. 父母親和孩子、家人做角色對換的動物家庭扮演遊戲，教孩子當爸爸和媽媽，父母當孩子。選擇家中常發生的事，做為內容，讓孩子體會父母，父母體會孩子。

17.父母親和孩子談天，問孩子：「這幾天最使你快樂的事是什麼？」和孩子一起再做一次快樂的事，譬如，一起做沙拉、吃沙拉。

18.父母親和孩子談天，問孩子：「最使你害怕的或不快樂的事是什麼？」發現孩子內心的焦慮，為他（她）解除壓力，或找老師協助，為他（她）解除問題，和孩子討論怎麼避免。

19.父母親教孩子完成語句，「我是一個……的小孩」或「我會做……」，教孩子儘量想、儘量說，直到想不出來，父母才接著替孩子說，以孩子的優點為主，（及孩子會做的事）使孩子對自我的認識有綜合性的觀念。

20.父母或孩子之間兩人一組，一人矇著眼睛，一人帶領在家中各房間、家具間行走，走完，互換帶領者。

「悄悄話」

三、 【親密時間】

1. 媽媽和孩子討論是如何配合學校為爸爸慶祝一個快樂的「爸爸節」（八月八日）。

2. 爸爸媽媽鼓勵孩子和他（她）兄弟姊妹或親友、鄰里的小朋友打成一片，共享玩具資源。引導他（她）們自行以和平的方式解決爭端。

3. 爸爸和媽媽和小孩討論生活中所發生的暴力事件，問孩子：
   「你們為什麼會打架？」
   「他（她）被人打，你覺得怎麼樣？」
   「你認為他們該怎麼辦？」
   「怎麼樣才不會打架？」

4. 除了孩子分擔的家庭工作外，父母可以和孩子一起整理分類洗好的衣物，或一起鋪床單。

5. 父母要求子女對長輩問安的習慣，如起床時會說「爸爸早！」「媽媽早！」回家時說「爸，媽我回來了。」等，並前來抱抱爸媽。

6. 父母（常）帶子女拜訪親戚，如叔、伯、姑、姨等，回家後對子女敘述兒時與他（她）們相處的故事。
   父母帶子女拜訪鄰里或邀他（她）們作客，了解他（她）們的生活、家庭，教子女怎麼招待客人和怎麼作客。

7. 父母試用身體叫孩子起床，不用開口，如用面頰和手觸動孩子的手、身體或臉，以增加親密感。

8. 教孩子打電話給較遠的表（堂）兄弟姊妹問安，或時而邀約互訪。

9. 教導孩子和同輩互動，譬如父母、兄弟姊妹兩人一組相互注視，其中一人移動頭的方向和高低，另一人隨著他（她）的目光上下左右移動。

10. 爸媽兄弟姊妹一起躺在毛毯上，起來後，爸媽將毛毯對摺，全家一起站上去，下來，爸媽再將毛毯對摺，全家一起站上去，如此越摺越小，爸媽請大家想想怎麼站才會容得下全家人。

11. 兄弟姊妹的生日時，爸媽引導孩子計畫怎麼給過生日的人一個驚喜和一種祝福。爸媽教孩子們相互擁抱。

12. 爸爸和媽媽要求孩子完成一件事，等孩子入睡後將他（她）喜歡的東西放在孩子的枕邊，給他一個驚喜。

13. 帶著孩子探望或做卡片給生病或需要幫助的親戚朋友。

14. 教導孩子，在家人生氣、啼哭，或悶悶不樂的時候要如何表示自己的關懷，並鼓勵孩子表達出來——一句話、一個動作等。

15. 父母要在孩子面前表達彼此相愛，譬如上下班分開或見面時輕摟、拉拉手，或輕吻，也要以身體動作對孩子表達關愛。

16. 父母對孩子敘述一則孩子被綁架的故事，問：

「你想這小孩被壞人帶走，見不到爸爸媽媽會怎麼樣？」

「你想他的爸媽會覺得怎麼樣？」

「要怎麼樣才不會被壞人帶走？」

教導孩子安全的方法。

17. 父母和孩子一起做家事，邊做邊唱歌、唸童詩或聊天。

18. 父母親收到孩子從園裡帶回送給父母的小禮物，也要回謝孩子，對他說「謝謝你！」在他枕邊放一張卡片寫著「爸爸媽媽好愛你！」

19. 晚餐後，全家人一起去公園或附近散步，教以行路安全及如何面對陌生人。

「悄悄話」

四、 【親密時間】

1. 全家人聚集一堂討論誰長得像爸爸，誰像媽媽，誰像爺爺、奶奶……等，並問「你喜歡像誰？」「爲什麼？」，父母要表示：「我好高興你長得像我。」

2. 爸爸媽媽向孩子敘述孩子生日當天的種種，如天氣及所發生的事、出生時父母的心情、孩子的情況以及幼小時發生過的事等。將親子的談話用錄音帶留存下來。

3. 爸爸或媽媽將孩子自出生後的照片收齊全，如小手印、小脚印、醫院中的照片、滿月及滿月前的照片、沐浴的照片等，和孩子一起整理。

4. 爸爸或媽媽向孩子介紹歷史上同日生的模範人物，並開始蒐集這些人物的圖片資料，和孩子一起剪貼整理，彩飾一本屬於孩子的圖册：「和我一樣的人」。

5. 爸爸或媽媽根據孩子可愛、特殊之處，爲孩子取一個「字」或「號」做爲他的小名。或讓兄弟姊妹在父母提示下彼此取字號，並問：「喜歡嗎？」「爲什麼喜歡？」

6. 爸爸或媽媽向孩子說明姓氏和父母、祖（外）父母、曾祖父母的關係，一起觀賞祖父母（外祖父母）的照片。問：「你喜歡祖（外）父母嗎？」「你的姓和誰相同？」

7. 爸爸或媽媽向孩子介紹同姓氏中或家族中歷史人物的故事。問：「你喜歡姓〇嗎？」

8. 爸爸或媽媽和孩子一起拜訪祖（外）父母或曾祖父母的家，或由祖父母敘述故鄉的環境、特產、風俗等及遷居的經過。或請祖父母或外祖父母教孩子唱一首從前的兒歌、講一則故事。

9. 爸爸和媽媽告訴孩子的生肖並介紹該動物象徵的正面意義，（蒐集及一起整理一冊有關該動物生活習性的圖冊）。問：「你愛這種動物嗎？」父母要教導孩子愛護動物。

10. 爸爸或媽媽向孩子敘述兩個人是怎麼認識，怎麼相愛的，請孩子說出他（她）的感覺和心情，錄音保留。

11. 爸爸或媽媽帶領孩子們面對面坐下，閉上眼睛，彼此用手撫摸對方的臉和五官，說出對彼此的感覺：「我覺得你的臉……，你的鼻子……。」

12. 父母帶領孩子比較彼此身體的不同，例如手指、手掌的差別等。

13. 全家都躺在地板上，彼此側枕在對方的腹部、胸部，傾聽心臟的跳動、腹部蠕動的聲音，再告訴對方聽到了什麼？及躺在別人身上、被人躺著的感覺。

14. 爸爸或媽媽將孩子抱在懷裡，問他：「媽媽抱你你覺得怎麼樣？」「你現在覺得快樂嗎？」「為什麼快樂？」等，最後告訴他（她）：「媽媽（爸爸）愛你！」

15. 拿一張圖畫紙，叫孩子畫自己，然後聽他（她）解說。

16. 全家聚集一堂，父母帶領孩子們。

父母：「從丁丁開始，每人都要說出丁丁的好處，說完丁丁，再說仔仔，再說……。」

父母例舉丁丁的日常表現，開頭說：「丁丁好勇敢！」

父母指定孩子分別說。依次輪流說下去，提示孩子：「還有呢？」

17. 爸爸或媽媽教孩子以手掌感覺身上各部位，並以大自然比喻不同的功用或感覺：

最平滑的部位是………像：（例，滑草坡）

最粗糙的部位是………像：（例，砂地）

最暖的部位是…………像：（例，出太陽）

最冷的部位是…………像：（例，涼水、河水、井水）

最動的部位是…………像：（例，瀑布）

最靜的部位是…………像：（例，日月潭）

18.爸爸或媽媽和孩子討論「男孩和女孩有什麼不一樣？」問他
（她）：「你（妳）喜歡做男孩還是做女孩？」「爲什麼？」

19.父母錄下孩子的聲音，或唱歌或說話，讓孩子聽自己的聲音，
並爲他保留下來，過一段時間讓他（她）們聽，問「這是誰的
聲音？」。

20.父母和孩子談天問孩子：「喜歡做小孩還是喜歡做大人？」
「做孩子和做大人有什麼不同？」「爲什麼喜歡大人（或小
孩）？」

第四篇

感性活動舉例

前　言　活動設計的意義

～漢菊德

一、感性活動釋義

　　艾瑞克生（E. Erikson）首次提出嬰兒時期成人對嬰兒注意、照顧會使嬰兒發展出對世界的信任感，而希邦（V. Sherborne）更進一步指出這種信任感是來自身體，嬰兒要經驗到身體整體感而不只是身體的部分如手、腳等，才能發展出對別人以及對自己的信任。可見，成人不但不可以對嬰幼兒置之不理，而且要逗弄、撫摸他（她）的身體，不但要逗弄他（她）或撫摸他（她），而且要撫摸他（她）的全身或抱他（她）做全身的互動，譬如推動他（她）翻滾，接著較大嬰兒雙手行走等，嬰兒的動作配合成人時，是在發展「我們」的概念，動作相反時，是在發展「我」的概念。

　　因此，每個活動都對幼兒發展有特別的功能，同時緊密的環扣著課程的四個層面，簡單歸納有以下幾方面：

㈠發展對人的信任感

　　例：活動如各種信任傾倒對幼兒較危險不適宜，需要修改，但搖籃遊戲幼兒是可以做的。

㈡認識自己的情緒與感覺

　　在各種活動後對身體的感覺和情緒探索，如身體彫塑活動。

㈢開展親近的人際關係

所有的活動都要與人接觸，均有這種功能，譬如：「請用鼻子打招呼」等。

㈣脫離自我中心

團體活動及討論可以看到別人對自己的反應，也可以將自己對別人的感覺回饋給別人，如鏡子遊戲及角色對換等。

㈤「你行，我也行」

活動中有相互的肯定，如來自團體的掌聲。

㈥愛的接觸

活動中有撫摸和擁抱，使心情不好的幼兒得到溫暖和支援，也使幼兒學會付出關懷的方法。

㈦與環境及大自然結合，培養愛物、珍惜和未來意識

如安靜活動、傾聽四周的聲音、撫摸心跳的節奏，或模仿動植物的生長，未來生活的想像及活動等。

㈧與精緻文化的結合──自我延伸

活動中如以傳統民俗，童話神話為主題探索自我，使幼兒體會精緻文化而建立個人與文化的「親密關係」。

二、南海感性活動的特色

本書所列的活動有三個特色，均為深層的人格教育。其一，從人格發展的根源上，做為起點。其二，從肢體動作和操作開始。不同於其他的活動，本書的活動大多不是直接的、意義浮於表面的一些愛心活動，而是更深層地從情緒上和自我探索上去「體驗」愛；活動的形式也大多不是圖像階段的活動，因此不採用照片或圖片做教材，而是直接身體涉入的，圖像最多是主活動的延伸。當然，有部分活動與各種各類的成長團體，如心理

劇，藝術治療，戲劇及家庭治療等所通用的活動相類似的，甚至相同的，這是因爲這些活動已經非常著名而變得很通俗化了。我在編寫時也要將它們應用進去，只是大多已然改編了，融入了幼兒的生活、大自然，及幼兒文化中，這也就是活動的第三特色——與課程結合了。

幼兒生活與文化是活動的根據和來源，當然，在幼兒文化中有些是幼兒專家們所不願認同的，如卡通片，但我們必須承認和接受事實，引導幼兒澄清，加強正面的意義。

以下的活動的同質性很高，所以不易也不需分類。活動都已與課程結合，對於老練的教師而言，這些活動都是提示，可以激發他們的靈感，舉一反三地發展出多樣的活動來。活動發展就是這樣開始的，也就是用舊瓶子注入新酒。我在編寫時思緒很多，只是將它們合併或精簡了許多，其實這便是原有的活動給我的刺激，相信老師們也會和我一樣。但盼望老師們要認清每個活動的意義，把握住最原始的創作者（當然不是我們！）所要發揮的功能在那裡，就能延伸出正確的活動來（每個活動之後均可以繪畫、音樂、童詩創作等方式做爲延伸活動）。

第十一章

感性活動發展

～漢菊德

活動 1　　歡迎新朋友

活動意義：自我認識，彼此認識，進入團體。

適用範圍：開學之初的感性活動。

活動說明

　　幼兒圍成圓圈，聽教師的鈴鼓聲漫步走，教師說「停」「請舊生和旁邊的新朋友握握手，告訴他（她）你叫什麼名字，新朋友也告訴對方自己的名字」鈴鼓響起，再走，同樣的方式找另外的新朋友互相介紹。最後請他們站成圓圈輪流介紹別人的姓名。或者：

　　幼兒隨鼓聲漫步，教師請幼兒彼此看看走過身邊的小朋友，心裡想要和那位新朋友說話，就撫撫他（她）的肩膀或拉拉他（她）的手。（新的小朋友也可以找一位想要談話的小朋友，新生、舊生就可以），兩人找到後手牽手隨鈴鼓聲走，教師看大家都有伴了，就喊「停」，請大家彼此自我介紹，或找一個角落坐下慢慢談。教師提示「你想知道小朋友那些事情，可以隨便問，隨便談。」回到團體後，向團體彼此介紹對方。

討論分享

　　「你對小朋友第一印象〔你最先看到他（她）覺得他（她）怎麼樣？〕是什麼？」「你為什麼找這樣朋友談天？」

⇒延伸一

舊生以不同的語言和「動作」表示歡迎,每人想一個動作、姿勢,走到新朋友面前向他(她)示意。

⇒延伸二

舊生扮演小記者訪問新朋友:家住那裡?家裡有什麼人?誰送你上學?你在家做什麼?最喜歡家裡那個人?在家裡做姊姊、哥哥還是弟弟、妹妹?喜歡嗎?你覺得自己是好孩子嗎?喜歡看那個電視節目?

活動 2　　我和我的伙伴

活動意義：深入探索個人的喜好，培養惜物的情操，與他人建立情誼。
適用範圍：感性時間。

活動說明

　　教師請幼兒一起整理教室裡的戲劇區（或「娃娃家」），和幼兒分享玩偶的經驗，商量舉辦一次個人玩具玩偶的展示和介紹。數日後請幼兒從家中帶來，和大家分享自己和「玩伴」的故事。講完，做一次玩具或玩偶的扮演，每個人將自己裝扮成自己的玩偶和別人所裝扮的互動。

討論分享

　　「爲什麼你這麼愛它？」「它和你在一起多久了？」「如果它不小心壞了或丟掉了，你會有什麼感覺？你該怎麼辦？」「你願意借給別人玩嗎？」「如果你要送給別人，你想送誰？」「你要對你的「伙伴」說句什麼話？」「它給你什麼心情？」

⇒延伸一

　　舉辦玩偶展覽，請別班小朋友參觀，介紹自己的玩偶。

⇒延伸二

　　給玩偶取名字，告訴小朋友爲什麼取這個名字，你對它有什麼計畫和期待？

活動 3　　化裝舞會

活動意義：認識自我。

適用範圍：日常感性活動，聖誕、生日，過年等感性活動。

活動說明

　　兒童節來了，教師和幼兒討論慶祝活動如化裝舞會，教師請幼兒自製面具，設計不同的色彩和造型足以代表自己。做好放在一起。舞會舉行當天，請幼兒（交換）自由拿取面具，教師放音樂，隨音樂自由舞動，並相互握手、擁抱、舞動中發現自己的面具則要求與對方換回來，繼續自由跳舞，直到每個人找回自己的面具，音樂才停止。

討論分享

　　「你為什麼這樣做你的面具？」「帶在別人臉上，你有什麼感覺？」「帶回來有什麼感覺？」

▶延伸一

　　小朋友可以相互借來戴，而不是自由拿取，向大家說明為什麼要借○○小朋友的面具，對自己有什麼意義？

▶延伸二

　　介紹過面具後，可串連成一個故事扮演。然後展示面具。

活動 **4**　螞蟻大搬家

活動意義：個人融入團體、身體的協調。
適用範圍：日常、開學之初的感性活動。

活動說明

　　幼兒在探索過螞蟻之後，知道螞蟻為何搬家及搬家時排隊的情形。教師和幼兒玩一次螞蟻搬家的遊戲，請幼兒圍成圓圈，教師當螞蟻媽媽，手中敲著鈴鼓，口中唸著：「是我的寶寶跟我來，你的名字說出來！」走到一位較活潑的幼兒（有示範作用）旁邊，這位小朋友扶著老師的腰，說：「我是你的寶寶娟娟。」娟娟喊著自己的名字「娟娟，娟娟，我是娟娟！」走了一段後，走進第二位旁邊說：「你的名字說出來！」第二位說：「婷婷，婷婷，我是婷婷」，如此一路玩下去，玲玲、莉莉……等加入。螞蟻媽媽在前面隨時可以給動作示範及口令，如：「寶寶伸伸左腳，寶寶伸伸右腳」、「向左轉，向右轉」等。

討論分享

　　「和別人連在一起走路有什麼感覺？」「有沒有什麼擔心？」「身體的部位有什麼感覺？」「喜歡這個遊戲嗎？」

⮞延　伸　（陳幼君）

　　教師可以改變速度。改變遊戲為「火車」或「老鷹捉小雞」。配合不同的聲音或音樂。

活動 5 　　跳房子——一步一

活動意義：身體、感覺與情緒探索，建立與他人的情誼。
適用範圍：戶外活動，感性活動，家庭活動。

活動說明

　　教師和幼兒分享爸媽小時候的遊戲和運動，教他們玩跳房子格。玩過後，教師變化玩法，將原來的單腳跳改為蹲跳，（不用踢石子），兩人一起跳，或兩人的一條腿綁在一起跳過去，並隨時改變速度。或將「跳」的動作改為「走」，將房格複雜化，請幼兒大步走、小步走、急步走、漫步走，不要踩到格子，播放音樂幫助幼兒去「感覺」腳步。

討論分享

　　跳行帶給身體的感覺（腿部、腳……等）及困難的動作在那裡，為什麼感覺困難？困難帶來什麼感覺？兩人行走有沒有什麼擔心？聽音樂走路使你想到什麼，感覺怎樣？喜歡你的伙伴嗎？為什麼？

⇒延　伸

　　上述走格子，兩人一組，背貼背，手勾手，以同樣的方式遊戲。

| 活動 ❻ | 傑利鼠找朋友 |

活動意義：身體感覺，與朋友建立親近情誼，包容小動物。
適用範圍：分區學習後或日常感性活動、家庭活動。

活動說明

　　幼兒看過迪士尼的「湯姆貓與傑利鼠」的卡通後，分享片中主角，教師與幼兒討論貓鼠的嗅覺和牠們的個性，商討一個遊戲，譬如傑利鼠找朋友：牠要在黑洞裡，從許多不同的小動物裡找到牠的小老鼠朋友，會用什麼方法。小朋友輪流或志願當傑利鼠，把眼睛蒙起來站在中間，其他小朋友圍成圓圈走兩圈停下，傑利鼠走進小朋友，只用鼻子和耳朵在小朋友裡找出一個他（她）最熟悉的朋友，兩人擁抱，其他人拍手。

討論分享

　　「你怎麼辨認出來？他（她）的聲音（或氣味）有什麼特別？」「被他（她）指認出來心裡有什麼感覺？」「你會比昨天更愛他（她）嗎？」

➠延伸一

　　可嘗試觸覺，將鼻子也輕輕的矇上，讓幼兒觸摸。

➠延伸二

　　教師請團體中某位幼兒發出簡單的聲音，請幼兒聽聲音猜出名字來。

活動 **7** 猜猜這是誰？

活動意義：從他人學習和認識自己，了解他人。
適用範圍：感性活動，家庭活動。

活動說明

　　教師請幼兒想想班上的小朋友平時有什麼特別的地方，譬如表情、動作（走路的樣子，吃東西，說話時，或坐著，站著，睡覺等有什麼特別），喜歡做什麼事，最能幹的事是什麼等等，教師聲明只能想，不能說出來。數分鐘後，請他們志願前來表演，不要說出口（除非是口頭禪）請大家猜是誰。

討論分享

　　問被猜中的幼兒別人學自己和被人猜中心裡有什麼感覺？平日知不知道自己是這樣的？喜歡自己的樣子嗎？問表演者為什麼表演這個小朋友？別人猜中有什麼感覺？沒猜中有什麼感覺？（比平時）喜歡表演你的人嗎？

➡延　伸

　　猜完後，可請幼兒親自前來修正和補充表演者不足之處。

活動 **8**　　心情清道夫

活動意義：自我情緒探索。
適用範圍：日常感性時間。

活動說明

　　教師說：「我今天是清道夫，把你們心裡的垃圾都掃乾淨，等一會兒請你們志願前來表演出最近不好的心情，現在閉上眼睛先想一想」。教師請他們躺下，放音樂沈思片刻，坐起來請一位先開始。表演時用表情說明你的心情、生氣、難過，還是悲哀，教師提示不同的情緒，鼓勵幼兒用動作表明發生了什麼事，問小朋友知不知道？最後幼兒自己說明。等一一的說明完，請每位心情不好的幼兒揉一個紙團用力丟進教師的垃圾袋裡，（教師頭上綁一條黑巾充做清道夫），大家丟完之後，教師說：「我要把袋子丟掉了！」然後丟到垃圾筒。

討論分享

　　問幼兒：「現在心情好了嗎？」如果還有人不好，請大家用動作前來給他一起安慰，再確認大家是否心情好轉了。

➠延伸一

　　分享中若有糾紛發生，教師要引導幼兒做價值澄清。

➠延伸二　　（曾慧蓮）

　　（以 20 人爲例）老師平時用的十種不同的顏色及圖案的卡片二套，放在神秘袋中，如紅色的圓形、藍色的圓形、紅色的三角形……等，讓小朋友每人拿一張，並請小朋友去找和他相同顏色及形狀的人，彼此分享最近的心情及感覺（對家中、學校皆可）回到團體中，兩個人互相介紹分享對方的心情讓大家知道（可以不用語言、用肢體、用表情來表示，讓大家猜猜看）。

活動 9 | 親愛的爸媽

活動意義：體認父母，深入探索自我。

適用範圍：感性時間。

活動說明

　　一位幼兒指定某位小朋友扮演自己的爸爸，某位扮演媽媽，演出在家裡發生過的趣事或難過的事、想和大家分享的事件。這位幼兒要充做「導演」（教師協助），告訴小朋友應該做什麼、說什麼，幼兒自己可以改演爸爸或媽媽的角色。演完分享各角色的感覺。

討論分享

　　「你演他的爸（媽）感覺怎麼樣？」「你愛他（她）嗎？」「你覺得以後要怎麼對待他？」，「你演自己的爸（媽），覺得爸爸（媽媽）怎樣？」「覺得他（她）愛你嗎？你愛他（她）嗎？」

　　討論過後，請他去擁抱演爸媽的小朋友，若有情緒上的委屈，請全班幼兒前來抱抱他，摸摸他，及對他說句安慰的話。最後請他對全班小朋友致謝。

➠延伸一

　　母親節或爸爸日，由幼兒志願前來表演自己的爸媽，喜歡做什麼運動，口頭禪，在家最愛做的事，猜他（她）的職業，表演常唱的歌等，請小朋友分別猜，猜中時，表演的幼兒要向小朋友說謝謝。

➠延伸二

　　教師利用日常娃娃家（戲劇區）自由扮演家庭生活，在分享活動中加深討論分享。

活動 **10**　　與枕頭共舞

活動意義：自我認識、情緒、感覺。

適用範圍：感性活動時間，休息時間。

活動說明

　　請幼兒躺下來，閉上眼睛休息，數分鐘後教師說：「想想昨天、前兩天，想想今天，有好多事發生過，好多事發生過……」教師提示數分鐘後，請幼兒坐起來，找一個自己喜歡的枕頭。鼓動「某些」幼兒告訴其他小朋友所選的枕頭代表什麼？爲什麼選這個顏色？此時的心情是怎樣的？想要對枕頭「說」什麼？做什麼？讓幼兒邀請幾位小朋友演出自己的生活事件，教師提示可以對枕頭打、罵、踢、抱、親、說話。

➠延伸一

　　請選「娃娃家」或戲劇區的幼兒選擇自己的枕頭，一起布置一個「家」的角落，在其間從事自由扮演。結束時間其他小朋友分享他們的扮演經驗，介紹所布置的角落意義。

➠延伸二

　　生活經驗分享中，教師請幼兒介紹自己平時家中的抱枕，心愛的布娃娃，可以約一天帶到園裡，告訴小朋友和自己心愛的枕頭做什麼？有沒有打過它？罵過它？爲什麼打它、罵它，或抱它、親它。

活動 **11**　　我變，變，變！

活動意義：身體感覺探索，肢體表現及想像。
適用範圍：日常感性時間。

活動說明

　　閱讀「西遊記」之類的書之後分享後，教師帶幼兒玩想像的遊戲，教師請幼兒分兩組，分開站著，教師站在中央的前面，左手指一組說：「我變松果！」左邊的幼兒要學松果在地面上滾動，右手指另一組幼兒，請他們變「松鼠」，右邊的幼兒，要使自己變成一隻松鼠，兩組開始自由互動。教師提示兩組相容的動作和相斥的動作。教師再改變內容如：「眼睛」對「小偷」、「花」；「鼻子」對「大便」、「香水」；「牙齒」對「石頭」、「豆腐」等，使動作兩極化。教師要提示如：「牙齒咬到好硬的什麼？……」

討論分享

　　兩組互動時彼此的感覺，喜歡扮演那一種？爲什麼？變成〇〇時，身體上的感覺爲何？「相容」時和「相斥」時感覺有什麼不同？

⟹延伸一：「孫悟空」

　　教師連第一組也不事先決定演什麼，他們輪流由一人出來帶頭，教師說：「孫悟空」，他便「變成」一樣物品或某種生物，若同組一不了解不能跟進，立即由第二人接替，等這一組表演完，第二組立即回應並開始做相容與相斥的互動，教師以語言提示或用音樂幫助他們。

⟹延伸二

　　將做過的動作串遹成故事，計畫一次扮演。

活動 **12**　　走棋盤

活動意義：探索輸贏的情緒，身體上的感受。

適用範圍：分區後之感性活動，相關方案教學中。

活動說明

　　幼兒分區活動時玩過棋藝，或方案教學中探討棋藝，發展出下一個遊戲：幼兒站在房間四個角，漫步走到對角線的另一端。教師在教室地面的四個角分別貼上棋盤符號或畫五子棋盤，教師叫到「東」，「東」邊的幼兒向前走一步，如此一步步走向對角，有衝突時，一位要退出。

討論分享

　　走棋時你覺得最重要的事是什麼？快要和其他「棋子」相碰有什麼心情？起步時心裡怎麼想？結束什麼感覺？退出有什麼感覺？

➠延伸一

　　幼兒用身體其他部位移動過去。

➠延伸二　　（鄭玉玲，練雅婷）

　　將棋藝更複雜化：

　　在教室裡畫上格子屋或利用室內原有的方塊磚也可以玩。將孩子標上象棋名字，每位孩子都不同，老師手上先準備一副象棋牌及方向牌，老師抽牌並舉起象棋牌時須同時舉起方向牌，看到相同棋子的幼兒須依方向牌指示移動一步，若移動時遇到格內有人則發出求救「嗶嗶」信號，老師可再舉另一方向牌，或請該棋退回原位。

　　亦可移動時遇到比自己大的棋就退，遇到比自己小的棋可令人退場，誰最後留於場內者發表感想。

活動 **13**　　開心果

活動意義：情緒表達，建立良好的人際關係。
適用範圍：感性活動。

活動說明

　　教師和幼兒分享平時快樂的事情，由幼兒一一報告說明自己的經驗，老師問有那些小朋友今天不開心？教師說：「我今天不開心」教師先說出自己不開心的事。幼兒若沒有人發言便罷，若有人發言就請他（她）坐在自己身邊。發言後，教師說：「你們都很開心，只有我們不開心，你們要輪流來逗我們開心，用一句話和動作表演都可以，但不要來搔癢。一位一位單獨表演，或你邀請一位同伴一起表演，如果我（們）不笑，就換下一位，看誰能讓我（們）笑出來，誰就是我們的開心果。現在誰願意先開始？」

討論分享

　　教師和其他心情不好的幼兒談一談自己為什麼心情好轉了？小朋友那些方面讓人開心？表演的小朋友談談逗別人開心自己心裡的感覺是什麼？

⇒延　伸

　　請幼兒試著如何會使人生氣或不開心，以上述同樣方式進行。討論分享令人不開心自己內心的感覺是什麼？喜不喜歡做一些令人生氣或不開心的事？

　　以上活動可二、三人一組進行。

活動 **14**　時鐘指向誰？

活動意義：與他人建立情誼。

適用範圍：開學後的感性活動，日常感性活動。

活動說明

　　幼兒圍坐，其中一位輪流到中間做「時鐘」，教師教他（她）伸出一個手臂朝向周圍的小朋友，由小朋友一起數數，從一數到五、或十，每換一位增加一個數（一小時）及改變速度成「分針」、「秒針」。大家數數時，「時鐘」跟著數轉圈，停下來時，手臂朝向誰，「時鐘」就前去和他（她）打招呼、寒暄，（新生可以相互介紹），結束時做一些親切的動作如親親、抱抱，及說些好聽的話，或請他（她）一起跳舞。

討論分享

　　「做時鐘的感覺是什麼？」「被指到的感覺爲何？」兩人互動對彼此認識是怎樣的？」「旁觀的小朋友對他們兩人的感受爲何？」「時針、分針、秒針分別有什麼感覺？」

⟶延伸一

　　兩人互動的內容可以任意變化，如談談兩人想一起做什麼？有什麼秘密告訴對方等。

⟶延伸二

　　兩人可將談過的內容秘密用暗號或肢體、聲音表達出來，請其他小朋友猜。教師在旁協助、提示，譬如問：「你們現在的心情怎樣？是生氣？還是很快樂？也要讓大家知道。」

⟶延伸三　（曾慧蓮、林娟伶）

　　依幼兒人數平均圍成雙圈，面對面，當老師放音樂時，內圈的幼兒順

時針走，外圈則逆時針走。當音樂停時，即停止走動，並看和自己面對面的人是誰，和他互相抱一抱、親一親、說一句讚美的話。回到團體中分享，剛剛的和那些人交談過，談些什麼。

➠延伸四 （陳玉吟）

大家圍一圈，選一人矇眼在中間，大家圍圈邊走邊唸兒歌，如：「荷花、荷花幾日開」，兒歌停時，請蹲在背後的孩子說一句話，請蹲者猜，他是誰。

接著上述各活動，再安排兩人的活動。

活動 15　　我是「守護神」

活動意義：身體變化的感覺，與他人建立親切的情誼，建立兩性的友誼。
適用範圍：分區學習後或戲劇活動後的感性活動。

活動說明

　　幼兒看過「夜行神龍」的卡通影片後和教師一起做遊戲。教師請他們聽鈴鼓聲自由行走，教師鼓「停」時，全部不動，請幼兒各自修正自己成為影片中古神廟的石頭神像的樣子（重複者亦可），過一會兒教師將燈關上，口述：「夜深了，被封住的男石像要醒過來了！他們要守護這個城！」小男生隨音樂慢慢移動手、腳，音樂加快，動作亦加快，教師說：「女孩子怎麼還沒被放開？我們要去救她們！」男孩圍著女孩隨著音樂舞動，教師說：「我搬動她的手，沒有用！動動她的腳也沒有用！怎麼辦？」教師將音樂突然停止，小男生也停止不動，教師說：「我知道了！她們凍太久了，她們要溫暖才會醒！」放音樂小男生繼續走動，教師說：「小英雄想什麼辦法才能給她們溫暖呢？」教師看到第一位小男孩去擁抱小女孩的時候，立即說：「啊！她好溫暖呀！她醒來了可以動了！」使其他小男生了解怎麼做。

討論分享

　　身體僵硬的感覺和心情，身體舞動的感覺和心情，小女孩站很久有什麼心情？被抱住的感覺和心情為何？和平日比較，彼此喜不喜歡這個小男孩（或小女孩），為什麼？

⮕延　伸

　　可不分男女孩隨意分小組進行。

　　教師以口述啟發幼兒想出多元的解救方法，如親吻面頰，摸摸臉，按摩手、腳、肩或兩、三人將她圍起來轉動等，教師都要接受。

活動 16 　　春神來了

活動意義：身體的感覺探索、建立對大自然的情感。
適用範圍：感性活動，相關方案教學。

活動說明

　　教師和幼兒分享春神的故事後，做扮演遊戲，教師口述，由一位幼兒扮演春神。教師請幼兒自由選作一種小昆蟲及花草，都伏在地板上，教師說：「春神來了」，扮演春神的小朋友（女孩）要在小朋友之間跳動，當她低頭小聲對一位說：「起來」，這位小朋友便立即起來，以他所選的昆蟲或花草姿勢跳動，如此一一起來，以不同的姿態跳動。最後教師說：「春神走了！」小女孩跳到旁邊，所有的小朋友立刻停止不動，當教師敲一聲「咚！」全部立即倒在地板上。

討論分享

　　身體急驟的變化有什麼感覺？（對）「春神」的感覺為何？比平常喜歡她嗎？

➠延　伸

　　春神可以不同方式與「大地」溝通，或親親、或摸摸、或散放一小花瓣。「萬物」以不同方式與「春神」互動，以春神為中心發展動作（以上活動不是以「春神」為中心而是各自舞動），譬如「春神」在中間，每個人舞動過來對她做不同的動作。

活動 **17**　　諾亞方舟

活動意義：自我觀念、肯定自我、接納他人（及自然萬物）、願與他人做
　　　　　　身體的接觸。

適用範圍：分區學習後或日常的感性活動。

活動說明

　　幼兒看過有關「諾亞方舟」的書或錄影帶後，和教師分享諾亞為何選
擇世界上的生物，教師和幼兒做遊戲，請幼兒圍繞在一個象徵方向的大紙
箱四周，教師扮演諾亞，說：「我要選最優秀的生物上我的大船，每位小
朋友告訴我你是誰，你有什麼優點讓我選中你，告訴我你所有的優點，不
可以吹牛，如果吹牛，其他小朋友要發出「噓」聲來！（說對就鼓掌），
現在從這一位開始說！」幼兒一位一位說，說完上「方舟」，到後來「方
舟」太小，教師請小朋友設法都上去。（每個人都有優點）

討論分享

　　對別人的鼓掌有什麼感想？對別人的噓聲感覺為何，準備怎麼辦？
「方舟」很擠，你的身體有什麼感覺？心情為何？心裡怎麼想？

➡延　伸

　　亦可想像：未來世界景象為主題，發展相同活動。

　　對島上的人及同船的人接受一個幼兒時，請他（她）以動作表示感
謝，或說一句話表達。

　　當船上的人拒絕時，被拒的人可提出交換的條件或物品，如「我保證
以後不會打人了」、「我要送你我最心愛的禮物——一盒巧克力糖，是你
船上沒有的！」等。

活動 **18**　　我的分身

活動意義：認識自己、發現他人、建立親近情誼。
適用範圍：感性活動。

活動說明

　　教師和幼兒分享阿扁市長一個人扮演好多人的照片（及新聞）討論何謂「分身」。請每位小朋友都找自己的分身，教師先從自己開始，說：「我請惠惠做我分身，她代表我很勤勞；再請晶晶做我的分身，她代表我的能幹，請莉莉做我的分身，她代表我的整潔……現在開始找分身，每位小朋友也都要做人家的分身，輪流上前來報告。」說明後，教師請小朋友報告，隨時提醒還沒有做過分身的小朋友。教師示範時，找一些較不受注意的幼兒當自己的分身，務必鼓勵幼兒去發現別人的優點。全班都說完後，教師請小朋友和自己的「分身」手拉手，形成一個大網子，放輕而柔的音樂，請幼兒慢慢轉兩圈，然後相互擁抱說「謝謝」，結束活動。

討論分享

　　「做別人的分身有什麼感覺？」「對○○小朋友，你今天比昨天有什麼不同的感覺？」「當你和你的分身手拉著手心裡有什麼想法和感覺？」「想對你的分身說些什麼話？」

⚒➡延伸一

　　教師引導示範時，不一定限於優點，可以加些有趣的部分，如「他每天笑嘻嘻很像我」、「她喜歡戴帽子和我一樣」等，但剛開始玩不要提「缺點」，玩過一段時間後，可以提一些「缺點」，使幼兒相互接納。

⚒➡延伸二

　　「分身」玩出多樣化以後，用不同彩色的彩帶輔助區分，幼兒和分身拉著彩帶，不同的分身拉不同的彩帶，以「本尊」為中心感覺和發現彼此的相類性和親近情形。

活動 **19**　森林探險記

活動意義：自我與大自然的關係、信任感與歸屬感的建立。
適用範圍：日常或分區學習後的感性活動。

活動說明

　　教師放輕柔的音樂並關掉燈，幼兒矇著眼睛隨音樂行走，口述故事：
（教師打扮成仙女）小朋友這是一個安靜美麗的森林，穿過這座森林就會
遇到一條淺淺的小河和一座小山丘，過後就到了我們的目的地——一個可
愛的小村莊。（另一位教師做領路人）小仙女說：森林好清涼，有小鳥的
叫聲（放音樂），這裡有一條河，水好涼好涼，你的腳正走過去，上山
了，陽光照在你的臉上，小雨打在你的身上。

討論分享

　　「被仙女帶領的感覺是什麼？」「走過山坡、小河時感覺是什麼？」
「有沒有擔心或害怕？」「到達目的感覺是什麼？」「鳥的叫聲，水流過
的聲音，風吹的聲音，心裡有什麼感覺？真的聽到了嗎？」「對仙女有什
麼想法？」

➠延　伸

　　教師請幼兒站成一排一排，不要太規則或太直，幼兒兩人一組，其中
一位矇上眼睛，另一位當守夜的領路人，領路人向他（她）說明一定要聽
他（她）的指引帶領，否則碰到旁邊的「鬼」就被捉走。所以走路的人要
很小心的跟在後面。一組走完換另一組。

討論分享

　　「走路時緊不緊張？」「相信領路人嗎？」「走出來的感覺是什
麼？」「被捉的感覺是什麼？」等。

活動 **20**	演雙簧

活動意義：與他人的合作和協調、信任感建立。
適用範圍：感性活動。

活動說明

　　教師介紹中國傳統藝術中的雙簧，指導幼兒演出。教師口述內容請幼兒表演，教師請甲兩手背在後面坐在椅子上，乙蹲在甲後面，兩手伸到甲面前當他的手。教師口述，甲負責做臉上的表情和嘴巴做動作，乙負責用兩手做動作，甲、乙兩人都要配合口述者的內容。

　　例如，教師說：「嗨！各位小朋友早，我叫王小寶，今天天氣很好，我肚子餓了，有沒有什麼好吃的？我東看看，西找找，前面是什麼東西？有一碗麵條！不夠不夠！我要吃三碗才夠！算了！先吃了再說吧！」（甲做出吃麵的樣子，乙做出拿碗、拿筷子餵他吃的樣子，教師發出吃麵的聲音），「好了吃完了！還吃不飽！呀！這裡又有好吃的，是什麼？管他的，吃了再說，我閉上眼睛大口的吃呀！吃呀！吃！」甲閉上眼睛張大嘴巴，教師將小塊點心放在乙手裡，一樣一樣餵甲吃，教師說：「好飽了！」才結束活動。

討論分享

　　「你們覺得他們演得怎樣？」「你們覺得有沒有困難？困難在那裡？」問甲：「你閉上眼睛吃東西有沒有擔心什麼？」「你現在相信乙嗎？」。請其他幼兒志願輪流演。

➠延　伸

　　請幼兒自行計畫內容，自己做旁白者演出。把握原則：兩人可開玩笑，但不可作弄，因為活動主旨是信任感的建立。

活動 **21** 我的工作伙伴

活動意義：團體關係的建立，幼兒小集團的探索。
適用範圍：方案教學中的感性活動。

活動說明

　　教師帶領幼兒做過社區環境探訪後，討論分享而發展出各種社區性的方案活動，如超級市場、醫院、美容院、餐廳、消防隊等等。幼兒選擇好主題，組成工作小組開始計畫方案的進行步驟，將教室依主題，譬如美容院的製作、布置，布置完畢，幼兒可自選各種角色在自設的情境中自由扮演和學習。

討論分享

　　「你在工作中爲什麼要和○○一組？」「你爲什麼做他的助手？」「你爲什麼指定他做你的幫手？」教師使每個幼兒都有機會說出和介紹他（她）的工作伙伴。「如果要換人，你想換誰？爲什麼？」

➠延　伸

　　幼兒指名最多次數的，依照次數排名次，其他幼兒爲他們配戴（製作後）彩帶，舉辦一次發展會，請他們介紹自己受歡迎的原因。

　　舉辦一次價值澄清，全班幼兒自己理出受歡迎的人具備那些條件，個人有沒有向某位羨慕的同伴學習的打算？

活動 *22*　蝴蝶採花粉

活動意義：身體感覺探索，與他人建立親近關係。
適用範圍：感性活動時間，家庭活動。

活動說明

　　所有的幼兒都閉著眼，圍坐。教師對大家說他（她）是一隻花蝴蝶，小朋友是花，蝴蝶要來採集花粉，每個人被採集的位置不同，但是被採集時一定會不停的發笑。教師走向第一個幼兒搔他（她）的腋下使他（她）發笑，他（她）「發笑」後睜開眼睛和教師一起去搔其他的幼兒，有的被搔脖子，有的被搔腰部、肚子、手心等。只剩一位時，幼兒都來搔他（她）癢。

討論分享

　　「喜不喜歡被搔癢？為什麼？」「那個部位最癢？那位笑得最厲害？」「搔人家的感覺為何？」「最後一位感覺為何？喜歡嗎？為什麼？」

➠延　伸

　　教師領著大家傳遞一件最近發生的事，譬如，會令人不開心的事，由一位傳給一位（耳語），在大家傳話之後，一起做出表情或發出聲音來，看看大家表現出來的情緒是否一致。

活動 **23**　　音樂會

活動意義：聲音與情緒感覺，與感覺的關係——信任與協調、合作。
適用範圍：感性活動。

活動說明

　　教師請幼兒圍成正方形蹲著。教師放音樂，同時用手指揮，教師請幼兒仔細聽音樂、看老師指揮，教師指向那一排小朋友，那一排的小朋友就要配合音樂的高低、快慢做出動作來，每排動作都不會相同。教師安排音樂時要注意變化多的樂曲，節奏明顯，不能單調，指揮同時指示動作大小、高低、教師的手勢完全配合音樂內容。

討論分享

　　「高音時為什麼感覺想向上？低音時為什麼想向下？高、低音給你的感覺是什麼？」「那種音你覺得舒服？」「那種音讓你覺得怎麼樣？（緊張、好高興、害怕、有些悲……）」「身體上的感覺怎樣？」「你的動作和別人能配合嗎？」

⟳ 延伸一　（陳玉吟）

　　可由一人在圈內走動，而其餘人蹲下，當走動經過身邊時蹲著的人便向上，起身並發出「呼！」的聲音，使這個圓圈呈波浪般起伏。

⟳ 延伸二　（陳玉吟）

　　圓圈中由一人帶領做動作，其餘人一個接著一個模仿，動作要一個比一個大（強）或一個比一個小（弱），如：第一人是「微笑」，第二人便是「開心的笑」……到最後一個便是「頓足倒地大笑」……

活動 **24**	親密伙伴

活動意義：自我與他人——建立親密關係和信任感。
適用範圍：感性活動，家庭活動。

活動說明

　　教師的鈴鼓請幼兒隨鼓聲任意漫步，教師叫「停」時，請幼兒和身邊的小朋友組成兩人一組從事以下活動：兩人可以坐下來，教師說：「請用腳指頭打招呼」，兩人就勾腳指頭，左腳勾完勾右腳。教師說：「請用腳掌打招呼」兩人便腳掌對腳掌；「請用手掌打招呼」，便做手掌的遊戲。教師若認為幼兒應該換一下伙伴，希望幼兒之間平日不常接近的多加接觸，可以請他們站起來重新選一次伙伴（每一個活動均可換伙伴）。

討論分享

　　「身體各部位相接觸時，有什麼感覺？」「覺得你的小伙伴有趣嗎？有什麼感覺或想法？」「下次還想和他一起玩嗎？」

➠延　伸

　　感覺各部位還可以包含背、臀和臀、頜和頜、腹部對腹部、肩碰肩、腿連腿等，活動遊戲可坐、可走動、可滾、可爬等方式。

| 活動 **25** | 麥芽糖 |

活動意義：自我與他人的關係及自我的探索。
適用範圍：感性活動時間，相關的方案教學，家庭活動。

活動說明

　　教師用鈴鼓教幼兒隨意漫步，教師口述：「我是麥芽糖師傅，我要找徒弟幫忙做麥芽糖。現在大家都是麵粉，麵粉轉呀轉，轉呀轉，我要加水了，大家慢慢的，慢慢的黏起來了，我要加麥芽糖了，大家都黏住了，黏成一大團麥芽糖，好緊，好緊！我要做成一塊塊的糖，我拉出一塊了（教師將他們拉開），我再拉一塊，你們要幫師傅做糖，和我一起拉（幼兒加入拉開其他幼兒），噢，又多了好多塊，你們再幫師傅拉，我們都拉開了，我有好多麥芽糖，你們也是好徒弟。」如此，教師以口述方式引導活動進行。

討論分享

　　「你在旋轉（做麵粉）時有什麼感覺？」「你開始靠近到人時心情怎麼樣？」「到最後和別人緊緊黏在一起身體有什麼感覺，心情是什麼？」「被人用力拉開高不高興？身體的感覺是什麼？」「你去拉人家有什麼感覺？」「你喜歡那一種感覺？一顆麥芽糖？還是一團麥芽糖？」

➡延　伸

　　改變活動題材使之有變化，有趣味，如此可以多做幾次。譬如，麥芽糖可變爲搓圓子。可以請幼兒建議、計畫不同的內容。

　　一個一個拉開也可以改爲拉成一長條線，譬如，將活動改爲纏毛線球和拉毛線，教師只要口述清楚即可做到。

活動 **26**	坐搖籃

活動意義：自我與他人的關係——相互關懷與協助。
適用範圍：感性活動。

活動說明

教師用平時常用的過程和幼兒分享今天的心情後問大家今天誰的心情最不好。小朋友分為兩排面對面站著，雙手和對面小朋友交叉拉著，蹲下來請心情不好的小孩平躺在上面，大家輕輕搖動，教師為他們播放催眠曲，或由小朋友一起慢慢唱「寶寶睡，快快睡」，數分鐘後大家蹲下來，讓這位小朋友下來。

討論分享

「○○，你覺得怎麼樣？」「小朋友搖動，唱催眠曲時你心裡有什麼感覺？」「你最先的心情現在還有沒有？」「其他小朋友一起搖動他為他唱歌有什麼感覺？」「你們對這位小朋友有什麼感覺？」

➠延　伸

在分享活動中發現有幼兒很羨慕小弟弟妹妹睡搖籃，或教師在小壽星慶祝會中，可問他（她）們想不想回到小嬰兒時候睡搖籃，若幼兒很想，可以以上方式或用床單握住兩端做成吊床，其他幼兒站在兩側撫摸他及唱歌，幫助他（她）們回味被搖晃感覺和被寵愛的感覺。

活動 **27** 抬花轎

活動意義：使害羞和內向的幼兒有受到重視的感覺，學會合作，及文化探
索，培養對文化的情感。
適用範圍：感性活動，相關方案教學，家庭活動。

活動說明

　　幼兒在探索民俗文化後，教師和他們分享及討論過去嫁娶的習俗，發
展出一次實際的扮演，選出新郎和新娘，在選新娘時，教師問：「從前的
新娘有沒有抬著頭一直對客人笑？」，幼兒會回答「沒有」，教師請他們
將所看到的影片和書上的新娘描述一番，說完，教師問：「你們認為班上
那位小朋友最害羞，很像新娘？」由幼兒選出第一害羞，第二害羞⋯⋯的
人，如此形成一、二或三對「新人」，大家用紅色布條為新娘妝扮，由新
郎走在前面，其他幼兒一起用雙手、肩部搭建「轎子」，請他（她）坐上
去，全班一次同時可搭兩、三個轎子，平均十人一組。兩、三人手臂搭轎
子，兩邊各有兩、三人做扶手，主角坐上去兩邊的人照顧他（她），前面
二、三人開路，歡呼、叫著這位小朋友的名字，一邊叫，一邊繞圈子，中
間的人要選力量比較大的小朋友擔任，也可以輪流，走一段路，下來換人
當轎子。

討論分享

　　「坐在上面的感覺和平時有什麼不一樣？」「做轎子的人身體的感覺
為何？心裡的心情為何？」「帶路的人又有什麼感覺？」
　　「害羞的小朋友想對他（她）們說什麼話？」教師鼓勵他（她）們用
動作表示感謝：「你要怎麼做表示感謝他（她）們？」

➡延　伸　（陳幼君）

　　由八位小朋友一組拿起被單或大布塊的四角四邊，請他們去邀請平常

害羞或不愛說話的小朋友數位，輪流躺在被單上，合力抬高、放下、左右搖，數次後再輕輕讓他們下來。大家輪流玩。

discussion：說出被抬的感受。

| 活動 **28** | 哈利波特的帽子 |

活動意義：自我情緒探索、情緒的表達。
適用範圍：感性活動。

活動說明

　　幼兒看完哈利波特後決定自編自導一齣戲劇（根據童書改編較易）。教師或選出一位扮演哈利波特，他用帽子施魔法，給演員帶上，就會依照他的口令表演，譬如，說：「你得到一個禮物好高興啊！」小演員就表演高興，再說：「不對，你笑得不夠。」「你的頭怎麼低低的？」等糾正他。哈利波特將帽子拿下來，打開禮物，禮物會變，哈利波特說：「是大便！」小演員要表演不同的表情，此時停止不動，讓大家欣賞一下，老師幫他（她）拍照。教師在旁提示他們要給表演者具體的情節而不能只說：「表演『高興』。」

討論分享

　　「表演者自己有什麼感想？」「身體有什麼感覺？」「小朋友談談心情不同時，表情、身體是不是不同？」「身體、手、腳……要怎麼配合才知道是高興或噁心、生氣？」

➠延　伸

　　可以先請表演者迴避一下，大家商量好什麼動作、姿勢和表情，他（她）回到教室，請他（她）表演，大家修正到接近剛才決議好的樣子。

活動 29 大魚落網

活動意義：自我與他人——相互信任、支持。
適用範圍：感性活動。

活動說明

　　教師口述，大家做魚網捕大魚，幼兒十人一組相對站兩排，兩手交叉用力和對面幼兒相互拉著，做成一個網子。拉手後稍微蹲下一些，一位小朋友背對著他們向後倒在他們的手臂上，教師對他說：「大膽的倒下去。」一個幼兒可以做一次以上，大家輪流傾倒。幼兒可以歡呼「落網了落網了！」並繞兩圈。

討論分享

　　「傾倒下去時有沒有擔心？」「支持的小朋友有什麼感覺？」「第二次嘗試與第一次有什麼不同？」

⇒延　伸

　　幼兒兩人一組，一位背部「緊靠牆」站著，另一位站在他（她）前面，背對著他（她），兩人相距一步即可。教師請站在前面的一位小朋友放心的向後傾倒，並說：「後面的小朋友會扶著你，不要怕！」傾倒時，後面的小朋友用雙手扶著他（她），如此輪流做。

　　註：信任傾倒可以一個在後面支持傾倒者，若不加修改幼兒體力不夠，不適宜，「活動29」傾倒者亦可從遠處跑過去趴上去，恐幼兒手臂受傷，亦請不要試用。

活動 **30**	大猴子和小猴子

活動意義：覺察與觀察力，身體與情緒表現之試探。

適用範圍：感性時間、家庭活動、相關的方案教學。

活動說明

　　教師和幼兒分享對動物園裡猴子的認知感覺，師生創作簡單故事進行扮演猴子的遊戲。教師說：「我是大猴子，我做什麼你們就跟我做什麼。」教師做出各種不同的動作和表情，一面做一面繞著圓圈走，幼兒跟在後面。教師帶領完，邀請志願者出來做動作和表情，或兩人一組相互輪流模仿。

討論分享

　　「你覺得模仿容易，還是自己做容易？」「你喜歡那一種？」「在模仿動作表情時遇到什麼問題？」「從別人模仿當中發現自己些什麼？」（若幼兒聽不懂，則問：「你覺得別人模仿你怎麼樣？」「你覺得那是你自己？」「你笑起來是什麼樣子？」「走路是什麼樣子？」）

➡延　伸

　　兩人一組，輪流模仿做相反的動作，如：「舉右手→舉左手；摸頭→摸腳；跳→趴等。表演內容可以由幼兒決定更換。

活動 **31**	山谷的樂聲

活動意義：自我身體與聲音探索，感受自然及團體的協調。
適用範圍：感性活動時間，相關方案教學。

活動說明

　　教師給幼兒看書畫，圖片介紹山谷中的美景請幼兒閉目想像，教師說山谷中飛來一群野雁，教師發出雁的叫聲，請幼兒跟著叫，教師不斷更換鳥的叫聲，由低到高，如雲雀聲、天鵝聲等。

討論分享

　　「那種聲音最悅耳？爲什麼？」「那種聲音最容易（和最難）模仿？」「喜歡山中的景物嗎？」「身體那一部分在發音時有特別的感覺？是什麼感覺？」「在模仿（或聽到）鳥叫時，想到了什麼？」

➠延伸一

　　最後教師請幼兒自選一種蟲的叫聲如蟬（吱吱吱），分組輪流模仿，教師指揮，請幼兒加入身體動作，忽大忽小配合變化的高低音。

➠延伸二

　　請將想像中的山谷風吹的聲音發出「喔喔」的聲音，由小聲到大聲，身體配合聲音由伏地到跳躍逐漸抬高。

| 活動 **32** | 瞎子摸象 |

活動意義：身體形象，感覺體會部分與整體的關係。
適用範圍：感性活動，分區學習後的認知，家庭活動。

活動說明

　　教師和幼兒分享「瞎子摸象」的故事，決定玩這個遊戲證實一下。請一部分幼兒矇上眼，另一部分幼兒小聲商討要做什麼團體造型，決定後，幼兒團體雕塑，如一座橋或山。教師說：「請瞎子摸摸看是什麼？」可以兩人一組摸，摸完，先不要說出來，等大家都摸完了再說出。」摸完，每組說出他們的答案，可能每人都不同。這一組猜完，和另一組對換，由這一組造型，另一組「摸象」。

討論分享

　　「爲什麼你們猜的都不一樣？」（摸不到完整的全部，或不容易摸到全部）「做團體造型時身體有什麼感覺？（有什麼困難？有什麼擔心？」「你們覺得玩個人造型和團體造型有什麼不同？」（詳細的討論）

➠延　伸

　　猜對的幼兒，和大象一起模仿團體的「雕塑」做造型（猜不對亦可依所猜的做造型）。或以相同主題創造新造型。

活動 **33**　　醉拳大師

活動意義：自我與他人——信任感、支持。
適用範圍：感性活動時間。

活動說明

　　一個人在中間，閉著眼，雙手抱胸，腳並立站直，放鬆後，前後左右搖擺，教師說：「一壺酒醉」就輕搖，兩壺酒醉，三壺酒醉，改變搖擺的速度和弧度，四周有七、八人，雙手伸出，手掌朝中心，兩腳一前一後站著。中間的人倒過來時用手支持他，將他推回去。

討論分享

　　「醉拳倒來倒去身體的感覺為何？心情為何？」「有沒有擔心什麼？」「支持他的人心情怎麼樣？」「你們這樣站著，身體的感覺是什麼？」「這遊戲好玩嗎？為什麼？」「在玩這遊戲的時候你對這些小朋友的感覺和現在有什麼不同嗎？」

➠延　伸

　　「打排球」：幼兒面對面站兩排，扮演球的幼兒在中間，身體向兩邊倒，從一端走到另一端，兩排幼兒做出打球的姿勢。

活動 **34** 愛的傳遞

活動意義：自我情緒——感受愛與支持。
適用範圍：感性活動時間，親子活動。

活動說明

　　師生團體活動如親子活動中大人兩排面對面站著，距離約一尺，幼兒從前面第一對開始，被大人由肩部舉起傳給第二對，如此傳下去到最後一對再輕輕放下，第二位幼兒在第一位幼兒被傳到第三、四對時就可以接下去。大人要注意幼兒身體的舒適。

討論分享

　　幼兒的力量不能足以傳遞同伴，故此一活動適於親子活動。討論時提問幼兒問題「被人傳過去的感覺為何？」「你愛他們嗎？」「你想對他們說什麼？（做什麼？）」

⇒延　伸　（陳幼君）

　　幼兒用彩色布條傳送同伴，兩排幼兒拉住布條，站在前端的幼兒將布條稍微抬高，使幼兒能溜下去，像滑梯一樣。

活動 **35**　你在說我嗎？

活動意義：自我、自我與他人——自我認同，相互接納。
適用範圍：感性活動時間，慶生會。

活動說明

教師請幼兒在心裡想班上的一個小朋友，並想出他（她）的優點，等大家都想好了，隨便那位先發言，說出一個人的優點，不許說出名字來，請大家猜他（她）在說誰。教師在旁協助給以提示或暗示，鼓勵幼兒說出事件來。一個人猜完再猜另一位，未被猜過的下一次再猜。

討論分享

「別人說你的優點有什麼感覺？」「你有沒有想到這位小朋友在稱讚你？」「你以為是誰會稱讚你？」「大家猜中你，你對大家感覺怎樣？」「想不想對提名你的人和大家說什麼？或想對他們表示什麼？」「你（你們）認為班上還有誰和你的優點很像？」

⇒延　伸

在小壽星的慶生會上，教師引導大家猜出誰的優點，誰就是「今日之星」（最後再宣布姓名）。

活動 **36**	肚子的約會

活動意義：自我與他人——與他人建立親近關係，彼此感覺身體。
適用範圍：感性活動、家庭親子活動。

活動說明

　　教師引導幼兒相互躺在彼此的腹部，閉上眼睛休息片刻。

討論分享

　　「躺在別人肚子上感覺怎樣？」「人家躺在你的肚子上感覺怎樣？」「你今天躺在誰的身上（誰躺在你身上）？平常你們有沒有這麼接近？感覺為何？」

➡ 延伸一

　　討論分享過後，鼓勵幼兒爬向中央教師站著的地方，不停地爬就會爬到別人身上，教師要注意不要爬得太高，以免低部的幼兒會承受不住，他們要慢慢相互爬來爬去，教師叫停就可以停住不動，慢慢再爬回來。討論分享彼此接觸的感覺，以及身體的感覺，怎麼樣是舒服，怎麼樣不舒服等。

➡ 延伸二　（翁慈蓮、漢菊德）

　　在不同的材質物品上滾玩，如衣服堆、沙地上、草地、海綿墊等，全組幼兒或全家人一起滾，可以滾到別人身上越過別人的身體，從一端滾到另一端，翻滾時兩手伸向頭部上方握在一起，大人不要壓到小孩，放慢速度等待小孩。玩過再請幼兒分享感覺，包括身體接觸的感覺。

活動 37　　疊羅漢

活動意義：以身體的接觸與他人建立親近關係，探索舒適感是什麼。
適用範圍：感性活動、家庭活動。

活動說明

　　坐成圓圈，從某一位幼兒開始，教師提問題如：「你喜歡打球」，「你假日去過陽明山」，「你喜歡叔叔不喜歡姑姑」，「你家裡養狗」，幼兒回答「對」的向右邊移一個座位，回答：「不對」者保持原來的位子，幼兒向右移時，如果位子上有人，就坐在他（她）的腿上，如此一直玩到全部幼兒都回答「對」坐在同一張椅子上。

討論分享

　　「被人家坐在腿上感覺怎樣？」「喜歡這樣的感覺嗎？」「平時有沒有常常坐在別人身上？」「比較下面的小朋友和坐在較上面的小朋友說說你們的感覺」「坐在爸媽身上和坐在小朋友腿上有沒有不同？為什麼？」「平時有沒有和今天的小朋友這麼靠近？覺得怎樣？」「剛才坐過別人腿上的小朋友和讓別人坐在腿上的小朋友互相說句話好嗎？請說」

➠延　　伸

　　同樣的遊戲可以變更問題情境和遊戲規則，設計「輸」「贏」的規則，使「贏」者集結在同一個位子上，但不要超過五、六人以免幼兒體力不足不能承受。

活動 38　載歌載舞

活動意義：個人與團體的協調、創造力的發展。
適用範圍：感性活動，戲劇等活動的暖身活動。

活動說明

　　教師請幼兒自選一種小樂器，教師敲著鼓在前面帶路，幼兒各自舞動著樂器，隨著鼓聲節奏走。走約兩、三圈，教師叫停，請身邊的幼兒走到中間任意創作一個動作或發出特別的聲音，請大家模仿他（她）做。如此依順序做下去。大家模仿的動作和聲音要一直繼續到下一位進場才停止。

討論分享

　　「領導大家的感覺怎麼樣？」「表演時有沒有什麼困難？」「和老師一起走時，節奏給你什麼感覺？」「你最喜歡做那個動作？那種聲音？為什麼？」「你為什麼會想到做你的動作（聲音）？」「它給你身體上的感覺是什麼？心情又是怎樣的？」

⇒延　伸

　　化妝舞會上配合個人的裝扮，輪流領導大家做些動作和發出聲音。

活動 39　　聽診器

活動意義：自我體認身體聲音與情緒的關係，自我與他人的關係——以身
　　　　　　體接觸建立親近情誼。

適用範圍：感性活動，家庭活動。

活動說明

　　教師用鈴鼓聲帶領小朋友漫步，叫「停」時，和旁邊的小朋友組成一
組，找個安靜的角落躺下來。請兩位幼兒相互躺在彼此身上，從胸部開始
仔細聽心跳的聲音。教師引導使身體聽不到四周環境中的雜音，專心聽身
體上的聲音，聽完胸部再聽腹部。兩位幼兒聽完後相互告訴對方聽到了什
麼。交換同伴，經常做此一活動，直到全班小朋友都交互做過為止。

討論分享

　　「你聽到的聲音有什麼不同？」「腹部是什麼聲音？」「腹部給你的
感覺是什麼？」「胸部是什麼聲音？給你的感覺是什麼？」「聽完了他的
身體，你覺得他在高興，還是不高興？」「你趴在小朋友的身上和被小朋
友伏在身上覺得怎麼樣？」「你和你同伴從前有沒有這麼親近？」「你平
時怎麼會知道自己的心跳？和肚子的聲音？」

　　交換同伴，經常做此一活動，直到全班小朋友都交互做過為止。

➠延　伸　（林娟伶、曾慧蓮）

　　老師放著輕柔的音樂，請小朋友放輕鬆躺在地上，跟著老師「吸氣
……」「吐氣……」，呼吸頻率可以有快慢不同。兩個小朋友一組互相聆
聽對方心的聲音，對方心的聲音是快？是慢？

討論分享

　　呼吸快有什麼感覺？什麼時候會讓你心跳加快？

　　呼吸慢有什麼感覺？什麼時候會讓你心跳速度平穩？

　　你心跳加快時，有什麼方法讓你情緒慢慢回復延長？心跳快、慢與高
興、生氣有什麼關係？

活動 **40**	暫時停止呼吸

活動意義：自我——專注力發展，聽覺開發，體會自然界聲音及其與感
　　　　　　覺、情緒的關係。

適用範圍：感性時間、安靜、休息、等候時間。

活動說明

　　教師播放輕柔音樂，請幼兒靜靜躺著，閉上眼睛，最後將音樂關掉，
教師引導：「好安靜、好安靜，慢慢的你聽到院子裡小鳥的聲音，小蟲子
的聲，風的聲，聲音越來越小，你都聽得見，仔細聽。」數分鐘後（約十
分鐘）教師請大家坐起來談談。

討論分享

　　「剛才聽到什麼聲音？」「你們聽到了這麼多聲音，那種聲音最
小？」「你平常會注意到這些聲音嗎？」「平時最常聽到的是些什麼聲
音？」「這些聲音（各種）給你什麼樣的感覺？聽到車子聲將有什麼感
覺？聽到水的聲音是什麼感覺？」「還有什麼其他特別的感覺？」「最
（不）喜歡那種聲音，爲什麼？」

⇒延伸一

　　另外一位教師可以在旁做出一些聲音，例如水聲，紙張丟在地上，及
其他輕的物品發出的聲音，請幼兒去察覺，最後用一聲鼓聲喚醒他們。請
幼兒作比較。

⇒延伸二

　　把你想到的意境用彩色筆畫下來。

| 活動 **41** | 聞歌起舞 |

活動意義：探索聲音與感覺的關係。

適用範圍：感性活動，音律活動。

活動說明

　　教師播放各類音樂，幼兒隨樂聲走動和自由動作，加上表情，音樂有輕柔、有明快、有雄壯、有哀傷、有各種節奏與特徵，由幼兒體會和詮釋。聲音像什麼就表演什麼。

討論分享

　　各自說明自己的體會——這個音樂給你的感覺是什麼？動作代表什麼？表情代表什麼等。

⇒延伸一

　　配合本土及多元文化，採用各地風味的音樂，如阿拉伯、印度、原住民及中國古樂器如古箏、笛聲等。

⇒延伸二

　　將這些音樂帶來的感受串連成一個故事，再演出。

| 活動 42 | 水珠的旅行 |

活動意義：自我，專注力，開發觸感的敏銳，探索身體與感覺。
適用範圍：感性活動，安靜、休息時間。

活動說明

　　教師請幼兒靜靜地躺著，閉目休息片刻後，教師緩慢地說：「現在老師放了一滴小水滴在你的額頭、水珠慢慢的滾，從額頭滾上了鼻子，滾向左邊的面頰，右邊的面頰，滾向你的小嘴唇，滾到你的脖子上了，滾到你的左肩，滾下來一直滾到你的手臂，慢慢的到你的手心，在你的左手心轉圈圈。水珠又滾回來，（滾到你的右肩……直到右手心）滾到你的胸，水珠在你的胸上畫圈圈，畫了一個大圈、兩個大圈，它又滾到你的小肚肚了，在小肚肚上畫一個大圈，兩個大圈，它滾到左邊的大腿上，向下滾到了小腿，向下滾，滾到左腳上，又回到了小腿，回到了大腿，滾到右邊的大腿上，慢慢滾，滾到了小腿，到了右腳心，轉一個圈，小水珠說：醒來了！」

討論分享

　　水珠流過身體各部位的感覺，有沒有特別的反應，心情如何等。

▶延　伸

　　教師常用實物引導，先用手指在每個人的額頭上點一點水，引導想像。或用柔軟的物品觸動幼兒身體，比較不同的觸感。

活動 43　　時空之約

活動意義：自我觀念、時空感、想像的開拓。
適用範圍：感性活動。

活動說明

　　教師和幼兒討論未來世界的情景，未來世界的人如果遇到我們會怎麼樣？我們怎麼介紹未來人關於我們自己的事，未來人用什麼方法向我們介紹自己。教師請幼兒兩人一組，輪流做未來人，用自己想出來的方式介紹自己。介紹內容要特別，使別人感覺有興趣。

討論分享

　　每組說明為何自己要用這種方式包括動作、表情等介紹，說明介紹的內容有何意義，和不同時空的人交談有什麼感覺。

⇒延伸一

　　畫一張關於自己的畫，無論是未來人或是現代人。

⇒延伸二

　　選一首自己最喜歡的歌，說明為何它能代表自己。

活動 **44**	馬戲班

活動意義：動作、表情的體會和創造力發展。

適用範圍：感性活動。

活動說明

　　幼兒觀賞過戲劇或童書「黑村與白村」後，延伸戲（書）中馬戲表演，教師請幼兒試試耍馬戲給其他小朋友觀賞。教師口述各種把戲，請幼兒想像表演：走鋼索、爬梯子，丟、接重物，躲擊物、中國絕技如頭頂盤子等的動作，小丑的哭和笑、害怕等的表情。

討論分享

　　這些動作分別「對身體有什麼感覺？」「覺得那裡有什麼特別？」「平時最常用那些動作？」「心情怎麼樣？」「小丑心情與表情的特徵是什麼？」

⟫ 延　伸

　　在幼兒要準備演戲前當作熱身活動，事後畫出馬戲班的景象。

活動 **45**	黑白說

活動意義：了解各種相對情緒及其表達。
適用範圍：感性活動，戲劇暖身活動。

活動說明

　　兩位教師一位帶黑面紗，一位帶白面紗（或面紗、頭罩）妝扮成南海棒棒糖劇團演出過的「阿喜」和「阿憂」（參閱《阿喜與阿憂》一書），在幼兒面前打對台，幼兒看過戲劇或看過故事後了解兩個角色的不同。教師請幼兒分兩組，輪流演出「黑」「白」角的動作和表情。如：阿喜說：「我做好事，我很快樂」；阿憂說：「我沒有做好事，我很憂愁……」等。

討論分享

　　「表演好人時心情怎麼樣？」「表演壞人時感覺怎麼樣？」「表演生氣和快樂時，臉上和胸部、身體有什麼不同的感覺？」（仔細分析臉部五官和身上肌肉的感覺，如問幼兒「說說你看到的臉，眉毛、眼睛、鼻子、嘴、有什麼變化？」等。）

⇒延伸一

　　在演戲前以此活動做暖身的預備活動，以熟悉不同的情緒表達。

⇒延伸二

　　鼓勵幼兒將聽來的和表演過的許多相對詞，串連成故事，再演出。

　　教師帶領幼兒做一些肢體活動，用聲音（包括語言）傳達一些與動作不相干或相反的訊息，請幼兒跟著動作做。譬如，教師「蹲」下去時，就說「跳」，幼兒跟著蹲；教師慢走說「跪」，坐下時說「站好」，大笑時說「生氣」。

活動 46　暗藏玄機

活動意義：集中專注力，觀察力。
適用範圍：感性活動。

活動說明

　　大家圍坐教師傳遞一條彩色手帕，請幼兒注意自己的身體動作，什麼動作表示「開始傳」，什麼動作表示「停止」。「開始傳」就傳下去，「停止」就留在手上。教師的動作不要太大，以便幼兒仔細觀察，教師聲明：教師喊「開始傳」，無論手帕在誰手上，就要做對某一個動作而且傳手帕；喊「停止」，也是一樣，看看誰的動作正確做對時，老師說「對」。會做的人，不許說出來。譬如，教師說「開始傳」就用手摸鼻子，將手帕傳下去，手帕再回到教師手上時，教師說「停止」就摸一下大腿，停下來，再傳下去時，再摸一下鼻子，如此幼兒逐漸會發現動作。教師傳下去不久，就可以隨時下令「停止」或「開始傳」，幾圈之後，幼兒做對的就會增加。

討論分享

　　「怎麼知道老師的暗號？為什麼確定？」「發現暗號的感覺是什麼？」「你還沒有發現，心情為何？」

➡ 延伸一

　　請幼兒自己想「暗號」動作，輪流做。

➡ 延伸二　（翁慈蓮）

　　玩「找領袖遊戲」：在團體中找一位幼生當領袖（Ａ），之後在找一位小朋友（Ｂ）來找領袖看是那一位。在選領袖時，Ｂ生要避開，活動開始時Ａ生要暗地裡變化各種動作大家跟著做，但不可使Ｂ生發現，看看Ｂ生是否可以明察秋毫地自己發現領袖在那裡。

活動 **47**　　請猜我在做什麼？

活動意義：創造力、感覺、情緒的開拓。
適用範圍：感性活動。

活動說明

　　幼兒圍坐在一起，教師在中間表演一個動作，譬如假裝他（她）的腳
踩到一堆狗大便，表演出噁心而不知所措的樣子，最後跨過這堆狗屎，請
小朋友猜剛才的表演是什麼？請小朋友前來表演要和老師的不一樣。結束
後教師問下一個由誰來表演謎底，由一位前來表演大家猜，猜中後其他人
表演，如此做下去，看時間和幼兒的興致決定表演多久。內容教師可以提
示一下。譬如，遇到一位卡通裡的美女，一隻瘋狗，一個大山崖，一個大
巨人等。

討論分享

　　「你表演（這些）動作時身體的各部位有什麼感覺？」「心情怎麼
樣？」「小朋友猜對時你感覺怎麼？沒有猜對時的心情怎樣？」「你覺得
表演那一個動作最有趣？」「那個動作比較容易？」

➠延伸一

　　教師鼓勵幼兒將各種不相關的動作串連起來成為一個故事，或畫下
來，或演出來。

➠延伸二

　　當作戲劇前的熱身活動：以實物作想像，做出不同的動作，如椅子、
傘……等，請幼兒（或教師）一一前來表演看他（她）將椅子，傘等當成
什麼，每一樣物品都要表演的越多越好，而各種不相關的物品亦可鼓勵幼
兒連起來使用，如帽子和繩子，衣架等串聯起來表演。大家表演的都不許
相同。表演完大家猜。

➠**延伸三**　（林娟伶、曾慧蓮）

　　請小朋友圍坐在一起，老師先拿一種東西出來，例如舊報紙，請每位小朋友針對這項物品做不同的聯想示範。

　　例：*1.*舊報紙——

　　　　（攤開來像什麼？）→像操場。

　　　　（揉成一團像什麼？）→像石頭、球。

　　　　（捲成棒狀像什麼？）→像球棒、蛇。

　　　　（撕成長條像什麼？）→小鳥翅膀。

　　*2.*每項動作做完後，將不同的動作做聯結（如用球棒打棒球），
　　　　或解決問題，如何渡過結冰的河。

　　*3.*再將報紙和不同材質或不同觸感的東西做聯結，如報紙和布，
　　　　報紙和瓶子，報紙和紙箱。

　　*4.*將這些物品串連成一個故事情節或當做演戲的布景道具演一齣
　　　　簡單的戲劇。

活動 48　　遇見嫦娥

活動意義：身體、感覺探索，時空感，想像力，溝通能力之開發。

適用範圍：感性活動、家庭活動，銜接時間，大團體熱身活動，相關方案。

活動說明

　　教師請幼兒圍坐，閉上眼，說：「現在我們坐在太空船，通過大氣層，到了一個白白亮亮的地方，這是什麼地方？」幼兒會說：「是月亮」教師：「月亮，我們遇到一個好漂亮的女孩子，她穿著古代的衣服，是誰？」幼兒：「嫦娥！」此時教師圍一些彩帶在身上，教師說：「小朋友張開眼睛。」幼兒：「哇！」教師開始說些幼兒不懂的方言，比手劃腳，教師問：「她說什麼？」幼兒：「古代的話。」教師做些動作和幼兒溝通，內容如：「你好漂亮！」「你的衣服借我穿！」「我去你家住好嗎？」「你看一休和尚嗎？」「我迷路了！」「我好餓！」等等。教師表演一、兩個動作後就將彩帶披在某位小朋友身上，如此可以一直換人表演。

討論分享

　　「你喜歡當嫦娥嗎？為什麼？」「你覺得語言不通會怎麼樣？」「你有這樣的經驗嗎？」「你覺得動作和語言有什麼不同？」「你剛才表演遇到什麼困難？表演時感覺怎麼樣？」「別人不知道你是什麼意思，你有什麼心情？」

➠延　伸　（曾慧蓮、林娟伶）

　　將嫦娥延伸為外星人。

　　老師從一段「星際大戰」的音樂，讓幼兒想像從上太空船→升空→途中遇到的景致→降落→登陸。

六～八人一組，一半的小朋友當地球人，一半的人當外星人，外星人要將自己的身體做一點改變（例：頭歪歪的，手指頭只有三指，蹲著走路……）。

外星人和地球人要做溝通，外星人的動作要跟地球人有分別，例如：我要喝水，地球人從嘴巴喝水，外星人可從肚子……依此類推，以上教師要引導幼兒想像，由幼兒想出來。

討論分享

當外星人感覺如何？你喜歡身體做這樣改變？

活動 **49**　身體樂器大會串

活動意義：聲音與情緒、感覺，與他人的合作協調。
適用範圍：感性時間及相關方案如聲音、樂器等。

活動說明

　　教師帶領幼兒探討身體各部位可發出的聲音，教幼兒用手試探發音時的震動，從額頭、鼻、頸部、胸部至腹部，問幼兒聲音有什麼不同？那部位聲音像那種樂器？等等。請幼兒自想出一種樂器，如小提琴、鋼琴、大提琴、風琴、笛子等。而後同樂器的人站在一起，（各組人數不要相差太多）。教師選一首幼兒會唱的兒歌，幼兒用身體不同的位置唱。各組可以交換。教師可以將合唱改爲輪唱，每句由一組唱，或兩組唱一句，或前後錯開唱等等（本活動及其延伸，結合陳偉誠老師之授課及奧福音樂編寫而成）。

討論分享

　　「配合團體唱是否有困難？是什麼？」「這部位發音給你的身體上感覺是什麼？」「你認爲那部位發音最簡單？最好聽？」「你用那裡表達你的高興（或生氣、悲傷）？」「你喜歡一個人唱歌，還是許多人一起唱？」「有什麼不同？」

➠延伸一

　　可於熟悉身體的發音後尋找伙伴兩人一小組，或三人一小組，採用一首簡單的合奏樂，重複的練習，可以請一個人固定的伴奏，其餘的人用不同的身體部位發音漸進式的加進來。

➠延伸二　（陳幼君）

　　可將身體不同部位的發音做節奏性的處理，如口中不斷發出各種聲，漸加入手拍身體或由手部發出的聲音。再加入腳所製造出的聲音。將個體本身所發出的聲音匯集成小樂隊。

活動**50**	造型藝術——卡通博物館

活動意義：感覺張力開發，體認身體形象，合作、協調。
適用範圍：分區學習後日常感性活動，相關方案教學。

活動說明

　　教師在幼兒使用學習區後請幼兒和大家分享見聞，譬如看過的卡通書和影片，請幼兒統整所喜歡的人物如：一休和尚、柯南，及各種小動物、卡通裡的飛機、戰艦、東東房子等。幼兒選擇喜歡的項目做造型，可由兩人以上一組先做身體造型，教師為他們拍照，展示出來。

討論分享

　　「完成作品感覺為何？」「你覺得怎麼樣才完成？」「喜歡自己的姿勢嗎？」「身體感覺為何？」「你最喜歡那個造型？為什麼？」

⟶延　伸

　　所有的方案教學活動，都可將全體身體造型應用進去，如「龍山寺」可能是方案主題，「大樹」亦可能是社區中的設施，都可成為主題做造型。

活動 51	孫悟空十八變

活動意義：探索身體的感覺及變化與他人身體接觸的界限、空間的極限。
適用範圍：感性活動。

活動說明

　　教師和幼兒分享過「孫悟空」的本事後，請幼兒舉出孫悟空變過些什麼？有：一隻蚊蟲在別人的耳朵裡，縮小自己跳進別人的肚子裡，變成鐵扇公主，變成牛魔王等。教師帶幼兒玩遊戲，手拉手圍成圓圈，一位幼兒扮演孫悟空，教師口述：「孫悟空把自己縮得好小好小，他跳進牛魔王的肚子裡了」幼兒鑽進團體的圓圈裡，教師說：「肚子動來動去，好不舒服！孫悟空被肚子擠住，好擠好擠，他鑽來鑽去，他想出來怎麼辦？出不來，東邊鑽鑽，西邊鑽鑽！」幼兒隨教師口述將他圍得緊緊的，教師說：「你們怎樣才讓他出來？」幼兒回答，或提出條件（如：「他要說對不起」「他要學小狗叫！」「他要在地上打滾！」等等。）然後放他出來。

　　教師請其他幼兒選擇另一節故事，或輪流出來演孫悟空，教師以上述方式幫助及參與他們的遊戲。

討論分享

　　「身體縮小的感覺，被擠的感覺，出來的感覺」、「擠住孫悟空的感覺」、「相互妥協的心情」、「喜歡當原來的自己，還是孫悟空？」

➠延伸一

　　自由想像如果自己是孫悟空最想變成什麼？為什麼？扮演一次試試看。

➠延伸二

　　選擇與本活動意義相符的其他情節，如身體變得很龐大──牛魔王，扮演後分享比較與身體縮小的感覺。

活動 **52** 我是電腦人小幫手

活動意義：身體動作與感覺，助人的感覺（其他角色之相關感覺）。
適用範圍：感性活動、家庭活動。

活動說明

幼兒看過關於電腦人的影片或資料，教師和他們討論電腦人可以做的一些事、動作特徵等。教師請幼兒假想自己是電腦人，喜歡做那類的事？幼兒自由選擇和決定後，教師說：「好，我們現在這裡是電腦人學校，開始練習你們的工作。」

幼兒依照自己選擇的角色學電腦人的動作。教師在他們結束後，說：「我家裡和我們班上要選一位小幫手，請你們做給我看：掃地、倒茶、餵娃娃吃奶、替娃娃穿衣、陪娃娃散步、跑步……」幼兒表演完，教師謝謝他們表演，他們回謝。

討論分享

和平時的動作有什麼不同？身體感覺為何？喜歡做電腦人嗎？幫助別人的感覺和心情是什麼？

⇒延　伸

和幼兒討論將以上角色串連起來，編成故事扮演「電腦人的故事」。請幼兒從許多音樂中選擇適合每一節的節奏，曲調做為配音，決定電腦人最基本和典型的音樂。

活動 53　　服飾設計發表會

活動意義：探索色彩與感覺，增進情誼，創造力。
適用範圍：感性活動，慶生會、晚會等活動。

活動說明

　　每位幼兒可選擇一件衣服穿到幼稚園來，兩人一組彼此彩繪，彩繪過後舉辦服飾秀，每個人在中間走一圈並報告「創作者」是誰。

討論分享

　　「為什麼你選擇這個顏色和圖案？」「你對自己的選擇滿意嗎？」「你覺得你的朋友喜歡你畫的圖嗎？」「在別人身上畫圖，感覺怎麼樣？」「別人在你身上畫圖，感覺如何？」

➡延　伸

　　分成數組，帶來自己的舊衣物，在上面設計彩繪大家輪流做：「○○設計師發表會」，討論時說明你的主張，每個人都有機會發表。走台步時，配上音樂，亦請幼兒自己選擇。

| 活動 **54** | 身體彩繪表演 |

活動意義：身體感覺、情緒與色彩的關係。
適用範圍：感性活動，分區時之藝術活動、晚會、慶生會。

活動說明

　　教師教幼兒用身體某一部分如手、腳底、腹部等彩繪，著色時要著滿，不要有邊緣空白，彩繪完輪流上前展示自己的身體。

討論分享

　　「比比誰的彩色最亮？你為什麼選這個彩色？」「彩繪時身體各部位有什麼感覺？」「身體有什麼不同？」「著色時心情愉快嗎？」

➡延伸一

　　畫好請幼兒在紙上拓印，如果做全身可用大張的畫紙，拓印完張貼起來。開畫展，向參觀者（小朋友）介紹自己——參考以上問題介紹。

➡延伸二

　　身體彩繪拓印完，先不要洗掉，教師播放不同的音樂，幼兒展現身體上彩繪的部位舞動、有快、有慢、有高、有低。事後討論不同聲音給自己的情緒和身體舞動時的感覺等。

活動 55　石磨磨糯米（或豆漿）

活動意義：身體感覺、情緒。
適用範圍：感性活動，相關的方案教學，家庭活動。

活動說明

　　幼兒圍成圓圈站著，教師說明：「現在我們是石磨，石磨要磨糯米包湯圓了，我有時是推磨的驢子，有時是馬，有時是機器馬達，我向那個方向推，石磨向那個方向轉；我停，石磨就停；我慢，石磨就慢；我快，石磨就快，好！開始！」教師依說明帶領幼兒時左、時右，時停、時跑、時快、時慢地跑或走。

討論分享

　　「各種動作各有什麼不同的感覺和心情？」「配合別人的動作有沒有困難？」「喜歡石磨嗎？」「身體像石磨的感覺為何？」

➡延　伸

　　請一組幼兒站在中間，當米粒，四周的「磨」開始轉，「米」也跟著旋轉，「磨」停，「米」就黏在一起變成米漿，幼兒倒下去。

活動 56　原住民舞會

活動意義：體會身體、色彩及聲音，接納不同的文化。
適用範圍：感性活動，相關（多元文化）方案教學。

活動說明

　　在幼稚園多元文化探索中提供幼兒各地原住民紡織品、手工藝品，播放音樂，各種慶典活動，歌舞的錄音帶。幼兒和教師分享討論各原住民文化中的異同處，如音色、音調、紡織品圖案等。幼兒自由創作，圖繪各種傳統圖騰、紡織品、教師播放音樂請幼兒自由舞動，向團體介紹自己的動作意義，音樂停止，幼兒學原住民音色自由發出大自然的聲音。

討論分享

　　各種圖案色彩、音調給每個人的感覺，做一個原住民的心情，各人的喜好及其原因。

⮕延　伸

　　做頭帶、腰飾扮演，或做面具及彩繪面部及儘量妝扮自己使人不易認出，再請人猜是誰。

| 活動 **57** | 情緒小販 |

活動意義：經過他人了解自己，增進情誼與對人的關係。
適用範圍：感性活動，家庭活動。

活動說明

教師說：「今天我要開一個市場，我要請人來志願做我的伙計，我有五個攤位：快樂攤、健康攤、聰明攤、勤勞攤、可愛攤。」教師分別詳細介紹每個攤位，詢問幼兒還要不要增加？志願伙計可以輪流做。教師說明玩法：「每位小朋友想想自己最想要什麼？你不可以用錢去買，想一想你要用自己的什麼去換？譬如，用自己的『聰明』去買『快樂』，要向賣的人說清用什麼交換，才答應賣給你。幼兒輪流做伙伴，直到每位都有機會交談為止。」

討論分享

將剛才的交談分享給團體。

➠延　伸

幼兒可以提出個人的困擾問題，教師引導或做價值澄清或在負面情緒上，教其他幼兒以語言和擁抱握手給予肯定支持。

活動 58 　　在月亮上遊戲

活動意義：慢速度的極限和身體感覺。
適用範圍：感性活動，相關方案教學。

活動說明

　　教師放映慢動作的太空人太空漫步和登陸月亮影片後，請幼兒想像在月亮上遊戲，用慢動作模仿打各種球類，如排球、籃球等及其他遊戲，教師播放節奏緩慢的音樂。

　　幼兒的遊戲是團體的，所以動作是幼兒之間的互動，不是單獨的。

討論分享

　　各種動作對身體各部位如手、腿、腰、胸部等感覺為何，動作和音樂給自己的心情是什麼？慢與快動作的感覺和心情有何不同？我們平日是否能和影片上動作那麼慢？什麼情況可以，什麼情況不可以？你看過那些是慢動作的？喜歡嗎？

➠延　伸

　　將慢動作畫成連環圖，表達一個單一的動作。

活動 **59**	海龍王的寶藏

活動意義：感覺、情緒、人際互動。
適用範圍：感性活動，家庭活動，年節、慶生會。

活動說明

　　教師將平日為幼兒個別錄下的音寫上名字，選一位平日不受注意的幼兒的錄音，放在小錄音機裡，將錄音機封在小盒裡，外面加上裝飾，教師扮成美人魚說：「我走到一個亮晶晶的的宮殿裡，裡面什麼人都沒有，只有在中央，發現了這個小盒子。要怎麼辦？」「打開它！」「誰要當美人魚？」「莊○○」「好，莊○○要來打開盒子」，請幼兒打開時，教師按下 play，大家猜誰的聲音，猜完就還給誰。大家都來恭喜他（她）。扮演美人魚的小朋友要負責介紹海龍王的家，將活動更戲劇化些。

討論分享

　　「大家一聽到是薇薇的聲音，感覺為何？」

　　「薇薇妳聽到自己的聲音感覺怎麼樣？」

　　「大家猜中妳的聲音，妳覺得怎麼樣？」

　　「大家說說看薇薇的聲音像什麼？給你們什麼感覺？是溫柔，還是雄壯？還是什麼？」

➠延　伸

　　「寶藏」裡可以其他物品取代聲音，或以小禮物寫上名字送給小壽星。

活動 **60**	交換禮物

活動意義：感覺、情緒、自我觀念及人際互動。
適用範圍：感性活動、慶生會、年節聚會、家庭活動。

活動說明

幼兒兩人一組分享心情，談一談最羨慕對方的是什麼，教師提示，使幼兒的討論不要限定在物質上，譬如，喜歡有好多朋友。

教師請幼兒從家裡帶來心愛的小本子、小畫冊、小手帕，請幼兒選擇喜歡的顏色畫上圖案送給同組的好朋友。繪畫內容要針對先前的分享，對對方的了解，他對於畫者喜歡什麼，羨慕什麼，就畫什麼。

討論分享

「他畫的內容，你覺得能代表你嗎？」「請送禮物的人說明他的作品，你的心情是怎麼樣的？」「你覺得自己是什麼樣的小孩？」

⇒延伸一

畫完後展示出來給別班的小朋友看，兩人一組當解說員，介紹自己和好朋友令人羨慕的地方。

⇒延伸二

舉行贈送儀式，每個人向大家說明自己羨慕別人和別人所羨慕的地方，用自己的方式，試試用動作表現自己的特色，以動作如擁抱、拉手或其他表示感謝。

⇒延伸三

兩人以上或不分組相互交換彼此羨慕的特質「禮物」，不限定畫圖，請幼兒自己想設計用什麼代表「禮物」。教師注意不要有幼兒被冷落。

活動 **61**	心情的季節

活動意義：探索情緒，對人表達關懷，發現自然環境對情緒感覺的影響。
適用範圍：感性時間，分區學習之延伸活動，相關方案教學活動。

活動說明

　　教師在幼兒對季節的探索之後，問幼兒「你們覺得春天可以代表你那種心情？（夏天、秋天、冬天）」幼兒回答後，再問：「你現在的心情像那一季或那種天氣？」教師請幼兒按心情分組分別集中在四個角落，教師請他們先討論要怎麼用季節或天氣表現他們的心情。討論前教師對四組分別提示：請幼兒回想四季分別有那些特徵。四組輪流表演。請心情像春天、夏天的幼兒向心情像冬天或秋天的幼兒用動作表示慰問，如摸摸臉、摸摸頭、擁抱等或唱首歌使他們開懷。

討論分享

　　「為什麼你的心情像冬天或雨天？」……

⮕延伸一

　　請幼兒將幼兒目前心中的四季景物用「現在的」心情彩繪下來。換言之，冬季並不會是灰暗的。

⮕延伸二

　　將幼兒說過的天氣或四季的比喻組合成童詩，並選擇不同的比喻扮演童詩裡的角色。

| 活動 **62** | 月亮知道我的心 |

活動意義：情緒探索、建立對自然的情感與對人的關心，培育詩的美感。
適用範圍：感性時間、學習區之延伸，相關方案教學。

活動說明

　　教師和幼兒探討過自然現象如太陽、月亮、星星、雲彩之後，請幼兒說說它們使自己想到什麼，再靜躺休息片刻；教師問：「如果你有心事，要對太陽公公說，還是對月亮、星星說？現在分別對它們說說你的心事。最近有什麼傷心的事和快樂的事？」數分鐘後坐起來分享，對於心情不好的幼兒，請大家給以動作給以安慰如「坐搖籃」（見「活動 26」）。

討論分享

　　「你為什麼要對太陽／月亮／星星／雲彩說？」「它給你什麼感覺？你覺得它讓你感覺溫暖、熱情、關心，還是冷冷的？」「你的心情可不可以用太陽／月亮／星星、雲彩比喻？」「你要對它說句什麼話？」等。

➠延伸一

　　將分享的「比喻」和「感覺」及對它說過的心事組合成一句句的話。

➠延伸二

　　部分幼兒自由選擇太陽、月亮、星星，將身體妝扮起來行走在他們之間，彎下身來找一位來裝扮的小朋友將他拉起來，或由未裝扮的小朋友自由前來選太陽、月亮或星星，一起漫步到角落裡，未妝扮的幼兒將「心事」說給他（她）聽。

➠延伸三

　　自由彩繪太陽／月亮／星星，或三種都畫，提示幼兒不要像平常那種畫法，將你剛才對它說過的話畫下來。畫完開發表會。

活動 63　　　冬天裡的太陽

活動意義：情緒表達，建立與自然的感情。
適用範圍：感性活動，相關方案教學。

活動說明

　　教師教幼兒根據季節分組或太陽／月亮／星星分組後，各組代表一種心情，選擇一個學習區代表其領域。教師輪流走近每一區，口述一個「事件」或短故事，如：「我收到一個好美的洋娃娃禮物」，走到「春天」組，幼兒要用動作表示「高興」、「歡迎」；走到「冬天」組，幼兒要用動作和聲音表示「不對」、「請走開」，教師同類事件可以走兩圈，幼兒可做相反的反應，如「冬天」，可表示「驚訝」、「狂喜」，教師要準備四種不同「事件」代表不同的心情。

討論分享

　　「平時有沒有轉變心情的經驗？」「平時有可能轉變得這麼快嗎？你在很生氣時，會不會立刻就很快樂？」「告訴我們，那類事情會使你心情轉變得很快？」「你在生氣時願意別人使你快樂嗎？」「你對幫助你的人有什麼感覺？」「生氣和快樂、不快樂等情緒會停留多久？」

➠延　伸

　　你在生氣時想唱什麼歌？快樂時想唱什麼歌……將每個人的歌都介紹給大家，用情緒加以分類，說明為什麼這個歌使你覺得快樂（生氣）……等。

活動 **64**	假如我們沒有太陽

活動意義：人際關係——彼此溝通與關心，深度情誼的建立。

適用範圍：感性活動、相關方案、家庭活動。

活動說明

　　幼兒知道「后羿射下九個太陽」的故事，教師和幼兒討論只有一個太陽的好處，再請幼兒想像，后羿不小心，射下最後一個太陽會怎麼樣？教師將燈關掉或請幼兒閉上眼睛，教師用鈴鼓請幼兒漫步走，停下來，用雙手探尋旁邊的小朋友，猜他（她）是誰。教師問：「現在除了說話，你要怎麼和別人打招呼？怎麼表示對不起、謝謝你？」還有，沒有太陽世界變得很冷，教師問：「天好冷，你們怎麼樣才能使彼此溫暖？」一項項請幼兒表演出來，教師拍照。

討論分享

　　「看不見人又想讓別人了解你，你感覺為何？」「對殘障者的感覺為何？」「給彼此溫暖，你的心情怎樣？」「剛才沒有太陽和平時有太陽時對你有什麼不同感覺？」

➠延　伸

　　教師提供幼兒相關的童書故事，和幼兒討論改編成一齣簡單的戲劇，請幼兒矇著眼演出戲劇，重點把握在人與人身體的互動上。

活動 65　永遠的冬天

活動意義：身體變化帶來的感覺與情緒，關心幫助別人，體會自然。
適用範圍：感性活動及相關方案教學。

活動說明

　　沒有太陽的世界有些什麼景象，教師和幼兒繼續討論。沒有太陽，不但沒有白天而且永遠是冬天，教師用鈴鼓請幼兒漫步走，用口述方式請幼兒做動作：「我是一個北極人，我被凍成冰柱了，冰柱人要走路……冰柱人要想和別人打招呼，冰柱人想拿杯子喝茶……」教師每說一句就提醒幼兒「他（她）什麼都看不見」。最後說：「后羿把太陽放回去！冰柱人都化了！」

討論分享

　　「成為冰凍人身體和心裡有什麼感覺？」「在做各種動作時有什麼感覺？」「解凍後有什麼感覺？」「如果永遠是冬天，你最擔心的一件事是什麼？」

➠**延伸一**

　　教師說：「你們好冷好冷縮成一團，每個人都像冰球，好硬，縮得好緊」「解凍天使幫助你們鬆開」，教師首先鬆開一兩位以後說：「解凍小天使來了！」請他們和他一起將縮在一起的小朋友鬆開。

➠**延伸二**

　　亦可讓他們兩、三個人冰在一起，教師鬆開一組後，請他們一起幫忙鬆開別人。

➠**延伸三**

　　教師一會兒把幼兒比做冰棒，一會兒比做烤熱狗，請幼兒比較身體的

感覺。

⯈延伸四

　　教師口述他（她）看到一座大冰山，請幼兒身體搭建成山，靜止不動，「太陽出來了，冰山一點一點地化掉」，「化掉後變成水，流在地上了」請幼兒由緊密的冰山分解開，「散」在地上，身體四肢要儘量「散」開。

活動 66　水仙花神

活動意義：身體感覺情緒（包括憐惜、同情）探索。
適用範圍：感性活動，相關方案（如「花」）教學。

活動說明

　　教師提供希臘神話的故事書，幼兒在閱讀完後分享故事內容，分享完，請幼兒站起來，教師一面吹笛子，一面口述請幼兒隨著動作：「美少男在森林裡放羊快樂的跳舞、奔走，他在學小羊奔跑，（吹奏）他又和風跳舞（吹奏），忽然他來到了一條小河邊，他低下頭（吹奏，停頓）看到自己好美！好俊！（吹奏）他不理會自己的羊，他看了好久，想起了他的羊，但是他的腳已經長了根不能動了（吹奏），他用力抬腳，也抬不起來，用力，再用力，抬不起來，慢慢地，一條腿不能動了，另一條腿也不能動了！只有上身還可以動！慢慢的，他的身子不能動了，只有頭和手可以動，他用力、再用力都不能動，怎麼兩隻手也不能動了，只有頭還看著河水，最後，頭也不能動了！」「真可憐（吹奏）！」「現在颱風了，看能不能吹動它？」「啊！他變成水仙花了！風來了他會搖擺，但是他走不動了！」教師吹奏數遍，請幼兒隨著搖擺。最後說：「變回來了！」結束活動。

討論分享

　　「在風裡、樹林裡自由奔跑的感覺和心情為何？」「一直低著頭有什麼感覺？」「身體（各部位逐漸改變）感覺和心情是什麼？」「最後變成不能走動的花有何感覺和心情？」「土裡的腳有什麼感覺？」「吹奏的聲音給你什麼感覺和心情？」「對這位變成花的美少年有什麼感覺？」

➠延　伸

　　幼兒可以改編故事自行演出，譬如延長至他的家人來看它，想要和家人說話，教師留意保持活動原有的意義和功能。

活動 67　　未來世界(一)

活動意義：身體感覺、空間界限對自我界限的影響，培養信任感與容忍及
　　　　　　喚起對未來的憂患。

適用範圍：感性時間，相關方案教學。

活動說明

　　教師和幼兒分享閱讀或新聞，參觀之所見所聞，請幼兒想像未來的景
況，假設地球都已被占滿了，我們要如何行走和呼吸，人與人的生活空間
縮小了，我們要怎麼睡覺？教師根據幼兒回答內容，設計活動的動作，譬
如，人要疊在一起睡覺，或站著睡覺，或輪流站著睡，教師請兩、三位圍
在一起支持另一位倒在他們身上睡覺等。

討論分享

　　「對未來生活形式有什麼感覺？」「擠壓的感覺為何？」「倒在別人
身上睡覺會不會擔心什麼？」「支持別人的人有什麼感覺？」分享生活中
那些情境是擁擠的，（如公車、電梯等）感覺為何？心情為何？

⇒延伸一

　　畫一張未來生活的畫，教師提示幼兒「你喜歡嗎？你快樂嗎？」使幼
兒表現出他（她）的情緒並加上一些活動中所沒有的。

⇒延伸二

　　從卡帶中選出一種帶有未來感並符合此種心境的音樂，由幼兒選擇播
放，自由舞動。

活動 68　未來世界(二)

活動意義：身體感覺，情緒探索，體認大自然，培養憂患意識。
適用範圍：分區活動後之感性活動，相關方案教學。

活動說明

　　教師在幼兒看過未來世界的錄影帶或書籍後，討論分享環境被人破壞後，人會有什麼遭遇，根據討論的結論做肢體活動，譬如，花草樹木快沒有了，蝴蝶沒有地方產卵了，它知道小朋友很愛它，要到小明的頭髮上、手臂上產卵，幼兒自由做出身體上有蟲卵的反應及卵變成毛毛蟲，身上的反應。教師要使身體變化豐富，可口述：「現在在頭上只有一隻，現在爬到手上了，上身了……現在全身都有，好多隻！」最後教師說：「毛毛蟲變成蝴蝶飛走了！」

討論分享

　　「身體被占據的感覺是什麼？」「毛毛蟲爬到各部位的不同感覺是什麼？（如手心、腳心、背部……等）」「喜歡毛毛蟲嗎？」「對毛毛蟲的（各種）感覺是什麼？」「你要怎麼對待牠們？」「在未來世界裡，你還擔心什麼事？」

➠延　伸

　　根據自己的感覺對毛毛蟲說一句話，對蝴蝶說一句話。可編劇演戲，及將以上感受組合成詩句。

活動 69　未來世界⊜

活動意義：身體感覺：情緒探索助人及對環境危機喚起意識。
適用範圍：感性活動，相關方案教學。

活動說明

　　幼兒閱讀或觀賞有關未來世界的錄影帶後和教師一起討論分享，譬如水、食物不足我們該如何節省和分享，並引導幼兒提出許多解決問題的方法。物資缺乏會對人有什麼樣的影響？請幼兒先想像飢餓的情形，用身體表現出來。再想像有人乞討的景象：幼兒分成兩組，一組是乞討者，一組被乞求的人，乞討者要用語言和肢體想盡辦法乞求，看看被乞求者的反應。乞求者成功後要如何表達感謝，並和被乞求者做身體上的接觸，教師鼓勵他表達極度的感激。

討論分享

　　「向人乞求的感覺，被人一再乞求的感覺是什麼？」「非常感激時身體和情緒與平常有什麼不一樣？有什麼特別之處？」「你們覺得表達得是否滿意？」（請他們自己或相互修正）「被乞求者付出的感覺是什麼？」「乞求者被拒絕的感覺是什麼？」對幫助別人的心路，做深入的探索：「為什麼決定付出？」對未來世界這種景象的感覺做深入探討：「有那些感覺？」

⟶延　伸

　　幼兒找一個故事，計畫演出戲劇，這時相關之配樂和彩繪活動全部融入活動中並做深入探討。

活動 **70**	未來世界㈣

活動意義：身體感覺、情誼、與他人的關係，想像力及憂患意識的喚起。
適用範圍：（分區討論後）感性時間，相關方案教學。

活動說明

　　教師引導幼兒想像未來世界中人和動物可能會有什麼變化，譬如，住在高山上的人會長出很高很大的鼻子，因為空氣比現在更稀薄了，住在大都市裡的人天天用腦，頭變成很大的電腦形狀，因為不方便吃飯，身體變得小，因為天天坐車，腿變得好細好小沒有力量，雙手比雙腿還長……等等。教師請幼兒想像未來人怎麼走路，怎麼蹲下來撿東西，怎麼用身體表示「謝謝您」、「我生氣」、「我很快樂」「我想念你」，教師參與表演有帶動作用。

討論分享

　　「剛才那個動作最難？」「它給你的感覺是什麼？」「你喜歡做這樣的人嗎？為什麼？」「你覺得未來人缺少的是什麼？」

➠延伸一

　　教師問幼兒，如果每個未來人可以選擇自己的形狀，你喜歡變得像什麼？（找一樣物品作比喻）身體像這樣東西會給你什麼感覺，如笨的、輕飄飄的……等。

➠延伸二

　　探討未來人彼此之間要怎麼做才能使生活得心應手，感覺舒適愉快，以動作扮演示範。

➠延伸三

　　將上延伸畫下來，畫出自己和別人的，想像未來人的型態及其互動。

活動 **71** 　天氣預報

活動意義：與他人身體接觸的感覺，平衡感、相互信任感、對大自然的感
　　　　　受。

適用範圍：（分區學習討論後）感性時間，相關方案教學。

活動說明

　　教師在中間做氣象預報員，幼兒圍成圓圈靠近站著，手互相搭肩。教
師說：「你們是一排樹林，我現在報導要颳颱風了，呼——呼——風來
了，向左吹，向右吹，左、右、左右、越來越快，吹倒了！」教師要使速
度加快，減慢，數次後再讓他們「吹倒」。

討論分享

　　「倒在人家身上時是什麼感覺和心情？（有沒有擔心或害怕）」「被
壓的感覺是什麼？」「怎麼樣才不會使自己和別人跌倒？」「風速加快
（減慢）有什麼感覺？」「壓在別人身上有什麼感覺和心情？」

⇒延伸一

　　將颱風換為龍捲風，用身體比做龍捲風吹捲的樣子，身體被捲的、被
吸過去的樣子，以及一群人被吹在一起向上捲動的樣子。然後教師說：
「風停了」，使一群人忽然散開倒地，討論分享各階段動作所帶來的身體
感覺與心情。

⇒延伸二

　　用音樂帶動，不用口述，教師只需提示「這像什麼風？」如：「微
風」——力量小，速度慢，及「輕度颱風」、「中度颱風」及「強度颱
風」等，分辨身體不同的感受。

⟶延伸三

以春秋郊外參觀時見到風吹長草、樹林、稻、麥田的景象發展上述活動。

⟶延伸四　（曾慧蓮、林娟伶）

請小朋友坐著臉朝向前面小朋友的背一個抱著一個間隔一個座位輕輕的往前倒或往後傾倒。

⟶延伸五　（曾慧蓮、林娟伶）

請小朋友先二人一組肩靠著肩像海浪一樣高低起伏，左右搖擺，再擴大至四人、六人、八人一組的大海浪高低起伏，海浪不可被沖散，也不可跌倒。

討論：二人一組的海浪怎樣才能使海浪順利起伏、移動，四人一組，至八人一組的海浪感受又有什麼不同呢？

活動 *72*　　過 河

活動意義：身體接觸的感受，對他人的信任感、關心。
適用範圍：感性活動時間、相關方案教學、家庭活動。

活動說明

　　教師和幼兒分享大雨中動物逃難的故事，請幼兒兩人一組，一位熊媽媽、熊貝貝，還有其他的動物任幼兒自選，均為親子檔。教師請幼兒說說有那些過河的方法，根據他們的意見，教師敘述：「……他們來到一小河邊，哇！過不去了，小河變成大河！媽媽要背貝貝過去才行。不同的動物媽媽用不同的方法帶小貝貝過河，現在開始了……好棒，都過了。」教師可請他（她）們對換角色再做一次。

討論分享

　　「背（或抱）人家的感覺和心情是什麼？」「背對背，背的感覺和心情是什麼？（有沒有擔心或害怕？）」「趴在別人背上的感覺是什麼？（有沒有擔心或害怕？）」「走在水裡時媽媽的和貝貝的感覺分別是什麼？」「成功的過河感覺或心情為何？」

➠延　伸

　　教師請各組「親子檔」小動物，交換動物類別，使每組都經驗其他方式的接觸，討論時分享感覺，看看是否與其他組不同，信任感如何。

| 活動 **73** | 小獅王選拔賽 |

活動意義：體會身體感覺與情緒，成功的感覺，失敗的感覺，接納自己與
他人，尊重他人身體。

適用範圍：（分區後討論）感性時間，相關方案教學。

活動說明

　　教師在幼兒看完「小獅王」的故事後，討論小獅王選拔賽。首先請幼
兒分兩組，一組是森林裡的樹和大石頭，不規則的站在教室各處相距不要
太寬。另一組是小獅王們。討論規則為，由一端跑到另一端，不許碰觸到
路上的樹和石頭，碰到的就落選，速度最快的就是獅王。大家選出計時的
裁判，決定用什麼方式計時，為小獅王一起數數一、二、三、四、五、
……等，或用小響板敲。兩組互換再玩一遍。

討論分享

　　「大家談談你們如何做到不碰觸別人的身體？」「在跑的路上你們各
有什麼感覺和心情？」「誰很在意一定要做獅王？」「沒有當獅王有什麼
感覺？」「碰到別人時心情是怎樣的？」「被碰到的人感覺和心情為
何？」

➠延伸一

　　為小獅王舉行加冕典禮，幼兒自選加冕用的樂曲，請他用語言發表感
想，用動作表示感謝大家支持。大家分享感覺，如果小獅王是平日害羞的
孩子，請幼兒將他（她）圍起來，繞行歡呼（或用其他方式，由幼兒討
論，以不碰觸他為原則）。

➠延伸二

　　彩繪整個過程，全班一起做，張貼起來請其他小朋友來參觀或觀禮。

活動 **74**	落雨的交響曲

活動意義：探索聲音與感覺、情緒、體會合作、欣賞大自然之美。
適用範圍：季節性之感性活動，相關方案

活動說明

在雨季裡教師請幼兒仔細聽雨，說說聽到了幾種聲音，教師可在室外放些不同質的如木質或金屬容器，使之隨著雨勢大小發出不同的聲音。請幼兒用自己簡單的小樂器如三角鐵、木魚等與雨聲和音，節奏隨雨速調整，教師若配以簡單的笛聲會更優美。合奏前，教師請幼兒想想這個和音像什麼景物。

討論分享

「這（快）一段使你想到什麼？」「後（慢）半段使你覺得像在那裡，做什麼？」「你的心情如何？」「討厭（喜歡）下雨天嗎？為什麼？」

➠延　伸

將諸如以上的天然音樂如蟲聲、蛙鳴聲等錄音下來，播放出來先請幼兒分享經驗或請幼兒畫下心中想到的景物和大家分享內容和感受。

| 活動 **75** | 我們來演戲 |

活動意義：自我觀念。
適用範圍：戲劇、角色扮演類的感性活動，相關方案。

活動說明

　　教師和幼兒分享討論「王子與椅子」戲劇觀後感，若幼兒想再演一次，就請他們自選王子等各種角色，在選擇之前先請有興趣的幼兒發表為什麼自己適合演某個角色，再由幼兒選舉，如小狗的忠實、王子的聰明、勤勞、會改過的美德、商店老闆的善心、助人、市場等人的才能等。並各自用一種動作代表其特徵，幼兒可依照自己與戲中角色的差別改變故事，在團體或小組中相互討論，將中心議題放在幼兒自陳的個人特性上。分配好角色後扮演。

討論分享

　　以上已充分討論。

➠延　伸

　　扮演完以後檢討，由觀眾發表每個角色演出的情形，觀眾站出來表演，加以補充或修正。一部分觀眾充當小記者，訪問演員：

　　「你（妳）覺得今天演得滿不滿意？」

　　「你為什麼選擇這個角色？」

　　「你覺得觀眾表演的對不對？為什麼？」

　　「你演的角色像不像平常的你？那裡像？那裡不像？」

活動 **76**	聲音的小偵探

活動意義：探索感覺、與大自然的聲音的關係、各種感覺之間的聯結。
適用範圍：音樂律動的感性活動，相關的音樂。

活動說明

　　教師播放不同的音樂，有輕柔、緩慢的、有急速、強烈的，每播一段停下來問幼兒「這音樂使你想到自然界（幼稚園或公園裡）的那一樣東西？」教師可以舉例，如蜜蜂，青蛙，再請幼兒列舉並說出「感覺」來，如聲音很細、很粗、很尖（高）等。

　　討論結束後，教師請幼兒到庭園裡找出剛才自己想到的自然物，並親自試探感覺，回教室討論自己的想像與實際感覺是否有差別。

討論分享

　　以上已充分討論。

➠延伸一

　　在戶外或庭院請幼兒用手或身體觸摸樹木、花、草、石頭等感受每樣生物、礦物所帶給他的觸感或是柔軟或堅硬、沈重或輕盈等，帶回標本，在各種錄音帶或幼兒樂器的發音中找出與觸感相近的聲音，再用動作表現出來。

➠延伸二

　　教師展示各種彩色的佳作或名作，拿走以後請幼兒自由玩顏色，創作自己的畫。教師播放各類音樂，（包括自然音樂），請幼兒找出與自己的畫感覺相近的聲音，隨著樂聲，用動作表現自己的感覺。

活動 **77**	海獅國

活動意義：身體感覺，情緒溝通。
適用範圍：感性活動，相關方案。

活動說明

幼兒看過關於海獅的書或錄影帶後討論海獅的生活情形和動作。教師請幼兒扮演海獅走路的樣子，如果要表達「謝謝」、「對不起」、「我餓了」……等應該怎麼做。

討論分享

「只用腹部走動，有什麼感覺和心情如何？」「在深水裡不出來有什麼感覺？」「你覺得一隻海獅幸福嗎？爲什麼？」「你愛海獅嗎？」「你在平時什麼情況有這樣的感覺和心情？」

⇒延伸一

以海獅編個故事扮演。

⇒延伸二

將海獅改爲企鵝，以相同方式進行，討論兩者的差別。

| 活動 **78** | 班級圖騰 |

活動意義：身體感覺，情緒／由感覺體認自然，愛護自然。

適用範圍：感性活動、分區學習，團體合作，協調，相關方案。

活動說明

各班討論自己班名，如斑馬班、海豚斑、大象班，及其他以植物命名的班級，教師用鈴鼓領導，請每位幼兒用身體表現班級圖騰物的動作特徵，最後全班幼兒集體造型，做出一個班級圖騰物的樣子。

討論分享

「說說看身體上的感覺是什麼？」「如果你是○○，你的心情會是怎樣的？爲什麼？」「你愛○○嗎？」「平時什麼情形會有類似的感覺和心情？」

⯈延伸一

製作圖騰個別的及團體畫、陶塑班級圖騰懸掛起來、製作大型可樹立的原始圖騰，用布畫班旗──設計班徽。

⯈延伸二

爲班名選一首代表曲。

活動 **79**	魔 笛

活動意義：身體感覺，情緒（感覺身體極度伸展和縮小），體認自然，自然建立深厚的感情。

適用範圍：分區學習後及日常感性活動，相關方案教學，家庭活動。

活動說明

春天幼兒探索園中植物、昆蟲的生長後，教師首先與幼兒分享討論生物「生長的順序」，之後，教師請幼兒選擇各種不同的生物，如種子發芽、杜鵑花、毛毛蟲變蝴蝶……冬眠的動物等，教師並說：「你們聽到了魔笛就會長大、長高！」笛子，笛聲由最小聲的低音開始，逐漸改變音質和旋律，最後吹出音量很大或旋律很快的曲調，幼兒的身體隨曲調逐漸改變，最後四肢極力展開，跳躍起來，教師帶領幼兒一起歡呼！

討論分享

「你為何要選擇這種動物（植物／昆蟲等）？」「為什麼笛聲小時你要縮著身體，笛聲高亢時你要伸展身體？」「最後大聲叫出來有什麼感覺？」「縮著身體的感覺是什麼？」「身體展開的感覺是什麼？」「你喜歡自己選擇的○○嗎？為什麼？」「最近有什麼事代表你現在的心情？」

➠延伸一

教師在最後的跳躍後，急驟改變曲調，代表生物的衰死，讓幼兒體會生命的完整歷程及身體急速的變化。

➠延伸二

與本活動意義相同的活動，可延伸至家中各種電器，如洗衣機、果汁機、冷氣、除濕機的聲音、速度，以及常見動物如馬、兔的奔走速度的探索。聲音、速度和動作使身體與空間產生什麼變化，譬如身體極度的縮小和伸展、躍入空中的平常極限和可能性給身體的感覺和情緒的影響。

| 活動 80 | 心 的 圖 騰 |

活動意義：情緒探索，透過對動物的聯想，建立與自然的情感。
適用範圍：感性活動，相關方案教學。

活動說明

　　幼兒在探訪過動物園或看過動物影片、書籍之後，請他們學學各種動物走路的樣子。休息片段，教師請幼兒閉上眼睛想想此時是什麼心情：愉快，一點點不開心，還是有什麼事讓你難過，教師提示後數分鐘，請幼兒坐好，說：「剛才你們的心情是怎樣的？請用一種動物的姿勢、動作向大家說明，如，像大象走路？像兔子跳？像猴子跳、叫？還是像河馬趴著不動？……」教師請幼兒對心情不好的同伴以各種動物的動作給予安慰，如用頭部、背部等撫摸對方的身體。

討論分享

　　「為什麼心情○○時會像○○？」「小朋友撫摸（或擁抱）你時，你的感覺是什麼？」「你想對安慰你的人說什麼？」「你看到動物的表情嗎？」「你愛這個動物嗎？為什麼？」「你愛小朋友嗎？」

➠延　伸

　　將動物心情畫下來。教師為幼兒選一首歌，請大家一面靜聽一面畫。

活動 81　　　來自動物的祝福

活動意義：身體的感覺及情緒，對朋友的愛，對自然的愛。
適用範圍：過年及生日感性活動，相關方案教學。

活動說明

　　過年或慶生的時候，教師請各位說出自己生肖相同的幼兒坐在一起，討論用該動物的動作特徵和聲音表演祝福其他小朋友，而其他小朋友也以相同的方式扮演答謝這一組的小朋友。

討論分享

　　「你認為這種動物的動作和聲音能使你了解他的意思嗎？為什麼？」「請你們彼此提出修改的意見。」「喜歡你的生肖動物嗎？」「你在扮演這種動作時給你身體什麼感覺？」「祝福、被祝福的心情是什麼？」

⏩延伸一

　　將相互祝福的景象畫下來。

⏩延伸二

　　舉辦以生肖為主的化妝舞會。

活動 82　　選美大會／武士擂台……等

活動意義：身體感覺、情緒、接納、尊重不同文化。
適用範圍：分區後感性活動，相關方案，戲劇。

活動說明

　　幼兒在分享過多元文化的資源之後，教師和他們討論選一個項目扮演，如各國的戰士、美女、領袖等。如果選擇美女，由幼兒自由選擇不同文化背景的女孩，一一出場表演她們的動作和表情、說話的樣子等。表演前要充分討論各文化的生活背景，女孩常做那些事，使表演更加豐富。每位表演結束，聽教師口令：「不要動」，做靜止動作，教師拍照。

討論分享

　　「（各國）○○國的女孩給你的感覺是什麼？」「你在表演時有沒有困難？」「身上那個部位有特別的感覺？」「你為什麼會選擇這個國家？」

⋙延伸一

　　教師可請幼兒正式扮演：製作服裝、彩繪衣服及臉、手臂，加上各地的音樂。問候語、打招呼……等動作。

⋙延伸二

　　活動可再向下延伸至計畫及舉行頒獎活動，探討各文化的禮俗、儀式。展示幼兒的舞台照片。

活動 83　　人魚公主

活動意義：身體溝通的技巧，表達對人的愛與善意。
適用範圍：感性活動，相關方案教學。

活動說明

　　幼兒與教師分享童話故事「人魚公主」後，教師問：「人魚公主為什麼不告訴王子她愛他，她救過他呢？」請幼兒想辦法，人魚公主不會說話如何表達這些意思？幼兒一一前來，或一位扮演王子，一位扮演人魚公主看王子是否看懂公主的意思。表演後討論誰表演的最清楚。

討論分享

　　「不許說話的感覺是什麼？」「王子不了解妳的意思，妳有什麼感覺？」「其他小朋友對人魚公主有什麼感覺？」「王子有什麼感覺？人魚公主有什麼心情？」「請王子對人魚公主說句話，其他小朋友也對她們說幾句話或做個動作表達你內心對人魚公主的心情。」

➠延　伸

　　可改編故事的結局和內容，由幼兒自己決定，然後演出。

| 活動 **84** | 我是花王、花后 |

活動意義：自我與自然的結合。
適用範圍：慶生活動，相關方案教學。

活動說明

　　幼兒對各季做探索，或閱讀，或做自然環境探索，教師和幼兒分享探索內容，找出每個月盛開的花，如冬季的梅、三月的杜鵑、九月的菊花……等。再問幼兒的生日分別在那幾個月，就以該月的花當作小壽星的花。教師請幼兒慶生時以花做主題計畫活動，譬如，教室做某種花的布置，做花冠、小花車（以紙箱彩繪、裝飾）遊行、花的樂曲及肢體動作、相關故事戲劇、童詩創作……等。

　　教師口述植物生長的過程，幼兒由臥伏的姿勢逐漸伸展，最後長成一棵樹，集體做樹的造型。教師可改變口述內容，如：花開得很密，集結在一起了，或風來了，花吹落滿地，或說，花的根一直蔓延，請幼兒伏臥在地上，由兩位手拉手，兩腳張開，教師說：「不停的蔓延，又多了一根」，另一位小朋友臥下，手、腳儘量張開相連，如此，直到整個地板都占滿，每位幼兒的手、腳都相連，成網狀。請幼兒做根部深呼吸。

討論分享

　　各種姿勢的身體（各部位）感覺和情緒，對花有什麼感覺？是否喜愛？和別人糾在一起時心理有沒有什麼擔心？如果世界沒有這種花你覺得如何？想像你在土裡有什麼感覺？喜歡泥土嗎？

➠延　伸

　　對各種花氣味的比較探討，顏色的探討，請幼兒創作和想像，（方案教學中認知部分不在此說明）做出圖案造型，小壽星將自己比做花，有那方面相像，比喻成詩張貼在教室裡。

| 活動 **85** | 找爸爸、媽媽 |

活動意義：親子情感的培養。

適用範圍：爸爸日、母親節及平日活動。

活動說明

　　教師利用園裡的設備大型白布幕（或皮影布幕）做親子同樂活動。幼兒先矇眼睛或關上燈，父母親在幕後魚貫演出各種姿勢和叫聲，請幼兒猜那位是自己的父母。猜中的走向幕前和自己的兒女抱抱親親。幼兒並向小朋友介紹自己的爸爸媽媽，對父母說一句話（別人猜中也要表示感謝）。

討論分享

　　「喜歡爸爸、媽媽的聲音身影嗎？」「比喻看看爸媽的聲音（及動作）像什麼？」「你覺得爸媽那方面最可愛？」「你在那方面像爸、媽？喜歡嗎？」（教師請幼兒進一步敘述相貌、聲音、動作之外的相像處。）

➠延伸一 （陳幼君）

　　教師利用家長來園時間將聲音錄下來，播放給幼兒聽，猜猜是誰的爸媽。

➠延伸二

　　在多元文化活動中，請家長妝扮成外族人，或藏在幼兒製作的人像後面，伸出手指、手掌、腳或頭部的眼、鼻、嘴，請幼兒猜。

活動 86　仙女的時鐘

活動意義：自我接納與肯定及對他人的接納，身體感覺與情緒探索。
適用範圍：分享學習後的感性活動。

活動說明

　　幼兒閱讀過「灰姑娘」的童話，教師和幼兒分享王子的舞會中灰姑娘變成了美麗的公主。教師說明遊戲方法：時鐘敲下時，灰姑娘會變回原來的樣子。半數的幼兒當灰姑娘，教師請願當灰姑娘的幼兒將曾彩繪過的手帕，或將自己的手帕做記號，放在教師準備的同一個籃子裡，請他們自由摸一條掛在腰間，其餘幼兒當王子，不必限定性別。教師播放快旋律音樂，請王子邀請公主跳舞，當教師敲一下時鐘，王子靜止不動，灰姑娘們立即穿梭在王子們中間找回「自己」——亦即掛在別人腰間自己的手帕。她向身旁的王子打招呼「嗨！」，王子回問：「你是誰？」「我是○○○」，灰姑娘要用原來的名字回答。音樂再響起，和身邊的小朋友一起跳舞，如此舞伴已經交換過了。音樂結束時以同樣的方法，繼續玩，直到每個都找回自己的手帕說出自己的名字為止，王子和灰姑娘角色對換再玩一次。

討論分享

　　「你的手帕能代表自己嗎？為什麼？」「你喜歡做王子還是做灰姑娘？」「你喜歡做灰姑娘——原來的自己，還是喜歡變成公主？為什麼？」「狂舞的時候身體有什麼感覺？心情如何？」「音樂使你想做什麼？」「公主要去找回自己時身體和心情有什麼感覺？」「王子靜止不動，身體和心情有什麼感覺？」「你喜歡你的舞伴嗎？為什麼？」「這些（已討論出來的）感覺平時也有過嗎？」自由敘述日常經驗。

ⅢⅢ➡延伸一

第二次音樂播放時，尚未找回自己的，就要出局。

ⅢⅢ➡延伸二

和幼兒討論仙女的時鐘可提出其他用處，譬如：時鐘響起大家要決定即位的國王和王后，所有的王子和公主都要搶坐國王和王后的椅子，搶不到的人立即去找回自己的手帕，包括王子在內，而其中一對一定找不回手帕，便被趕出去。

討論分享時加入增加的部分，如，「喜歡做國王、王后，還是喜歡做自己？」「搶到位子的感覺」、「找不回手帕被趕出去的感覺」等。

註：每個人的手帕必定有可以代表自己的特色，不能和別人交換，故本活動之前應
　　有繪製手帕的活動。

| 活動 **87** | 乞丐與賣藝人 |

活動意義：創造性開發、文化體驗。
適用範圍：戲劇分享、感性活動。

活動說明

　　幼兒看完本園棒棒糖劇場「王子與椅子」後，教師播放波斯市場音樂，請幼兒針對這一段討論分享市場景象，並引導幼兒做進一步扮演，如賣藝人的催眠動作等。請幼兒想想還可以做什麼賣藝表演，如，賣藝人向觀眾乞討小東西，請每位小朋友貢獻一樣東西，放在他的籃子裡，藝人要利用這些東西湊在一起變成另一樣東西，然後大家給他鼓掌。幼兒輪流當賣藝人，兩人一組，一人負責蒐集物品。兩人一起「創造」（教師可利用教室內的材料在兩人頭部、腰部略加裝飾）。

討論分享

　　「做出一樣東西有什麼感覺？」「創作中心情是什麼？」（如，著急、害羞……）

➡延伸一

　　賣藝也包括各種動作，如乞討東西、逗笑等動作。又如賣藝人從籃子裡拿出一件東西就可以表演這些東西：茶杯、壺、一枝筆、布娃娃等，表演前教師要有指示。

➡延伸二

　　將市場的景物畫下來，包括看過的戲劇內容，但務必加入「新的」內容，以後將「新的」部分試著扮演出來。

活動 88　　五味俱全

活動意義：身體感覺，表情動作的溝通。
適用範圍：感性時間、相關方案。

活動說明

　　幼兒對常吃的蔬果有過探索經驗後，教師請他們想像以各種口味的蔬果，比賽誰的表情最像，一部分幼兒做裁判，一部分表演：教師或一位幼兒主持。主持人說：「吃梅子」，幼兒就做出吃到酸味的表情，又如「吃苦瓜」、「吃辣」、「吃西瓜」等等。觀賞的幼兒也可以給口令。

討論分享

　　各種口味影響的表情，幼兒仔細描述有什麼差別，「怕辣（及其他）的表情還讓你想到什麼事情？」請幼兒聯想相似的表情可能還有什麼原因。

⮕延伸一

　　可做價值澄清，如何面對不同的表情。

⮕延伸二

　　舉辦實物品嚐會。
　　矇上眼睛猜出食品的名稱。

活動 89	點石成金

活動意義：身體的感覺和情緒，與他人建立情誼。
適用範圍：戲劇，感性活動。

活動說明

　　幼兒和教師分享點石成金的故事後，幼兒選擇角色扮演故事裡的人物，其中一位扮演老仙人指著○○說：「變！」依照故事的步驟，阿財的懇求，老仙人將所有的家具變成金子，食物也變成金子不能吃，最後妻子、小孩一一變成金子不能動，只剩下主角——貪心愛財的男主人阿財，去摸摸他的妻子，抱抱他的小孩，對方均無反應。為使動作豐富，教師口述故事過程，幼兒表演。

討論分享

　　阿財看見家具變成金子心情如何？他一直都是同樣的心情嗎？什麼時候開始改變心情？

　　每個角色變成金子時身體的感覺和心情，爸（或丈夫）說話自己無法回答，想抱不能抱，想走動也不能動的感覺和心情，阿財面對孩子、妻子的心情和感覺，想對他們說什麼？喜歡金子還是家人？教師請他們現在抱抱。

➠延　伸

　　老仙人因阿財的苦苦要求將他的家人變回來，他要一點點地將他們變回，「現在頭可以動了，左邊看看，右邊看看，上面看看，下面看看，現在肩膀可以動了，左肩聳聳，右肩聳聳，兩肩兩手臂轉動（自由舒展），嘴巴會說話了，第一句話要說什麼？對誰說？現在上身和腰部可以動了……」分享各部位的感覺，和想做的一件事。

活動90	年糕，年糕，年年高

活動意義：身體的感覺與情緒，與他人身體接觸感覺，及身體界限的極
限、身體張力的極限。

適用範圍：年節及日常感性活動，相關的方案教學。

活動說明

　　幼兒和教師討論過年的習俗，其中要吃年糕。幼兒知道年糕製作的大
致過程，並分享過年糕。教師帶領幼兒以身體模擬年糕的製作過程，教師
口述讓幼兒自由動作：「我現在是一粒米，在鍋裡轉動，轉動，我現在和
大家和在一起了，變成米漿，我們和起來被攪拌，再攪拌，他們要蒸年糕
了，我們好黏，好熱呀，好熱，年糕蒸起來，好高，好高！再高……」幼
兒自由動作中，教師要給以明確的說明，使動作豐富、明顯，最後，在沒
有指導情形之下，幼兒自然會身體貼在一起，一起向上跳或將手向舉，身
子儘量向上抬高。教師提示：「想想看怎樣可以更高？」看看幼兒會不會
將別人抱高起來。

討論分享

　　每個階段（從米粒到年糕）的身體感覺與心情，身體的極限與他人手
拉手到後來緊貼在一起時的感覺「你和別人身體緊貼在一起時，做動作有
什麼感覺？」「有沒有擔心什麼？」（不方便、不容易，或怕腳踩到別人
等）。

⇒延　伸

　　以發糕和蛋糕做主題發展同樣的活動。活動結束後請幼兒品嚐三種糕
類食品，比較其不同的口感。

活動**91**	仙女棒

活動意義：自我觀念、自我價值之探索。
適用範圍：感性活動，戲劇。

活動說明

　　分享過「灰姑娘」的童話後，教師提出「仙女」可以將任何東西變成別的東西。教師和他們分享心中的願望：「希望自己變成什麼人？」為避免幼兒再次的選王子、公主，教師要提示，他們喜歡聰明的還是勇敢的等等，教師說明：「要讓你們每個人都能如願，當我說『仙女棒變』你們就要用動作走出心裡想的人的樣子；音樂停止靜止不動時，相互問『你是什麼人？』回答時要說已變成的人，如『我是成龍』、『我是警察』等。音樂響起，就繼續走動，當我說『仙女棒』就要停止，回到原來的你。」放音樂，幼兒繼續走動以原來的自己和旁邊的小朋友問候，互問「你是誰？」「我是〇〇」教師放音樂請幼兒自由漫步，教師給口令時音樂同時停止，反覆做數次。教師可在幼兒靜止時為他們拍照。

討論分享

　　「你變成什麼？」「為什麼你喜歡變成〇〇？」每個幼兒均有機會說明心中願望「變回原來的自己的感覺是什麼？」「喜歡變回來嗎？」

⮕延伸一

　　幼兒輪流做仙女指揮，或計畫一次較正式的戲劇扮演，各自製作服裝，由幼兒計畫和主導整個過程。

⮕延伸二

　　舉辦化裝舞會，每位幼兒自己設計自己想要的服裝和帽子，教師將許多布類等廢物放在娃娃角的籃子裡，幼兒自由用來裝扮，教師或一位幼兒敲鼓（代表仙女時鐘）或敲三角鐵（代表仙女棒），幼兒變回自己，和旁邊的人互問：「你是誰？」「我是〇〇〇」。

| 活動 **92** | 假如我的爸爸是國王（我的媽媽是王后） |

活動意義：體會、探索和父母的關係。
適用範圍：感性活動。

活動說明

　　教師和幼兒分享討論童話中的國王與王后，幼兒扮演他們的生活方式和權威，教師說：「現在假設他們都是你的父母，你要怎麼對待他們？」請兩位幼兒來坐在座位上，其他幼兒要如何對國王王后要求什麼？抗議什麼？國王王后又如何對待他們。用動作及語言充分表達。

討論分享

　　「你們覺得平時和父母說話，動作和現在對國王王后有什麼不同？」「你喜歡那種說話的方式？」「又喜歡自己的父母是國王王后嗎？為什麼？」「假如你的父母是國王和王后，你要對小朋友說什麼？」

➠延伸一

　　播送快節奏音樂，請國王王后和大家一起跳舞，看看他們願不願意，跳完時問他（她）們的感覺為何？

➠延伸二

　　引導幼兒討論國王、王后的衣著，想像他們變成了乞丐，將他們打扮成乞丐，以上述活動說明再玩一次，討論分享感受。

| 活動 93 | 大水來了 |

活動意義：與他人的接觸中身體感覺、情緒探索。
適用範圍：感性時間。

活動說明

　　幼兒觀賞過螞蟻卡通片後和教師分享，想像我們是螞蟻王國的一群螞蟻，並選出蟻后。有一天洪水沖來了，我們的生存空間一點一點地被淹沒。教師或一位幼兒扮演蟻后，教師視班級人數分組，約十人一組，在地面上鋪彩色（用過的）大書面紙，可容幼兒十來人站在一起，教師（蟻后）用鈴鼓帶領幼兒自由漫步，說：「大水沖來了！」幼兒立即搶占「領土」書面紙，鈴鼓聲再響起，幼兒漫步，教師將書面紙折半，喊：「大水沖來了！」幼兒再度搶站「領土」，幼兒必須沒法使所有人都能站進去。如此再玩下去，書面紙每次折小一半。

討論分享

　　討論每次站上書面紙時身體不同的感覺和心情，有沒有擔心什麼？（擔心自己被擠下去，擔心好朋友進不來……等等）

➡延伸一

　　可將書面紙面積保持不變，增加人數的方式進行。

➡延伸二

　　計畫一齣戲劇表演，幼兒可製作較複雜的城堡、彩繪身體和服裝，扮成不同國度的人，將搶占「領土」編入成為其中之一節，異國人可以捕捉進不了「領土」的人，增加緊張氣氛。

活動 94　端午節

活動意義：探索情緒、與朋友分享及相互支持關係。
適用範圍：節日的感性活動、家庭活動。

活動說明

　　端午節教師教幼兒用彩帶纏粽子時，請幼兒找自己喜歡的顏色，有紅色、粉紅、藍色、綠色、黃色及其他中間色或較暗的顏色。粽子纏好後，教師請他們將不同顏色的分類，掛起來，請粽子的小主人說說自己為什麼選這種顏色，現在的心情是什麼？對於情緒不好的幼兒，請其他小朋友給以語言和動作上的安慰。結束後，用平日娃娃角裡的彩色布條，隨意舞動，教師播放音樂助興。

討論分享

　　繼續上述分享，分享舞動彩帶後的心情，尤其情緒不佳的幼兒，是否有所改變。

➡延伸一

　　接著上述活動後請同顏色粽子的幼兒聚集一組，分享後決定表演一種動作和表情，請其他幼兒猜是什麼情緒，各顏色組表演完，可以交換的方式輪流表演不同的情緒，譬如，教師將各顏色的粽子各一個放在中間或丟向空中，每組出來一位代表，教師說：「開始」，他們就「搶情緒」。

➡延伸二

　　彩粽帶回家和兄弟姊妹、父母、祖父母一起玩。

活動 95	猜花燈

活動意義：探索情緒及與家人朋友分享、相互支持、關懷。
適用範圍：節日感性活動，家庭活動。

活動說明

　　元宵節親子參觀花燈大會後，教師請他們回家一起創作花燈到園裡互相欣賞，而展開一系列的元宵活動。譬如，教師請他們每人為班上的一位小朋友說一句關心或擔心的話，或是稱讚的話，不要說出姓名來，請父母幫忙寫在小紙條上捲起來，用彩帶綁在花燈下面。教師或一位幼兒前來主持花燈會，每打開一個彩帶，唸出來，就請大家猜是誰的，給誰的，兩人出來擁抱，握手，如此一一玩下去。最後做全班的花燈遊園，用不同的動作表現花燈的主題。

討論分享

　　幼兒對句子的內容，說明為什麼這麼說，「寫出這句話時，是否擔心什麼事？」「高興的是什麼事？」問問雙方的心情：「聽到小朋友寫給你的話，覺得如何？」「看到小朋友接受你寫的一句話，你覺得怎麼樣？」

➠延伸一

　　可在家庭做相同的活動，字條對象是家中的成員或好朋友。

➠延伸二

　　彩繪花燈會場的景象，分享對花燈的喜好感覺，延伸到吃元宵的活動。

活動96	夾心麵包

活動意義：建立對朋友的信任感。
適用範圍：日常感性活動，相關的方案教學。

活動說明

　　幼兒在用過三明治早餐或果醬、花生醬夾麵包點心之後，教師帶領幼兒做遊戲。遊戲方法如下：教師用鈴鼓請幼兒隨鼓聲漫步，教師說：「停」，幼兒就立即停住，教師說：「夾心麵包」，幼兒立即與旁邊的小朋友，背貼背走動。教師用鼓聲指揮走動的速度，兩位幼兒背部不能分開。若教師再說「停」，「夾心麵包」的兩位就要分開，另找同伴（為了安全，教師可請幼兒手臂勾著手臂）。

討論分享

　　自己一個人走和兩個人走有什麼不同？身體的感覺和心情是什麼？背對背走有沒有什麼擔心？怎麼樣走才不會跌倒？

➠延　伸

　　身體其他部位貼著行走，如（背部上半）肩靠著肩走，會更能增加信任度。

活動 **97**　飛簷走壁

活動意義：身體感覺探索，幼兒想像空間感之開拓。
適用範圍：日常感性活動，相關方案教學。

活動說明

　　幼兒看過功夫影片後，教師和幼兒一起做飛簷走壁的動作，教師口述：「假想這是一面牆，我們都在一個平面上，我們要爬過去，向上，向下，向左，向右，從這一端一直爬到那一端」教師要使動作有變化，可以加上口令，如：「○○○小朋友滑下來了，他要重爬」「我們像壁虎一樣，手會吸住牆壁。」教師也可以請幼兒分兩排，面對面「我們來爬玻璃窗」，兩人一組，彼此可以看見，方向動作要一致。教師說：「停」，兩人要相互注視。

討論分享

　　身體的感覺（那部位有什麼特別的感覺），「會不會緊張？」「有什麼困難？」「兩人一組時，對同伴心裡感覺為何？」「你們面對面注視發生什麼事？看到什麼？」

➠延　伸

　　可以舉行爬牆比賽，看誰最快到達終點，亦可兩人一組比賽。

| 活動 98 | 蒙古包 |

活動意義：探索封閉空間對感覺、情緒的影響及對身體的限制，對蒙古包
　　　　　發生情趣。

適用範圍：感性活動、多元文化探索中的感性活動、家庭活動。

活動說明

　　幼兒在探索過多元文化後，知道蒙古人住的是蒙古包。教師帶領幼兒
做蒙古包遊戲，每次五、六人參加找一塊舊床單幼兒手握著床單四周，拉
幾下由四周向中間走，床單會泡起來，幼兒立即鑽進去，幼兒在床單裡自
由活動，隨著教師播放的音樂舞動四肢，使外觀形成不同的造型。音樂停
止後，換另一組遊戲。每一組結束時教師用鼓聲，讓他們停止，為他們的
造型拍照。

討論分享

　　在床單裡舞動有什麼感覺和心情？舞動時有困難嗎？有沒有什麼擔
心？想像中蒙古包裡的生活有什麼感覺？喜歡嗎？

➠延　伸

　　觀賞教師為他們拍下的照片，每種造型像什麼？

活動 99　　帶路人

活動意義：信任感、責任感的建立，體會身體不便的感受。
適用範圍：感性活動。

活動說明

　　幼兒與各種特殊幼兒互動，了解人有不同的特殊情況，教師請幼兒體會身體不便的感覺如盲、啞。平日遇見這些人應當主動協助。教師請一半的幼兒扮演盲者（矇上眼睛），另一半幼兒做帶路的人，帶路的人要牽著盲者的手，通過教室裡的障礙物從一個角落走到另一角落。教師說明：帶領者可以口述說明路上的障礙物。教師放置多個小椅子或紙箱在教室內當做障礙物，一組走完換與另一組幼兒對換。

討論分享

　　被人帶著走路有什麼感覺？有沒有什麼擔心？帶領別人的感覺是什麼？走到目的地時兩人的感覺是什麼？

➠延　伸

　　增加難度：如：「前面有水溝，停下來，跨一大步過去！」等，將環境布置複雜些。

活動100	小壽星的願望

活動意義：感受幸福、受重視的感覺、培養友誼關懷。
適用範圍：慶生會、日常感性時間（針對害羞內向的幼兒）。

活動說明

　　每月一次的慶生會，請小壽星說說自己的願望，譬如女孩想做公主，請小朋友為她裝扮；有人想做太空英雄，小朋友可以將教室布置成太空船並為小壽星打扮；又有人想得到某種禮物，小朋友為他準備或製作。一切準備好後，小朋友手臂相搭將小壽星抬高，繞行一圈，為他（她）祝福。

討論分享

　　「你（妳）覺得已經如願了嗎？感覺如何？」「打扮起來有什麼感覺？」「被抬起來歡呼有什麼感覺？」「想對小朋友說些什麼話？」「幫助別人的感覺如何？」

⇛延伸一

　　請爸媽來園分享小壽星小時的故事，製作「我的小書」，貼上手、腳印、照片以及小朋友祝福的話（或合成的童詩）。內容先貼在教室裡，過幾天再蒐集在小書裡。

⇛延伸二　（鄭玉玲、練雅婷）

　　對於較想得到的禮物，或在活動結束時，全班小朋友一起用肢體造型做出那樣禮物來。

⇛延伸三　（鄭玉玲、練雅婷）

　　孩子們找一首熟悉的曲子，共同為小壽星譜詞上句，成為一首專為壽星的歌。歌詞（集體合作的童詩）中可以有壽星的名字，個人特色，他們認識的壽星……等。

▦➡**延伸四**　（翁慈蓮）

　　做一本給朋友的書：在幼兒生日時，大家說出對他（她）的感覺（這個人如同……）她的喜歡、不喜歡是什麼，畫一張朋友的畫像……要加入什麼內容還可以由幼兒來增減決定，當主角收到這份特別的「朋友書」時要發表感言。

活動 **101**	我 的 家

活動意義：了解個人與家人的關係，建立、改善個人與家人關係，了解身
　　　　　體與情緒。

適用範圍：感性活動，家庭活動。

活動說明

　　生日、母親節（父親節）幼兒介紹自己的家人，幼兒請小朋友扮演自
己的家人：爸爸媽媽兄弟姊妹、祖父母、外祖父母、叔、伯……等。教師
請他們由父母開始手牽著手，子女和他們或牽手，或搭肩、臂，如此一直
延伸下去，做成一個網狀。教師進一步問幼兒各成員之間的感情狀況，
如：「爸爸和媽媽最常和誰在一起？」「阿嬤最疼誰？最不常和誰說
話？」「你最不常和誰玩？」……等等及「家裡面誰說的話大家最會聽
從？」「你常反對誰？」「○○常反對誰？」等等。反對別人或生氣的時
候，兩人面部、身體的方向應該朝向那邊（幼兒亦可做出表情來）？「聽
從別人」身體的樣子是什麼？「怕某個人」身體的樣子是什麼？可以先請
幼兒自己試試站出姿勢來，教師再給予建議或修改。

　　請其他幼兒解讀這個家庭網。

討論分享

　　解讀上述情形和當事的主角說明印證身體的姿勢、表情和家庭關係是
否一致。

➠延　　伸

　　教師請幼兒重新站一次，站成一個自己心中期望的家，並分享期待感
覺。

　　讓主角站中間，成員圍著他（她），手牽手身體面向他，向前走，最
後將他舉起來。

活動 102　彩帶舞真情

活動意義：了解自我與他人的異同及關聯，建立包容接納的深厚情誼。
適用範圍：配合一般感性活動、戲劇等活動的延伸。

活動說明

　　幼兒看過棒棒糖劇團演出的「王子與椅子」中女孩舞彩帶的一幕，或看過體操、滑冰中的彩帶表演後，中國傳統舞蹈的彩帶舞等，教師請幼兒「選擇」自己喜歡的顏色彩帶自由舞動，停下來圍坐休息。

　　由於每人兩手都有不同組合的彩帶，教師可以每次挑出四、五人，問幼兒最喜歡那個人的彩帶組合？相同喜好的幼兒一組牽住這組彩帶，以這位幼兒為中心，這組幼兒組成約五、六人每位牽住一條彩帶，繞著這位幼兒轉動或舞動片刻，教師播放音樂使動作有律動感和趣味，分享感覺。

討論分享

　　彩帶代表什麼情緒或心情，「對小朋友雙手中的整組彩帶有什麼感覺？」「你為什麼選擇這些顏色？」「你為什麼選擇這一條？」「為什麼要和○○同一組？」「你覺得和他那方面一樣或接近？」「你現在對○○感覺為何？和平時有什麼不同？」

➠延伸一

　　教師可以先請幼兒說明自己為何選擇這組彩帶，再請其他幼兒決定或選擇是否和他同組。

➠延伸二

　　將彩帶代表個性和優點、缺點，如紅色：熱心服務。藍色：樂觀。黃色：對人關心。黑色：不快樂、愛打架……請幼兒自行選擇一條與這位幼兒相同的顏色，分享討論中使幼兒領悟人與人有相像之處，也都有優、缺點，而能相互包容。

活動 **103** 　　　運動——（擂台）

活動意義：身體感覺與他人的協調，對他人的信任。
適用範圍：感性活動，配合其他活動。

活動說明

　　幼兒參加過運動會之後或籌畫運動會時，教師帶他們做模擬的活動，教師或幼兒當裁判。教師請幼兒先做兩人一組的比賽，幼兒自己找伙伴，商量要比賽什麼。決定後，請他們輪流前來表演，不許用道具，不要開口說話，表演完，教師或其他幼兒裁決誰贏、誰輸，並猜出是那種運動。

　　幼兒在商談之前，教師和幼兒一起列舉有那些運動，每種運動需要幾個人做，如打籃球、乒乓球、拔河比賽、打棒球、拳擊等。為了增加動作的豐富，教師可以給口令，譬如接球時，說：「球好重，好重，球彈走了，好遠！」，「丟球回壘」，「一壘搶占二壘，三壘，不成功，跌倒了！」拔河比賽時，教師可以：「左邊贏了，右邊拉過去一點，拉回來了，又傾倒一些，全體傾倒了，右邊全部前傾，趴倒了！」

討論分享

　　「模擬時配合對方的方向動作有沒有什麼困難？」「接球和丟球的身體感覺有什麼不同？」「拔河時怎麼樣身體才不會跌倒？」「身體向前傾或後倒時心情是怎麼樣？（有沒有什麼擔心？）」「那種動作最能舒展身體？」

➠延　伸

　　幼兒在旁用手響板、鈴鼓等配合動作的節奏感敲擊。

活動 104 　　祈雨舞

活動意義：身體感覺，情緒探索，相互關切，體會及接納不同文化。
適用範圍：感性活動，多元文化探索。

活動說明

　　幼兒探索過各民族的民俗風情，知道有祈雨舞、拜火舞及各類祭舞，教師帶領幼兒嘗試這類動作的感受，為祈雨舞，由身體的捲曲到極度的伸展，幼兒也可以在庭院裡狂奔，盡情大聲叫。過程中教師以音樂或鼓聲助興，或以口述方式使動作變化，譬如說：「他們求到雨了，下雨了，他們快樂的跳，大聲喊叫感謝他們的神。」教師用鼓敲擊一下，幼兒靜止不動，再用急速的鼓聲請幼兒聚集起來。

討論分享

　　每個階段的動作給身體的感覺是什麼？狂奔的感覺和心情是什麼？大聲喊叫的感覺和心情是什麼？平時有那些事和這類感覺很像？

➠ 延　伸

　　夏季裡可用水噴灑幼兒，拭乾後找一位同伴分享與這次感覺相符合的生活經驗。分享完畢拉拉手，互道謝謝。

　　本活動可與繪畫結合，在繪畫之前或之後做均可。根據文化背景彩繪臉和上半身、戴頭飾等。

活動 105　燭火傳心

活動意義：建立深厚的友誼。
適用範圍：感性活動，班級特別活動，家庭活動。

活動說明

　　幼兒配合慶生活動或新年、畢業等典禮，計畫一次燭光會，首先請幼兒設計和製作自己的燭台（用陶土或廢棄的非易燃製作）教師開始點著，宣布：「我要許一個願希望每個小朋友都長高！」用自己的燭光點著第一位小朋友的燭光（教師說明每個人都爲班上的小朋友許願，也可以爲自己許願，但這一次把自己許的願暫時放在心裡，只是玩出對朋友的願望即可，每個人都想好願望，當燭光點著時才說出來）。第一位小朋友便說出願望，譬如：「我希望李玉純每天都很快樂。」然後爲李玉純點蠟燭，同時全體幼兒對李玉純說：「李玉純每天都快樂」。李玉純謝謝大家。以這種方式讓每個小朋友都點完蠟燭。大家手托著蠟燭在庭院裡繞行，其他班級爲他們鼓掌、祝福，或加入行列，使庭院呈現一片燭光。

　　結束後將燭台集中放在一張桌子上，幼兒輪流上台，表演剛才放在心裡想過的個人願望讓大家猜，猜中，第二位表演者前去親他（她）一下。大家對他說祝福的話。

討論分享

　　自己爲什麼要許下這樣的願望？你覺得會實現嗎？受到別人的祝福有什麼感想？爲別人許願有什麼心情？

➠延伸一

　　如果不舉行遊園，可以以一個燭光傳下去（願望和園景均可畫下來分享）。

⮕延伸二

用一根蠟燭傳下去，第一位將對某人的願望在身邊告訴第二位，對象不一定是第二位，第二位再將他對某人的願望告訴第三位，並將燭火傳給他，全班都傳完後，大家輪流上台表演自己聽來的願望，猜中，三人——表演者、許願者和受祝福者，一起謝謝大家，相互握手或擁抱。

活動 106　你是我的鏡子

活動意義：自我身體形象，個人的獨特性，建立與他人的友誼。
適用範圍：感性活動、家庭親子互動。

活動說明

　　教師播放輕快的音樂，請幼兒隨音樂任意散步，音樂停止時，請幼兒和旁邊的小朋友組成一組，找一個安靜的地方坐下來，面對面觀察對方，片刻後相互向對方說出自己在他臉上的發現。說完彼此拉拉手，道謝。

討論分享

　　「別人一直注視你，有什麼感覺？」「你發現了什麼？（分別描述五官特徵）」「你發現他和什麼人相像嗎？會不會完全一樣？」

➠延伸一

　　靜態觀察可以站起來，觀察全身，觀察者可以四周走動觀看他的全貌。

➠延伸二

　　將靜態觀察延伸為動態，請受觀察者走一段路，觀察他走路的樣子。或全班舉辦「評頭論足」的表演會，輪流走到前面，繞一圈，對小朋友說兩句話，再繞一圈回到位子上，幼兒注意看看他的表情，說話的特徵，走路的樣子，表演五位就可以停下來討論分享。幼兒在表演前，教師請他們隨著音樂自由活動，放鬆，並且說明表演的性質是表演平常的自己，不是演戲、演別人，請各位要自然，不要裝成別人或卡通人物等。

活動 107	幫媽媽的忙

活動意義：探索生活中的聲音，聲音與身體的關係及如何和別人協調。
適用範圍：節日活動，日常分區活動，及感性活動時間。

活動說明

　　母親節或平日帶領幼兒討論媽媽平時做些什麼，如煮飯、切菜、掃地、燒開水等工作。要請客了，媽媽請人幫忙，我們每人擔任不同的工作，教師進一步請幼兒想想切菜、炒菜、燒開水、倒水、掃地有那些聲音，教師提示幼兒思考，請幼兒歸納出幾種音質、速度、音量及節奏，請幼兒到四周找出可發出相似聲音的器物及小樂器，分組（以不同的家事項目分組）演奏。

討論分享

　　「那種聲音最使你感覺舒服？」「獨奏或同一種聲音時與合奏有什麼不同的感覺？」「合奏時怎樣才會好聽？」並分別討論聲音的大小、速度、高低給身體的感覺。

➡延伸一

　　由簡單到複雜逐步讓幼兒奏熟悉後，請幼兒加上身體動作，不只表演掃地或炒菜的動作，而且依其演奏的節奏、速度等用身體動作配合，可以走動演奏，如果發音器可以攜帶的話。

➡延伸二

　　用身體表現音的高低、大小、速度，教師擊奏，幼兒只做動作，全身投入，在空間盡量施展。

| 活動 **108** | 我是泥偶 |

活動意義：身體感覺與創造力。

適用範圍：分區時間後的分享活動，相關的方案教學。

活動說明

教師在幼兒做陶活動之後，請他們三、四人至十人一組玩剛才的陶塑，教師請他們想：自己是一堆爛泥，完全放鬆癱在地上，一點力氣都沒有，做陶的人要將他們喚起，將他們搓成長條，揉成圓球，最後將他們做成一個杯子，小毛蟲等。教師口述一段一段的變化，幼兒身體隨著做變化，由個別到集體造型。

討論分享

「陶土的特性是什麼？」「陶土和自己的身體在什麼時候很像？」「喜歡和陶土一樣嗎？為什麼？」「和別人黏在一起感覺為何？」

⟶延 伸

任意變化身體，探索身體的柔軟度，不一定做集體造型，如，教師描述做陶過程，揉成長條後，如何繞成一個杯子，而不是由長條直接變成一個杯子，如此，身體的柔軟度便可以展現出來。

| 活動 **109** | 上帝在身邊 |

活動意義：以「空椅子」方式分享情緒。
適用範圍：感性活動。

活動說明

　　教師和幼兒分享宗教生活的經驗，問幼兒對上帝有什麼看法，上帝的樣子、說話、走路像什麼，讓幼兒盡量想像。假設上帝來到教室裡，我們要怎麼知道他的存在？請幼兒提出方法，最後假設上帝成了我們的好朋友，我們要和他玩球遊戲（請幼兒和「祂」打球做各種遊戲）現在我們要和上帝說話，談談我們自己的心事。請幼兒分別一一前來和身旁的上帝說話。

討論分享

　　「你和上帝說的話有沒有和別人說過？」「說完後你的感覺是什麼？」「除了上帝你還願意告訴誰？」「喜歡做一個看不見的人嗎？為什麼？」「喜歡別人告訴你心事嗎？為什麼？」對於有心事、情緒不好的幼兒，請大家想辦法讓他快樂或安慰他。

➠延伸一

　　分享情緒後，增加幼兒人數至二、三人，和「上帝」互動，加強表情、動作，需要預想一些對話和溝通的內容是什麼。

➠延伸二

　　請幼兒找一位同伴做自己的「上帝」向他說說心事。做過幾次後，分享被當成上帝的感覺如何，是否喜歡聽別人的心事。
　　教師注意從來未被選中的幼兒，在其他活動中協助他（她）與人建立個人關係。

活動 110　　我是拉線偶

活動意義：身體不能自主的感覺和心情，和他人的協調。
適用範圍：感性活動，戲劇或相關方案活動。

活動說明

　　幼兒玩過拉線偶之後，教師說：「現在你們是我的拉線偶，我要演偶戲了，誰要先來當偶？」在有大壁鏡的教室裡，教師站在幼兒背後，兩手在幼兒頭部上端及兩側做出拉線的動作，口中敘述著動作和故事內容，使幼兒面對鏡子，手、腳、頭分別隨教師的敘述和拉線動作而動作（兩位教師先做示範）。

討論分享

　　「小朋友被老師拉上拉下身上有什麼感覺？」「喜不喜歡？為什麼？」「被拉線和自己做動作有什麼不同？喜歡那一種？」「玩拉線偶有什麼困難？」

⇒延　伸

　　教師可請兩位幼兒一起表演，或更多，或兩位教師分別做出被人操作的動作，彼此互動如打招呼等，請幼兒猜。

　　將這樣「拉線偶」融入完整的戲劇中，使幼兒與老師一起演戲，並和觀眾互動。

活動 **111**　　落葉滿地

活動意義：探索身體感覺與情緒。

適用範圍：感性活動時間，休息時間，配合方案教學。

活動說明

　　幼兒探索過庭院後，發現季節或氣候的變化，植物的變化，教師請幼兒先閉上眼睛休息片刻想像自己是樹上的一片葉子，風來，葉子怎樣從樹上飄下來，落在地上以後又會怎麼樣，討論後，教師口述風的速度，請幼兒扮演微風，大風時葉子飄落的情形。

討論分享

　　「身體像一片葉子有什麼感覺？」「飄在空中有什麼感覺？」「落下來有沒有什麼擔心？」「落在地面的感覺是什麼？」「喜歡那一種感覺？為什麼？」「生活中有那些情形與此時的心情和感覺相似？」

⚋▶延伸一

　　幼兒「吹落」在地面以後，教師延續活動，模仿風吹的聲音，使幼兒在地面滾動，變換不同的風速、風向，使幼兒身體可以彼此接觸到，分享感覺。

⚋▶延伸二

　　想像身體像葉子一樣飄起來又落下來，討論時比較分享被風吹動與平時身體動起來感覺有什麼不同？

活動 **112**	彩色天地，渾然一體

活動意義：體會顏色的感覺。

適用範圍：感性活動時間，分區時段及其延伸活動。

活動說明

　　在庭院的乾游泳池裡，或在平坦的而排水良好的操場上，將水及各種顏色的顏料一桶桶提供幼兒使用，大張的壁報紙鋪在地上，用雙手雙腳留印或畫圖，教師尚可提供各種形狀的透明膠袋（如無色的汽球、手套），幼兒將各種顏色的顏料注入袋中，掛在院裡四周的樹上當成彩球和彩燈，在衣服上或身上作畫，在著有色彩的地上翻滾，幼兒可以自由嘗試顏色的組合和變化。

（蒙國立藝術教育館允許，根據教學錄影帶修改，請參考。）

討論分享

　　「對著色以後的庭院感覺為何？」「用身體玩顏色的感覺為何？」「那種顏色使你感覺最舒服？為什麼？」

⇒延伸一

　　將顏料和在水桶裡，用水管玩潑水遊戲或以彩色水球相互丟擲或再配上燈光，播放音樂和幼兒狂舞。

⇒延伸二

　　用各種顏色的長條彩帶布置教室，形成彩色森林，分享這種環境給每個幼兒不同的感覺和聯想。每位幼兒均可試著修改布置方式並說說自己的想法。

⇒延伸三　（陳幼君）

　　準備一張大紙鋪在地上及五、六種顏料、刷子等，五、六位小朋友一

組，請小朋友選擇自己想要的顏色，自己塗在腳丫上，隨著音樂聲漫步在紙上（大步、小步、快、慢、直線、曲線均可），同時並注意不可與別人的腳印重疊，待腳印乾後，共同欣賞討論腳印痕跡。

可試著走走看別人的路線。討論有什麼不一樣。

活動 **113**　　環環相扣

活動意義：合作的意義，身體的感受。
適用範圍：感性活動時間，配合方案之主題做造型。

活動說明

　　教師和幼兒分享磁鐵石如何吸住許多迴紋針，請幼兒學迴紋針被一小塊磁石吸住的樣子：先由兩位搭在一起，陸續有幼兒一一前來搭上去，搭的方式是前後左右均可，用一隻手、用腳、臀部、肩部等任何一個部位搭住，或站，或伏地，或傾靠，任何姿勢均可。教師一面說明，幼兒一面搭，使幼兒姿勢豐富，變化多，請最後幾位前來「觀賞」，觀賞完自己再前去加入。

討論分享

　　問「觀賞」者：「那造型像什麼？」「對造型感覺為何？」「自己的位置有什麼重要？」「身體的感覺是什麼？」「感覺來自何方？是自己的，還是別人給你的？」

➠延　伸

　　請幼兒決定造型主題，及請一位幼兒來指揮，造型完畢可試著移動，體會團體如何相互配合，在討論中分享。

活動**114**	人像畫家

活動意義：探索身體情緒，培養互助合作及關懷。

適用範圍：感性活動時間，分區時間，家庭活動。

活動說明

　　教師和幼兒一起分享最近的生活、心情，有開心的事、有生氣，或悶悶不樂的事。請幼兒三人一組，教師提示，將心情先用不同的身體姿勢和表情表現出來，然後用一張大型壁報紙分別躺在紙上，另外兩位將他畫下輪廓，躺下的姿勢和剛才分享時的姿勢相類似，譬如叉腰、握拳、跑步、垂頭、抱腿、抱頭、仰頭等都可以。彼此畫好再行著色，及加上面部表情。最後懸掛在教室裡，請幼兒自己去對自己的畫像說話。

討論分享

　　「平時常有這種心情嗎？」「最能代表你平時的是那種姿勢？」（請在其他小朋友畫像中選一張能代表自己的）「幫別人畫像有什麼心情？」「被別人畫像有什麼心情？」「對同組的小朋友，有什麼感覺？」

➠延伸一

　　按照畫中身體的姿勢、表情，二人一組貼成一個有互動性畫面，如握拳的面對抱頭或抱腿的。

➠延伸二

　　將畫像（貼在厚紙板上）當成偶，演戲。

活動 **115**   恐龍家族

活動意義：探索身體、情緒及親情，死亡的感覺，體會生態保育的重要。
適用範圍：感性活動時間，相關之方案教學。

活動說明

多數幼兒迷戀恐龍，在探索過程中教師和幼兒玩扮演恐龍的遊戲，幼兒自由選擇喜愛的恐龍，教師用音樂或鈴鼓引導幼兒做恐龍的漫步或跑步、獵食、睡覺等動作，恐龍有溫和的，有兇暴的，有大型的，有小型的，有爸爸媽媽、和孩子。教師提示他們應有不同的動作，以口述不同恐龍的特性和恐龍正要做什麼引導幼兒動作。最後，教師口述某種恐龍餓死了，陸續一一地倒下去。

討論分享

「那種恐龍的動作給人那一種感覺？譬如重、輕快、可怕、可愛等，自己扮演時的感覺是什麼？看到自己的家人倒下去心裡有什麼感覺？對死亡的感覺是什麼？現在看不到恐龍的感覺是什麼？

⟫延　伸

想像恐龍主控世界，人類要如何和牠們互動，討論和一個龐然大物生活在一個空間的問題，然後用動作、聲音表現出來，分享感覺。

活動 116	隔著肚子說話

活動意義：建立深厚之親子之情。

適用範圍：感性活動，相關方案教學，家庭活動。

活動說明

　　班上若有家長懷孕（或老師懷孕），可以邀請來班上請小朋友聽聽、摸摸肚子裡的小寶貝，由這位家長的孩子先開始，由他（她）帶領其他小朋友來「認識」他（她）的弟弟或妹妹，教師協助，請他們對小寶寶說一句悄悄話，仔細聽小寶寶在說什麼。

討論分享

　　「和小寶寶說話感覺怎麼樣？」「聽到他（她）在說話嗎？」「他（她）在做什麼？」「如果你是這個小寶寶在媽媽的肚子裡，你們覺得怎麼樣？」「說說對媽媽的感覺」、「對媽媽說一句話」。

▶延　伸

　　請家長將子女出生時印有手腳印的出生證明或相冊帶來和大家分享，比比現在的手、腳印。請幼兒想像在媽媽肚子裡的樣子，用身體表現，或畫圖，分享時請媽媽對小朋友說一句話。

活動 **117**	大 小 聲

活動意義：探索聲音，建立同儕的親近關係。

適用範圍：感性活動時間，相關方案教學。

活動說明

　　幼兒在團體中常常不會控制音量，在探討聲音的教學活動中，或日常生活常規的教學活動中，教師和幼兒一起深入體驗這個問題：教師帶幼兒到大庭院中請幼兒兩人一組，想一句提問的話或祝福的話，兩人分別站在庭院的兩端向對方說這句話，然後距離逐漸接近，教師用鼓聲指揮請幼兒一段一段向中間走「走」、「停」用「鼓」做信號，並請幼兒保持原來的音量，最後面對面身體貼近。請幼兒各自想想此時的感覺，教師敲鼓再請幼兒回到原點，調整音量，重做一次。

討論分享

　　「大聲問候或祝福的話給你什麼感覺？」「小聲說這類話有什麼感覺？」「那一種聲音最適合？為什麼？」

⇒延　伸

　　討論列舉那類的話適合大聲說，感覺是什麼？那類話適合在耳邊說，感覺是什麼？請幼兒兩人一組，表演一次。

活動 118　　逗笑一籮筐

活動意義：深入探索快樂，快樂的情緒與身體的感覺。
適用範圍：感性活動時間，家庭活動，休閒時間活動。

活動說明

　　教師給幼兒觀賞逗笑的電視節目如「逗笑一籮筐」錄影帶，教師觀察幼兒的反應，和幼兒一起舉出生活中的事例。譬如，教師說：「我昨天喝咖啡，把鹽當成糖，喝了一口，啊！」做出痛苦的表情，聽見有人笑，教師便接著大聲笑，使全體小朋友都大笑。幼兒前來舉例時，教師要「捧場」大笑，以引起大家發笑。

討論分享

　　「你們覺得這件事非常好笑嗎？」「每個人說一說自己爲什麼大笑！」「笑的時候身體有些什麼感覺？」「笑起來心情是怎樣？」「是先快樂才笑，還是先笑才覺得快樂？」

➡延　伸

　　和幼兒一起觀賞感人的故事影片，分享情緒和感覺，哪類事件是悲傷的，悲傷時身體各部位有什麼感覺，什麼時候會哭泣等問題。

| 活動 **119** | 袋　鼠 |

活動意義：身體接近的感覺，促進同儕或親子的親近情誼，體會合作。

適用範圍：感性時間，相關方案教學，家庭活動。

活動說明

　　在幼兒閱讀過或看過有關袋鼠的書籍、圖片後，和幼兒分享袋鼠的生活和習性，鼓勵幼兒扮演袋鼠，利用平日扮演所用的爸媽的舊衣服，或在美術區使用過的大人的舊衣服，兩人一組同穿一件，一起走走看，教師提示他們可以面對面向外試著走。

討論分享

　　「怎麼走比較容易？」「身體有什麼感覺？什麼心情？」「對同伴有什麼感覺和心情？」

▥▶延　伸

　　幼兒可以輪流和不同的同伴及三人一組同穿一件衣服走路，討論分享走路的感覺。

| 活動 **120** | 大型作品展 |

活動意義：體會畫與情緒，體會成就感，體會合作。
適用範圍：繪畫時間（分區學習時間）感性活動時間，相關方案教學。

活動說明

　　教師引導幼兒小組集體創作大幅畫，畫好後懸掛出來，或將幼兒作品拍成幻燈片，一一放映出來供大家觀賞。請幼兒說出對每幅畫的感覺，用動作在自己或小組的畫作品前表達出來。

討論分享

　　「一起作畫和自己作畫有什麼不同的感覺和心情？」「大型作品和小張作品你喜歡那一種？為什麼？」「你所畫的能表現你的心情嗎？為什麼？」「看見你的畫掛得這麼大，心裡有什麼感覺？」

⇒延　伸

　　紙風車劇團任建誠及李美鈴兩位老師指導：教師用空白投影片，以牙籤蘸顏料製畫。其實幼兒也可以用同樣的方法直接畫在投影片上，改為以幼兒為中心的活動。

| 活動 **121** | 親親與抱抱 |

活動意義：促進親子、夫妻的親密接觸和情感。

適用範圍：感性活動時間，節日活動，家庭活動。

活動說明

　　特別活動爲母親節或慶生會，過年等舉辦親子遊戲親親與抱抱。請爸媽帶來口紅，一家一組（以兩人爲單位，爸媽，父子／女，母子／女）每個人都塗上口紅，教師用鼓聲控制時間，看那家人臉上的口紅印最多，鼓聲響開始，鼓聲響停止。結束時，全家人抱抱。最多口紅印的得到一盒情人糖。

討論分享

　　親的感覺，抱抱的感覺是怎樣。

ⅢⅢ➡延伸一

　　教師爲每家人照像，將照片貼起來展示，欣賞。

ⅢⅢ➡延伸二

　　教師設計擁抱比賽：分出不同方式的擁抱，有輕輕的抱，有緊緊的抱。擁抱時面頰接觸或不接觸等，教師定出獲勝的標準（可以分階段）頒獎。討論與分享抱的諸種感覺。

第五篇

感性活動過程示例

前　言

～漢菊德

　　前文已詳述過，感性活動的發展是根據幼兒的需要，幼兒的需要有兩方面：一般性發展上的需要和當下的需要。前者最常見的是各式各樣的檢核表如社會性發展等，後者則是與個人、家庭日常生活及其價值體系有關的人際關係、情緒、自我觀念等問題。感性活動既然是「最基本」的人格教育，它自然要以幼兒的需要為起點：

台北市南海實驗幼稚園幼兒問題中心活動計畫

設計：漢菊德　日期：＿＿＿＿

活動主題：自我觀念＿＿＿ 社會情緒＿＿＿ 人際關係＿＿＿ （感性時間活動）				
活動基礎	幼兒問題、興趣需要：			
	幼兒基本能力：			
	活 動 摘 要	活動方式 G.T.	學習區及資源	預期學習結果

　　這是專為情緒需要所使用的教學計畫及記錄表，詳實的記錄，包括幼兒的實際反應，自由扮演及延續的活動等，記錄在教室日記裡。其他時間的感性活動，如第一篇所述，附帶在該項活動的記錄裡，不再特別記錄。

　　以下示例包括從最簡單的到複雜的扮演，主要為情緒探討，但不避諱價值澄清。當然也有專為價值澄清而發展出的活動。

　　感性活動是綜合性的活動：結合第一、二篇中所述及之各種方式和要素，也包括戲劇、角色扮演等（見圖 10、圖 11）。

10.　促進同儕關係。我從洞洞鑽出來了。

11.　探索身體感覺與情緒，促進親子情。

第十二章

肢體之感性活動及扮演

第一節　我是聽診器（身體聲音、感覺探索）

～漢菊德

一、活動描述

　　暖身：教師教幼兒隨音樂或鈴鼓聲自由走動，教師時而請幼兒變化走動的速度，如，教幼兒：「慢慢地步」、「快快地步」、「慢下來，再慢下來」……兩三圈後，教師叫「停！」幼兒停下來（圖12）。

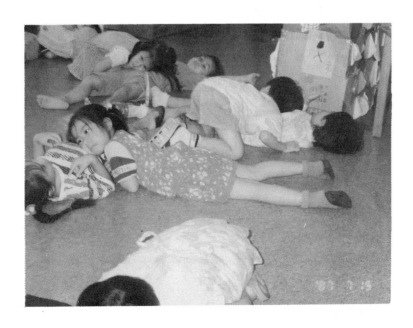

12.　「我是聽診器」。

活動：教師接著說：「和你身邊的小朋友兩人一組，找一個安靜的地方，一個小朋友先躺在另一位小朋友身上」，幼兒躺好後，教師說：「仔細聽聽小朋友的胸部、心，和肚子，感覺一下不同的部位。再請躺著的幼兒閉著嘴發出大小不同的聲音，教師口述，請他們更換發聲部位，由頸部、胸部到腹部，請另一位幼兒在不同部位用臉、手、耳朵去感覺和聽。

二、分享與討論

教師先請幼兒四人一組分享後，回到團體。

（Ｔ：教師　　Ｃ：全體幼兒自由發言，不是一個幼兒）

Ｔ：現在各位都過來坐成圓形分享剛才的談話。剛才躺在別人身
　　上，聽到什麼？

Ｃ：心臟的聲音很大，怦，怦，怦。

　：肚子裡有流水的聲音。

　：肚子下面也在跳動。可是沒有聲音。

　：上面好像一上一下在動。

Ｔ：很好，小朋友聽到有不同的聲音，感覺了跳動、振動，有沒
　　有感覺到別的？那一組願意分享？

（團體沉靜下來，教師啓動發言）

Ｃ：熱熱的。

　：心臟的地方會動。

　：肚子也會動，他（發出的）聲音比較大時，（肚子）動得比
　　較厲害。

　：上面比較硬，肚子比較軟。

（團體沉靜時，教師說：想一想身體的每個地方。）

T ：小朋友發出聲音時，你們發現到什麼？

C ：沒有聽到裡面有叫的聲音。

C ：有，裡面在發抖。

　　：在振動。

C ：胸部比較厲害。

　　：下面沒有。

　　：因為胸部有心臟、會跳，肚子沒有。

T ：有沒有小朋友發現下面有感覺？（必要時提示）

C ：用肚子出聲時，肚子有動一下，沒有發抖。

　　：對，只有上面動得比較多。

　　：上面會抖，下面會動一下。

　　：縮進去又回來。

T ：（教師用兩隻手分別放在胸部和腹部，參與他們。）真的耶！
　　不一樣噢！

C ：是呀！

T ：我剛才趴在阿文身上時，也覺得不一樣！

C ：很舒服呀！

　　：好重，不舒服！

　　：好像一個枕頭。

　　：好像在床上。

　　：不是，肚子最軟、最舒服。

　　：心臟的地方有聲音，我喜歡躺在另一邊。

T ：躺在床上和小朋友身上有什麼不一樣？（沒有其他意見時，
　　改變話題）

C ：床鋪比較平，小朋友身體每個地方都不一樣平。

　　：床上可以隨便滾來滾去。

　　：床比較大，可以翻筋斗。

　　：小朋友身體太小了。

　　：翻筋斗他會痛呀！

  ：翻筋斗時腳會打到他的心臟和肚子，肚子會破。

T　：剛才你們躺在小朋友身上時，我看到你們在滾動。

C　：可是我輕輕的。

  ：要不然他會不舒服。

  ：如果很大力，小朋友會生氣。

  ：他如果很痛，就會把我推開。

  ：不可以太大力。

  ：我沒有滾，只有想睡覺。

  ：要是想翻筋斗、滾，回家在床上滾和翻筋斗就可以了。

T　：我也好想，可是我也不敢。

C　：可以輕輕的滾，不可以翻筋斗。

  ：滾不會痛，可是要輕輕的。

T　：小朋友說得很好，現在我們來聽聽被人家躺的小朋友有什麼
  感覺？

（老師主持下，兩組議題分開深入的談，幼兒自由談時混合各種議題，不
夠深入。）

C　：我覺得他好重呀！

  ：癢癢的。

  ：好像不能呼吸。

  ：肚子比較不舒服。

  ：心臟好像被東西壓。

  ：如果躺在腿上就不感覺不舒服。

T　：阿文你喜歡我躺在你身上嗎？還是你躺在我身上？

C　：我躺在你身上。

  ：因為躺人家不會覺得重，被躺才會覺得。

T　：可是我喜歡阿文躺在我身上！

C　：當然了，阿文比較輕呀！

　：沒有關係呀，躺一下下又不是躺很久。

　：躺來躺去才公平。

　：很好玩！

　：我聽不到自己身體裡面的聲音，別人可以告訴我。

T　：對喲！○○小朋友說，別人知道他肚子裡面的聲音，他自己都不知道！你們覺得怎麼樣？（教師請幼兒注意重要觀點）

C　：因為我們聽不到自己呀，我們也可以告訴別人我們聽到的聲音。

　：對，我們也知道別人肚子裡的聲音。

　：大家都一樣呀！

T　：好，你聽到小朋友的肚肚，又去告訴他，你覺得怎麼樣？現在做一遍，告訴你的同伴他的秘密，在耳邊說。（進一步探索，教師參與）

　　（教師和阿瑞一組，和他說悄悄話。請大家自由分享，教師適時說出對阿瑞的感覺，引起共鳴，使分享延續）

C　：我知道他的秘密。

　：只有我知道，別人沒有聽到。

　：我幫他聽，他聽不到。

　：我很高興。

　：從前都不知道，現在才知道，肚肚裡有聲音。

　：我還是不知道我肚肚裡的聲音是不是和你們的聲音（我聽到的）一樣。

　：我的肚肚會出聲音，好奇怪！

T　：阿瑞，我要謝謝你，你對我真好！

C　：我好高興，要謝謝老師。

　：○○平常都不喜歡和我玩，現在覺得他很想和我玩。

　：對！我也是，我覺得○○不是不乖的小孩。

　：○○真好，他會輕輕的在我身上滾，他很怕我痛。

　：對，○○也沒有用力。

：○○也是輕輕的。

：○○摸我的臉，好舒服、好高興。

：我覺得他知道我的秘密，我也知道他的秘密，好像我姐姐一樣。

T ：小朋友都覺得你的同伴對你很好，請你去對他說一句話或做一個動作，譬如，拉拉手、抱抱、或親親，表達你剛才說過的意思。

這才是一個完整的感性活動。感性活動不是僅僅前半段活動。但是教師必須要長於引導，否則幼兒是不會想到那麼多、那麼深入的。等待幼兒對感覺探討有了概念，教師可放手由他們自行分享。

第二節　我的心事小秘密（情緒探索）

～漢菊德

一、活動描述

教師播放輕柔的音樂，將燈關掉，教幼兒繞著圓圈隨著旋律走，教師說：「你現在的心情怎麼樣？是快樂？還是難過？」如此繞過幾圈使幼兒有充分的時間想，停下來，請幼兒和身邊的小朋友坐下來，分享剛才的心情。

分享完畢後，教師問：「那一組的人願意將自己的心事告訴大家？」或請兩組中的一位告訴大家，但要得到同伴的允許（圖 13）。

分享後教師請幼兒給以回饋。

13.　「我的心事小秘密」，分享悄悄話。

二、分享討論過程

　　T ：誰願意告訴大家他／她今天的心情？好！云云妳說。

　　云云：有點想哭！

　　T ：有點想哭，為什麼呢？

　　云云：早上看見爸爸大聲罵媽媽！媽媽在哭！

　　T ：（簡述），妳覺得媽媽好可憐，妳也想哭！

　　C ：我也看過爸爸和媽媽吵架。

　　　　：我爸爸還會打人，也打過我，好痛……。

　　T ：你們也和云云一樣想哭嗎？

　　C ：對！很難過！

　　T ：還有什麼感覺？身體上呢？

C：心裡很害怕！

　：心會跳。

T：我知道有些小朋友都會很難過，很想哭。我們請云云和這幾
　　位小朋友前來扮演他們的心情讓大家知道好嗎？

　　云云和相同經驗的幼兒前來。教師讓他／她們輪流演出爸爸、媽媽
（或其他相關的人）生氣的樣子，停止不動，請大家看，再把自己在旁邊
看到爸媽時自己的心情用身體和表情表現出來，停止不動請大家看，大家
看清楚了，回到團體。然後教師和幼兒繼續討論。

T：剛才你們看到云云他們的姿勢，你們認為那個樣子表示心裡在
　　想什麼？（幼兒根據經驗揣測，自由交談）

C：爸爸想罵人，媽媽也想罵人。

　：爸爸想打人，真的會打人。

　：我爸爸想跑到外面去，很晚回家。

　：電視上還有男的喝酒。

　：媽媽到房間不理爸爸。

　　教師請幼兒想想爸媽平時常有那些姿勢，想到的人自由前來表演。請
幼兒分享和剛才生氣的姿勢有什麼不同。幼兒若分不出來時，可提示他們
頭、腳、手臂、腿、臉上的表情有什麼不一樣？引導他們去想和觀察。

C：平常臉笑笑的，生氣時臉紅紅的，

　：眼睛平時比較小，生氣時瞪得很大。

　：爸爸手握著好像快打人了，平常不會呀！

　：平常好像很輕鬆，看電視手軟軟的。

　：生氣時手會硬起來。

　：手和腿都好硬，都拉不動。

　：媽媽會發抖，好像很害怕。

　　：媽媽好像要哭。

　　：喘氣很大力。

　　教師進一步問他們身體上的感覺，請他們自由分享。教師當然要提示他們，幫助他們去仔細留意身體各部位的感覺。

　　C：我腰的地方很累，好酸喲！

　　　：脖子也很酸。

　　　：手這樣抬起來不舒服。

　　　：我不想這樣一直站著。

　　　：我也是。

　　T：你們不想這樣站著，你們（扮爸、媽的幼兒）願不願意互相談
　　　　談、說說心裡的話？

　　C_1：我不喜歡你現在的樣子，好難看。

　　C_2：妳還不是！「恰貝貝」！

　　C_1：可是我生氣、難過呀！

　　C_2：我也是呀！

　　C_1：那怎麼辦？我們一直這樣真不舒服。

　　C_2：好啦，我不兇了，妳不要那樣站了，臉也要笑噢！

　　C：他們和好了！

　　T：身體、臉有什麼不一樣？仔細觀察。

　　教師請自願做爸爸或媽媽的幼兒前來向心情不好的小朋友說一些話，想不出話的小朋友可以來用動作安慰他／她們，例如拉拉手、抱一抱。幼兒會因個人的真實經驗而流露出真誠的情感，學會表達情緒，並抒解生活中家庭帶來的壓力。幼兒自行交談，或做動作，最後分享：

　　C ：（云云及其他幼兒）很高興。

　　　：他們覺得我很可憐。

：他們喜歡我。

：小朋友對我很好。

：我現在不害怕了。

：爸爸、媽媽很愛我。

：他們吵架很快就好了！

：他們相罵，可是還是很喜歡我！

分享過程分為幾個段落（或重點），幼兒若未自發性轉入，則由教師啟動。

第三節　我的願望（自我觀念、形象或認同）

～漢菊德

教師準備各種不同的舊衣物、用品放置在「娃娃家」（自由扮演，戲劇區），但由幼兒自由選取，配戴在身上裝扮自己。裝扮後每個幼兒都告訴團體自己打扮的是什麼。教師再教幼兒根據每個人不同的角色，扮演戲劇。教師說：「選擇自己喜歡的顏色和物品，打扮成想要的人物」，演出後分享討論。

一、活動描述

有幼兒打扮成消防隊員、修理水電工人、阿兵哥（圖 14）。

有打扮成爸爸、媽媽、公主、仙女、小飛俠、巫婆，每個幼兒的打扮都不一樣。

14.　幼兒打扮成自己喜歡的角色。

二、教師與幼兒討論與分享

（教師請幼兒自行分享）

T　：說說看，你們為什麼喜歡打扮成這樣！每個人都要告訴大家。

消防員：消防隊員救火好勇敢。

C　：還可以爬上很高的雲梯！

　　：把人家救出來很偉大！

巫婆：巫婆好屬害，想做什麼都可以。

C　：巫婆可以把愛哭的小孩變成乖孩子。

　　：可以把一隻熊變成小狗。

　　：可是有些巫婆會把小孩捉走。

　　：對，會吃小孩，會用糖果屋騙小孩。

巫婆：可是巫婆能力很強，也可以幫助人家，可以捉壞人。

T　：你為什麼選那種顏色的衣服？告訴大家好嗎？

消防員：看起來很勇敢，像聖誕老公公。

C ：這樣人家都會看到他。

水電工：修理水電的工人很聰明、很能幹。

C ：身上可以戴很多工具／很神氣／很好玩。

T ：你為什麼穿黑色的衣服？（適時介入，加深討論）

水電工：因為工人都穿黑色，而且工作會把衣服弄髒。

C ：你喜歡打扮成巫婆，也穿黑色的衣服。

巫婆：對呀！巫婆都是這樣的！

C ：小仙女最漂亮。

仙女：仙女很漂亮，小朋友許願的時候，她可以幫助小朋友。

巫婆：巫婆也可以，巫婆比較醜，人家都不喜歡。

C：那你為什麼要打扮成比較醜的呢？

巫婆：我可以嚇人家！

C ：我們才不怕！

仙女：小朋友比較喜歡仙女，仙女可以穿很漂亮的衣服，很可愛。

C ：仙女說話很小聲。

　：仙女不可怕，我們可以抱她。

T ：仙女有沒有男的？（團體沈靜，介入，使分享向前進行）

C ：沒有，都是女生。

　：平平愛做女生，愛做仙女。

　：平平也可以做「仙男」呀！

仙女：因為仙女有能力，長得也很漂亮，人家都喜歡，也可以變魔
　　　法，所以我要當仙女。

C：男的就是小飛俠，不是「仙男」。

　：那你也可以做小飛俠呀！

仙女：小飛俠不會變魔術，手上沒有魔杖。

　　角色分享結果，教師請他／她們先計畫一個簡單的故事，自由扮演，
在過程中，教師不予干涉，不限時間在旁觀察，使他們自由發揮，由簡單

的故事結構開始，發展出複雜的內容，扮演結束後，再就扮演內容及發生的事，做深入的討論與分享。故事及扮演活動的自然發展是這樣的：

1.爸爸、媽媽給弟弟慶祝生日，他請了許多小朋友、狗狗、小貓來家裡。爸爸媽媽請他們吃點心。弟弟要許一個願，他的願望是想自己會飛來飛去，做一個小飛俠。「誰能幫助他呢？」客人說：「仙女可以幫忙！」（幼兒自由發表）最後決定先請仙女來，仙女就把弟弟變成小飛俠了。

2.教師提示：「那公主呢？」Ｃ：「有一個小朋友想請仙女把她變成公主」，「她就真的變成公主了」「小飛俠把她送到皇宮裡！」「皇宮裡有好多武士保護公主！」

3.Ｔ：「還有消防隊員、水電工呢？」Ｃ：「皇宮失火了，水電工來修理沒有修好，就叫消防隊先來救火，火太大了，公主好危險。公主叫「救命呀，救命呀！」爸爸媽媽也聽不見，武士也好危險「小飛俠可以來救她！」「不行，火太大了，小飛俠也會燒到！」「巫婆，巫婆有一支掃把，可以騎在上面！可惜，巫婆很壞！找仙女！」「我不壞，我可以救人！」巫婆搶著幫忙。「公主不能回家，她好想念爸爸媽媽，巫婆就把她變回小女孩了！」

4.Ｔ：「小飛俠呢？」「小飛俠跟爸爸媽媽住在一起。」「他會飛來飛去在外面幫助人家。」

這不需要結構性或邏輯性很強的故事，只要一開始，幼兒就會這樣「玩」出來了，教師只在必要時提示他們遺漏的角色。扮演過程中有時會發生爭吵、推、指責的情況，都可留在事後討論。

Ｔ　：現在你們演過以後，你們是不是還像原來一樣喜歡自己選的角色？請你們相互談一談。

公主：我不想做公主，不好玩，還會想念爸爸媽媽。

Ｃ　：妳在皇宮裡好玩嗎？

公主：和武士一起，武士不好玩，我沒有朋友。

C ：那妳為什麼不來找我玩？

　：我們不喜歡，不好玩，又沒有打仗，打仗才好玩。

　：消防隊員用水管（布條）綁在我們身上，很不舒服。

　：水電工跑來跑去撞到我，把我撞倒。

　：可是本來就是這樣演才像呀！失火了要跑來跑去。

　：不對，有人平常就是這樣，喜歡推人，擠人家！還會大聲說
　　話！

　：演戲可以，是假的，但是不要像平常那樣用力，很痛！有人
　　跳來跳去，好危險！

　：不要太大力，假裝用力就好了！

　：人家不喜歡！

　：可是他們是演真的！

　：他們很喜歡這樣！

T ：你們認為他們是故意的？

C ：他們會打我們。

　：會相罵！

　：如果告訴老師他們會生氣怎麼辦？

　：他們平常都是先推人的！

　：他們好吵，聲音好大！

T ：失火時你們跑來跑去，我以為你們來幫助我呢！（提示受指
　　責者反思）

C ：我們好著急。

　：我們忘記了嘛！

　：我們不是故意的。

　：是故意的，你們還推人家。

T ：那裡很擠嗎？

C ：因為想要逃走。

　：那別人也要逃走呀！

　　：應該排隊才公平。

　　：應該幫助人家才對！

　　：做消防隊員要幫助人家，你們都沒有！

　　：水電工很有力氣，也可以幫助人家，他也沒有！

　　：好啦！對不起啦！

T　：有人說對不起，你們（水電工、消防員等人）還有什麼話要
　　　說？

C　：應該幫助人家逃走。

　　：不要搶先。

　　：應該想辦法，不應該亂跑。

　　：推倒人家很對不起。

　　：要做隊長，帶他們走。

T　：想出來的辦法很好！還有小飛俠沒有告訴我們他的感覺，大
　　　家有問題可以問他。

小飛俠：我的願望實現了很高興，覺得自己可以飛起來，好像很舒
　　　　服。

C　：可是你沒有救公主。

小飛俠：因為我沒有翅膀，也沒有魔杖，我覺得自己不如仙女和巫
　　　　婆可以去救人。有點不高興。

T　：我看到你送公主去皇宮，很棒呀！

小飛俠：我抱著公主去，那時候沒有火，很累的時候可以停下來休
　　　　息。她好重！

C　：小飛俠很棒，可以背很重的東西。

　　：不怕火，你可以飛高一點呀！

小飛俠：下來的時候有火呀！

仙女：我覺得我很棒，我把小壽星變成小飛俠，又把小客人變成公
　　　主，人家都很喜歡我，我好高興！

C　：你怎麼知道人家很喜歡你？

仙女：我每次成功，你們就為我拍手，而且大聲叫。

　　：他們喜歡找我幫忙，不找巫婆。

C ：可是巫婆救走了公主，又把公主變回來，送到爸爸媽媽那裡。

仙女：我沒有掃把呀，而且剛才巫婆太快了，讓我來不及救人，可
　　　是我還是喜歡做仙女。

C ：你也有魔法呀！

　　：那麼愛做仙女！和平常都不一樣！

仙女：不是！平常有時小朋友會和我吵架，不和我玩。

C ：你平常好兇，常常叫我們要聽你的話。

仙女：你們不乖，也不聽我的話，才和我吵。

C ：因為你很兇。

T ：我覺得平平好像仙女喲！說話好溫柔喲！（教師使他們跳出
　　　紛爭）

C ：仙女的樣子不可怕。

　　：仙女說話不兇，

　　：仙女會幫助小壽星和小客人。

　　：如果平平一直是仙女就好了！

　　：平平要像仙女，我們就喜歡了。

　　：平平平常也像扮仙女那樣就好了！

T ：平平，他們說得對嗎？小朋友喜歡你喲！

仙女：對！他們喜歡仙女，喜歡我和仙女一樣。

T ：如果你天天都像扮仙女一樣，你會感覺怎麼樣？

仙女：天天都很快樂，他們天天都會喜歡我。

　　　：可是我覺得沒有辦法像仙女！

C ：就不會吵架。

　　：不會大聲叫，我們就會喜歡你了。

T ：謝謝平平。還有誰要分享？（結束一段落，教師啟動另一段）

巫婆：等了好久，才能去演。

C ：沒有啊！

巫婆：覺得他們不喜歡我，最先他們決定叫仙女去幫忙，不叫我

　　去？

C　：我們以為你是壞巫婆。

巫婆：巫婆的魔法很厲害，也可以把小孩變成公主和小飛俠呀！

C　：可是說不定巫婆會把他們亂變，變成青蛙怎麼辦？

　　：巫婆會吃小孩。

巫婆：才不會，我是好巫婆，除非你是壞小孩我才會把你亂變。我
　　　也可以把人家變回來呀！

C　：我們不敢試。

　　：他看起來好像壞的，我們不知道他是好的還是壞的。

　　：巫婆都是壞的！故事書上的巫婆很壞。

　　：萬一，他也是壞的怎麼辦？

巫婆：不對！巫婆也有好的，要不然我才不做巫婆！我看過電影有
　　　好巫婆。

T　：我也以為你是壞人呢！怎麼回事？（教師以參與方式協助分
　　　享進行）

巫婆：我也不知道，可能因為醜，又可怕吧！

C　：我們不怕你的樣子醜，不怕！你是阿文啦！

　　：不喜歡巫婆的樣子。

　　：樣子像要害人一樣。

T　：阿文，我也不怕你醜呀！

C　：可怕！好像要害人一樣，有人不害怕。

巫婆：那是因為你們知道巫婆不是真的。你們不喜歡我。

C　：我們不喜歡巫婆，不是你！

T　：可是後來你要去救公主了！（教師協助幼兒跳出爭執的漩
　　　渦。）

巫婆：只有我最棒呀，仙女沒有我厲害，小飛俠會怕火燒到屁股！

C　：我們不叫巫婆去，他自己搶先去的。

　　：巫婆才不像阿文那樣，巫婆會害人的！

巫婆：我最棒，我很開心，他們怕我，可是還是我最棒！我讓他們

　　　　知道我比仙女棒，是好巫婆。

C：對！其實巫婆比較棒！

　：很棒呀！

T：嗯！我也開始喜歡巫婆了。

C：喜歡阿文。

C：仙女都不快一點去救人！

C：那我們其他的人沒有人來救，怎麼都不理我們？

T：對呀！其他的人呢？你們有什麼感覺？（若無反應，教師才
　　提示）

C：我們覺得沒有人管我們／因為公主愛哭愛叫，別人會聽到。

　：他們不愛我們只愛公主／因為公主比較可愛漂亮。

T：巫婆、小飛俠、仙女，……你們覺得他們說得對嗎？（若無
　　反應，教師才提示）

巫婆：一次只能救一個人。

仙女等：我也很喜歡你們。

　：我們不知道該怎麼辦！

T：你們是說你們應該想辦法救他們？

巫婆等：我們還要演，我們現在要接著演。我要回去把他們一個一
　　　　個救出來。

T：你們同意嗎？

C：同意。

　　幼兒繼續演救人的戲。幼兒在發展劇情中會有爭論，教師要由他們自
己決定。教師視情況時而參與、時而跳出團體，以不同方式協助分享進
行。幼兒選擇的角色可以反射出他所受到日常人際關係的衝擊，以及個性
和思維形式，譬如，選擇仙女的是平日不受歡迎的一個小男生，在扮演中
得到了滿足，扮演巫婆的有批判性的思維，試圖積極地改變巫婆的形象，
扮演公主，小飛俠的想要滿足一個夢想，他們在扮演中都體驗到了那種受
重視的感覺。

第四節　飛！飛！飛（想像與感覺）

～陳幼君

　　實習老師說了一本「瘋狂星期二」的故事，是關於動物和葉子突然飛起來的有趣事件。小朋友個個笑得人仰馬翻，樂不可支。柏亙：「葉子不是不能飛？」小朋友仍然陶醉在瘋狂星期二的故事裡。

　　老師：「如果你能飛，你想飛到那裡去？」
　　芷柔：「飛到河邊看花。」
　　子庭：「到處兜兜風。」
　　心瀞：「想飛到印尼看火山，也可以飛到世界各國啊！」
　　銘良：「要飛到動物園看動物，飛到那裡去就換成動物看我們了。」

　　小朋友們自由想像，說出自己的願望，就在這時輕柔音樂響起，燈暗了，引導大家來一趟「瘋狂星期二——飛翔之旅」，小朋友們變成會飛的動物或物品，自由自在，輕輕鬆鬆的展翅飛翔，遨遊在想像的情境中，一下子蹲，一下子跳，往右移，靠左轉，加速往前，減速後退……。有人累了不想飛時就自動靠在一邊休息，燈亮了，又回到小朋友原來走動的樣子，漸漸音樂緩緩停下，大家也都靜止。

　　老師：「飛翔時，看到什麼？經過那些地方？感覺到什麼？」
　　澄陽：「我坐在紅蘿蔔飛上天，看到雲和上面的巨人。」
　　子寬：「我坐在葉子上，飛過高山、一條溪、一座橋、一個湖再到
　　　　　大海，在大海上飛又經過一座山，到了一個小島。」
　　銘良：「我騎老虎飛到一棵大樹下，看到一間房子。」

芷柔：「我看到花、葉子和山。」

又寧：「好多小白兔坐在紅蘿蔔上飛。」

宇萱：「老鼠坐在起士上飛，小狗坐在骨頭上，他們一起飛。」

雨柔：「飛到天上去，很開心。」

心瀞：「我編了一個故事～晚上的時候青蛙發現自己變成熊飛在半空中，很不高興；在睡覺的時候老鼠看見花都飛上天空，老鼠在晚上的時候也變出一雙翅膀飛上天了。在第二天早上時，老鼠很高興自己可以不用飛了。當第三天青蛙掉下來了，所有的東西都掉下來不用飛了，好高興喔。」

　　小朋友將自己的想像用畫筆記錄下來，有的甚至延伸成另一則有趣神奇的想像故事。俊毅說：「明天是星期三，也可再來一次『瘋狂星期三』喔！」小朋友哈哈大笑起鬨說：「可以再來飛一次，星期四、星期五也可以，很有趣。」

　　故事、肢體活動、繪畫，是大部分的小朋友都樂於參與的，只是有些見長於肢體的創作，有些善於彩筆的揮毫，更有些小朋友愛好口語的表達等，有人不喜肢體的誇張表現，但在畫紙上的成就非凡，故在此次想像活動中小朋友的想法及作為都是被接受的。

　　音樂帶給小朋友更多的想像空間，除了表現平常所見的經驗外，亦可加入自己的希望、自己喜歡的一面，是寧靜或是壯觀。

　　聽完一則不錯的故事之後，老師和小朋友不妨來一次有趣的創作之旅，說不定能再出現一段不同凡響的故事呢！

第五節　急凍人（身體感覺）

～曾慧蓮、林娟伶

一、活動描述

　　小朋友從前院活動回來，照例的，老師播放著輕柔的音樂，讓孩子們休息並安靜下來，但酷熱的天氣讓每個孩子都煩躁不安，頻頻喊「好熱！好熱喔！」絲毫沒有靜下來的跡象，於是老師請小朋友先將汗擦乾把燈關起來，開始「降溫」的活動。

　　老師配合著輕柔的音樂請小朋友將眼睛閉起來，安靜幾秒鐘，開始想像有微風吹過（同時老師將電扇打開），慢慢的，風增強了，愈來愈強，感覺愈來愈冷了，慢慢的從頭開始結冰了→肩膀→左右手→上半身→腳→直到全身結冰變成急凍人了。接著，老師請急凍人到處走動→彎腰、蹲下→互相打招呼→互相抱一抱，接下來太陽公公出來了，急凍人開始融化了，從頭→肩膀→左右手→上半身→腳慢慢融化，同樣的融化後的小朋友到處走動→彎腰、蹲下→互相打招呼→互相擁抱，最後回到座位上（圖15）。

15. 「急凍人」，小朋友變成急凍人，身體僵硬，在地上自由行動。

二、討論分享

　　T　：身體結冰像什麼？

　　C1：像木頭。

　　C2：牆壁。

　　C3：地板。

　　T　：身體結冰後有什麼感覺？

　　C1：冷冷的。

　　C2：硬硬的不舒服。

　　T　：為什麼會覺得不舒服？

　　C1：走路變得很慢。

　　C2：蹲下去要很慢很久。

　　C3：身體變得硬硬的跟人家握手不好。

　　T　：為什麼不好？

C ：不能握手、也不能抱起來。

T ：這樣會給你什麼樣的感覺？

C1：好像他在生氣。

C2：好像他不喜歡你。

T ：融化的身體像什麼？

C1：像棉花糖。

C2：像豆腐。

C3：像枕頭。

T ：融化的身體有什麼感覺？

C1：軟軟綿綿的很舒服。

C2：動作變快了。

T ：軟軟的抱起來感覺如何？

C1：很舒服。

C2：好像他很喜歡你、很愛你。

T ：你們喜歡那一種抱抱（圖16）。

16. 小朋友變成急凍人互擁，並體驗其感受。

C1：輕輕的抱抱。

C2：融化後的抱抱。

T ：好！現在給你身邊的小朋友一個最舒服的擁抱！

三、延伸活動

T ：你們剛剛分享的感覺都很好，我們要用什麼方法能把那些分
享的感覺留下來？

C1：錄音。

C2：可以畫圖。

C3：可以像「蠶寶寶」那樣寫成兒歌，貼在外面。

最後，大家共同做了一首簡短的兒歌。

結冰的身體像什麼？

像石頭、像牆壁、像桌子，

抱在一起不舒服，

好像別人在生氣。

融化的身體像什麼？

像棉花糖、像枕頭、像果凍，

抱在一起很舒服，

好像別人喜歡你，

我也喜歡抱抱。

第十三章

感性活動後之價值澄清

第一節　女廚師的故事

～吳妙娟、練瓊華

某天在報上看到一則小故事，大意是說有個叫做格麗特的女廚師，有一天老板交代她烤兩隻雞請客，當雞烤好時格麗特因口渴喝了些酒而忍不住烤雞香味，於是把整隻雞吃完，接著又把第二隻也吃光。老板回來以為格麗特一切準備就緒，就去磨切雞的刀子。

客人來了，格麗特說：請趕快回去，我家老板請你來其實是想割掉你的耳朵，你聽，他正在磨刀！客人一聽趕緊回頭跑了。

這時格麗特大叫：客人把兩隻雞連盤子一起搶走了！老板氣呼呼的拿著菜刀，邊追邊叫：一隻也好，留下一隻也好！

我們把它變成親子集活動請小朋友回家與父母討論如對格麗特的感覺，如果小朋友遇到物質方面的誘惑會如何處理等等問題。分享之前我們還藉由「角色扮演」再回想一次故事中的情節（見圖 17）。

17. 「海豚,大廚師」。

◉ 故事討論

T :小朋友你們覺得格麗特是個怎樣的人?

C :說謊話欺騙了老板、客人,而且像一個小偷,因為她偷吃了老板的烤雞。

C :自私、貪心的人,因為忍不住肚子餓而偷吃了雞,又怕老板罵而說謊,好自私喔。老板如果發現格麗特說謊,一定會氣得臉都紅了。

C :格麗特是個大壞蛋,因為她做錯事情又不敢承認,不誠實。

C :我覺得格麗特是個頑皮又聰明的女廚師,因為她這樣說就不會被老板處罰。

T :如果你是格麗特,聞到那麼香的烤雞,肚子又咕咕叫,你會

怎麼辦？

C：去跟主人商量，看看可不可以給我吃一點點。

C：多烤幾隻雞。

C：吃完了就再去市場買兩隻雞，假裝是原來的那兩隻雞。

C：可以只吃一隻雞，一次吃兩隻雞肚子會受不了。

T：你有沒有過看到很喜歡的東西比如說玩具、食物而要求爸爸、媽媽買，你會怎麼跟爸爸、媽媽說？

C：我會看看自己最近的表現，表現好就請爸爸幫我買。

C：我會問媽媽那個東西貴不貴，媽媽如果沒有錢以後再買。

T：如果，爸爸、媽媽不答應買給你，你會怎麼辦？

C：像我有一次跟媽媽說我想吃麥當勞，媽媽說剛吃飽不可以，我問媽媽那那一天可以去，跟媽媽約好那一天，然後在那天的日曆紙上畫「M」，這樣到了那一天媽媽就不會忘記了。

C：有一次我想要買手錶，因為班上好多小朋友都有戴了錶，爸爸說等到我會看時間再買手錶，然後爸爸教我看時鐘、認識時間，可是現在我已經不想買了。

C：有一次我看到別人在吃一種很好吃的東西，我也很喜歡吃那種東西，就問爸爸媽媽那是什麼東西，結果爸爸媽媽說的答案不對，因為我早就知道那是什麼，我還告訴他們那個東西的名字，覺得自己很厲害就不會想吃了。

C：我很喜歡吃冰淇淋，有一次媽媽看到姊姊、妹妹在吃冰淇淋也買了要給我吃，可是我剛好感冒，就告訴媽媽我不可以吃，媽媽說她忘記了，等我感冒好了再請我吃冰淇淋。

　　你覺得格麗特是個怎樣的人呢？故事最有趣的地方在那呢？跟你的小朋友一起分享吧！

第二節　溫柔的接觸

〜練雅婷、鄭玉玲

「你幹嘛弄人家啦！討厭！」「我要去告老師，說你打我。」「我又沒有，只是跟你玩的啦！」「你弄的人家很痛吔！」在一段時間裡，時常聽到孩子發出這樣訊息。為了清楚了解孩子們到底發生了什麼問題，我們仔細的觀察孩子們尤其是相處時的狀況。赫然發現，一個看似小卻已在他們的世界裡困擾頗久的大問題——因為彼此由熟悉的相處進展到熱絡的接觸所產生的肢體碰觸「更輕鬆」「更自然」而無所忌，有時力道的拿捏失了準，就讓對方感到不舒服，並發出警示的訊號。

了解孩子們的情形後，我們並未直截了當的處理任何相關的單一事件，而是留意孩子們的狀況，再針對整體的情況商量因應的對策——也就是希望藉由另類肢體接觸的活動讓孩子彼此體驗、感受，進而達到改善的效果。

一旦上課時，我們開始了這樣的行動，老師徵求兩位自願協助的孩子，小聲的交談達成默契後，利用肢體動作組合的一輛「車子」就出現了，此時目光焦點集中在這輛尚未被猜出的人肉車上頭，一番猜測、觀察、提示後，謎底很快就揭曉了。在此同時，另一位老師搖身一變成為車子的主人：「哎呀！我的車子髒了怎麼辦啊？有誰可以替我想想辦法呢？」孩子們爭先出主意「用水龍頭洗。」「用布擦。」「用刷子也可以啊！」主人又提出了要求：「那怎麼洗？誰來洗？」孩子們既熱心又踴躍的表示想幫忙，而未能如願幫忙的孩子難免感到失落，為了滿足孩子濃烈的參與興致，於是徵求洗車及當車子的人。洗車的孩子更興沖沖的談論到機器洗車的經驗，並決定創造一台三段式的洗車機器。當車子的孩子則分別與他人或自己運用肢體製造出一輛輛款示不同的汽車，大至賓士，小至

March，各家廠牌盡在這裡，塑好造型後車子井然有序的進入洗車機中清理洗刷，自洗車機中清洗過的車子果然煥然一新。

　　簡短的肢體活動後，孩子們坐下來分享、表達他們心中的感受。

　　C　：我覺得很好玩。

　　C　：我也覺得很好玩。

　　T　：那我們請被洗的小朋友說說看，你們被洗的感覺是什麼？

　　C　：我覺得很癢。

　　C　：我覺得很舒服。

　　T　：他們什麼動作讓你覺得舒服？

　　C　：每一個動作。

　　T　：有沒有人有不舒服的感覺，可以把它說出來？

　　C　：覺得很癢。

　　T　：那你喜不喜歡那樣？

　　C　：不喜歡。

　　T　：如果今天你有一輛你很心愛的車，你希望人家用什麼方式來幫你洗車？

　　C　：就是讓老闆用刷子自己輕輕的刷。

　　T　：為什麼要輕輕的刷？

　　C　：怕車子被洗壞。

　　C　：機器比較大力，機器比人的力氣還大啊！

　　C　：用布洗比較輕。

　　C　：太大力就會完蛋了。

　　C　：這樣好可憐，就又要買車子了。

　　C　：車子的皮就會壞了。

　　C　：不然油漆也會掉。

　　對於洗車的部分，孩子清楚的將自己的想法表達出來，在此同時，老師將原先的問題做假設性的擴展，如果今天把車子變成最心愛的東西，或

好朋友時，你會怎麼對待他或和他接觸呢？

  C ：我會小心的照顧我的東西，不要把它弄壞。
  C ：如果他在跟人家玩，我就說可不可以加入你們。
  C ：我會溫柔的對他。
  C ：我會輕輕的對我的朋友，不會很大力。
  C ：如果你很兇的對他，有可能他以後就不理你了。
  C ：在跟人家玩的時候，要輕輕的。

  為了讓孩子重新嘗試怎麼和朋友一起玩或做事情，於是拿起鈴鼓拍擊，隨著鈴鼓交互敲打出快慢不同的節奏，孩子們依著節奏的不同移動步伐擺動身體，鈴聲一停，孩子們也停，並依老師的口令找一位身邊的好朋友抱抱、牽牽手、拍拍肩膀、一起跳舞、搭肩散步、唱歌……說一說今天高興的事給對方知道等。就這樣不斷的更換友伴，變換著不同的玩法，在開心愉悅的氣氛下，這部分的肢體接觸活動暫時告一段落。隨即，孩子們共同分享這階段的感覺，分享時，孩子們一直笑咪咪的說著。

  C ：我喜歡這樣溫柔的對別人。
  C ：這樣很好、很溫柔。
  C ：我覺得很高興。
  C ：我也覺得很快樂。
  C ：我喜歡這樣，都沒有吵架。

  這是孩子真實的對話、誠摯的感受，不需加入大人的意見，我們也立即可以體會得到孩子的情緒反應及轉變。
  大部分的孩子是屬行動派的，動的比靜的多，動作也比聲音的速度快，對肢體的感受也比語音的接收度強，因此引正孩子不擅拿捏的力道或肢體碰觸使其有切身的體會往往比口口相授的效果更易被孩子接受（註）。

漢菊德註：
「溫柔的接觸」與「急凍人」、「我是聽診器」等三個活動都是探索身體感覺與情緒。只是「溫柔的接觸」討論到如何接觸才是好的接觸，為什麼要這樣接觸，而延伸為觀念的澄清。

第三節　「官兵捉強盜」思想顛覆之省思

～雷體菁、吳幸珍

　　小時候玩「官兵捉強盜」的遊戲，官兵是握有公權力的正義執法者，強盜只能在公義的施展下落荒而逃。但反觀今日社會中綁架、擄人勒索、警匪槍戰……等接二連三時有耳聞，再透過大眾化傳播媒體──電視，生動、完整寫實的報導，一樁暴力事件儼然發生在我們的身邊，社會的安定感也漸漸在瓦解中。

　　自從白曉燕案件後，社會公理正義的維護再次受到嚴重的挑戰，警方多次錯失逮捕歹徒的機會，也讓歹徒形象由傳統弱勢者轉為與警方相當或更強的強勢者（註）。

　　社會新聞事件藉由傳播媒體、成人口述對幼兒究竟產生了那些影響呢？以下僅就一則由幼兒自行創作的故事做為陳述並加以討論、延伸。

　　　　故事：熊熊哥哥和弟弟玩金剛戰士的遊戲，一個人當好人、一個人當壞人。他們兩個人都變身，最後壞人打贏了好人。玩完以後他們就去別的地方看到一部卡車，車上載著電視來，他們上車就把卡車開走了（節錄自陳緯和陳巍少小朋友自編的故事）。

　　在分享、欣賞自編自導自演的故事劇場後，我們師生也針對孩子的想法做了討論。

註：

(1)在幼兒創作的故事中，除陳緯和陳巍少小朋友故事中竟然壞人獲勝外，林育如小朋友故事中也反應出目前社會的亂象──綁架、擄人勒索。

(2)平日，我們在班級自由活動期間，也會聽到孩子在追逐遊戲的過程中說「陳進興和高天民來了。」「你不是老大嗎？你是陳進興或高天民嗎？」

T ：「為什麼壞人會打贏好人呢？」

C ：「因為金剛沒有分身。」

C ：「要六個金剛分身才會變大。」

C ：「因為壞人變身比金剛還大。」

C ：「要一百個金剛合身才會最屬害。」

T ：「要很多的金剛合作才會產生強大的力量打敗壞人。」

在這一次的討論中，我們試著去澄清惡勢力與公權力的對抗中，孰能站在最後的真理上。但教導年幼的孩子只以力取而不能以智取勝，似乎有所欠缺。在後來活動中，我們增加一則「勇敢的小裁縫師」故事，期盼小裁縫師機靈、巧妙的應變方式能夠做為以智取勝歹徒的良好示範。故事除以口語解說外，我們也讓幼兒在扮演的過程中再次體會模擬。

在扮演過程中「國王」在最後將巨人送到了監牢時，飾演「巨人」的小朋友說：「我才不要被關起來，我還要出來抓你。」國王請小朋友幫忙想辦法，其中一位小朋友說：「國王可以給巨人一筆錢，巨人就不會再做壞事。」巨人說：「我要很多很多的錢永遠都不夠。」這時候，有人提議巨人可以去工作啊！

C ：「巨人可以去巨人公司上班賺錢。」

C ：「可以開一個巨人修車廠，讓巨人修車子。」

C ：「或是請巨人去抓小偷幫國王的忙。」

在討論活動後，我們準備一段十分詼諧、逗趣的律動音樂，讓幼兒做自由的聯想與肢體表演創作。孩子將音樂的節奏與肢體表現做了充分的結

合，編成一齣音樂劇——警察捉小偷，並分為三幕。

　　幕一：小偷鬼鬼祟祟地潛入民家偷取金銀珠寶。

　　幕二：主人發現後，不動聲色趕緊打電話報警。

　　幕三：警察接獲報案後，迅速抵達現場將小偷逮捕歸案（見圖18）。

18.　「官兵捉強盜」，小朋友扮演報案情節。

　　孩子們玩的不亦樂乎之餘，提議警察要練習射箭才會比較厲害（原本提議射槍，但學校中沒有槍而有弓箭，於是有人建議射箭）。一位小朋友回答到：「射箭不是羅賓漢嗎？我們來玩羅賓漢的遊戲好了。」為讓大家能參與這個遊戲，我們準備「俠盜羅賓漢」錄影帶讓幼兒欣賞。欣賞活動後，再做一番討論、澄清。

　　T：「你覺得羅賓漢是怎樣一個人呢？」

　　C：「是英雄。」

C ：「是好人。」

C ：「他是強盜、是壞蛋。」

T ：「羅賓漢到底是好人還是壞蛋呢？」

C ：「是好人，因為他幫助窮人。」

C ：「可是他搶別人的東西啊！有錢人的東西就變成別人的。」

C ：「可是他是為了要幫助窮人。」

C ：「有錢人就變成窮人了。」

T ：「羅賓漢到後來變成怎樣呢？」

C ：「國王派軍隊來把他抓起來了。」

T ：「所以羅賓漢這樣做是違法的，但是窮人要怎麼辦呢？誰來
　　幫助他們呢？」

C ：「窮人可以去賺錢。」

C ：「羅賓漢可以開店做生意，把賺來的錢再去幫助窮人。」

C ：「可是要真的錢喔！」

在後來的討論中我們提議到開咖啡店、餅乾店、奶茶店、玩具店……等，最後大家決定開一間奶茶店。因為活動進行至此已接近聖誕節，在節日氣氛的感染下，孩子們將奶茶店設計成「聖誕奶茶店」，在聖誕節時隆重開幕，邀請爸爸、媽媽、各班老師及小朋友共同品嚐我們親手製作的餅乾及奶茶，並捐下十元給「世界展望基金會」──愛的麵包。

連續辛勞、熱情地開幕五天後，奶茶店共募得 2,111 元，我們在班級討論中找出附近的郵局，決定一天到郵局劃撥「愛的麵包」帳戶。期盼這一系列的活動與課程能讓孩子們透過實際的參與，學習到踏實、勤勉、合作互助的生活態度，對於美好而淳樸的社會風氣能夠再加以提倡、維護。

第四節　助人最樂

「如果有一天，你的眼睛看不到了，會怎麼樣呢？」我們不經意地丟了這個問題給孩子，或者說我們期望在孩子的身上找到一些處理事情的方式和答案。生：「我們就沒有辦法看到東西。」「也不能自己一個人走路。」「要用一根枴杖或摸著牆壁走。」「也不能畫畫啦！」「對呀！這樣根本看不見顏色。」師：「你們能感覺看不見的人是怎麼樣想的嗎？」生：「不能，因為我們沒有看不見。」「要眼睛瞎掉才會看不見。」「我們可以把眼睛閉起來，假裝看不見的人。」「把眼睛閉起來走路，或者做事情。」孩子便東一句、西一句的引出了延續的活動。

有些孩子提出了使用「眼罩」的方法，於是他們便找出了一塊大布，裁成一塊塊的眼罩；而另一群孩子則認為必須設計一些困難，這樣才能體會看不到的感覺，於是他們找出一塊塊的塑膠地墊，將木板床隔成兩邊，並且把地墊連成一條彎曲的長形，假裝是一條水溝。我們的遊戲也隨著他們的準備完成而展開。

我們將孩子分成兩組，由其中一組先戴上眼罩，扮演看不見的人，而另一組的孩子則負責協助他們從教室的一端走到另一端。當我們口令一下，活動便開始進行，有的人扶著看不見的人往前走；有的人站在一旁告訴他如何走；有的人找出了掃把當做枴杖交給他們。之後我們將角色互換又再進行了一次，這次發現有人竟是兩人合作地將看不見的人抱起跨過小水溝。

活動告一段落後，我們便進行分享。孩子們一一道出他們小腦袋中之想法，以及他們透過這個活動所得到的一些經驗──

T ：「你們覺得看不到的感覺怎麼樣？」

C ：「感覺很恐怖，都不知道前面有沒有東西。」「對呀！如果
是真的水溝掉下去就會受傷了。」「也不知道到了沒有，只能
一直走一直走，如果碰到牆壁就完了。」

T ：「你們喜歡當看不到的人，還是幫忙別人的人？」

C ：「當幫忙的人比較好，因為可以告訴別人怎麼走。」「如果
當看不到的人就要有人幫忙你比較好。」「要幫忙別人，以後
才會有人幫你。」「我媽媽說好心會有好報，幫助別人也會有
好報。」「幫別人覺得很高興。」

T ：「你們被別人幫助的感覺怎麼樣？」

C ：「他們會告訴我怎麼走，好像是我的好朋友。」「有人扶著
我慢慢走，我就不會害怕了。」「有人走得好快，也拉得我好
痛哦！」「對！把我抱起來也有點痛。」

T ：「你們喜歡別人怎樣幫忙你呢？」

C ：「我喜歡他溫柔的告訴我。」「我覺得扶著我走也很好，因
為他是輕輕地扶、都不會痛。」「如果幫忙的人要抱我應該先
告訴我，而且要很有力氣的人才行。」「對！不然我們會摔
倒。」「用力拉也會受傷。」「我想幫忙別人一定要很小
心。」

T ：「除了看不見的人需要我們幫助，平常還有那些人會需要幫
忙。」

C ：「生病的人。」「像天鵝小鴨班的小朋友也會幫忙。」「還
有老人和懷孕的人。」

T ：「除了這些以外，還有嗎？」

C ：「還可以幫老師的忙。」「對！有的時候老師一個人做不完
就可以幫忙。」

T ：「謝謝！可是只有老師嗎？」

C ：「不一定，有的時候家裡面人也需要幫忙。」「還有班上的
小朋友，有的人比較不會做的時候也可以幫忙。」

　　經過這一次的活動後，發現孩子開始會關心注意周遭的人；更有些孩子搶著幫老師做事。有時會不經意地看到一些能幹的孩子主動的去照顧小弟弟小妹妹，或者是好朋友之間互相幫忙，有的孩子甚至大方了起來，減少許多產生小摩擦的機會，「互助和諧」的氣氛漸漸在教室中擴散蔓延（註）……（見圖 19）。

19.　「助人最樂」。

漢菊德註：
這個活動的目標原來是信任感的建立，但在幼兒的討論中，由信任感延伸到助人問題的澄清了。這活動對幼兒之間的信任感仍然是有體會的，只是「助人」問題對幼兒而言更明顯，因而他們向觀念的澄清方面討論了。

第十四章

教室內的戲劇發展

～漢菊德

　　雖然本書主題是肢體感性活動，但由於戲劇和扮演有時與肢體活動結合，成為不可或缺的活動形式。戲劇是綜合性的。包括肢體感性活動，包括繪畫、音樂、詩歌、故事閱讀，做計畫、美術造型等。在開放的環境中處處可見幼兒的自由扮演或戲劇。

第一節　日常戲劇活動是如何發生的？

　　1.生活中的戲劇扮演：日常生活中的事件，如整潔問題、常規問題、幼兒之間互動時所產生的問題，甚至生活中的小細節，如怎樣使用個人櫃、馬桶等都可以以戲劇方式說明或探討，這方面的扮演多為教師引導的，而不完全是自發的，但是在自然情況下，幼兒感覺到問題的存在時，引導出扮演或戲劇。

　　2.開放學習區裡的扮演或戲劇，其中以戲劇區發生的最多：這是一種自由扮演的形式，幼兒自己分配角色，決定內容。通常幼兒要一起遊戲一段時間才會醞釀出戲劇活動來。

　　3.方案及其他教學活動中也可以以戲劇扮演方式呈現情意的部分：方案的種類很多，每個方案都有一個主題，譬如，開餐廳、開醫院、飛機場等，便可以自行分配角色做扮演活動，又如「豆子」、「地瓜」、「過

年」等，亦可提供相關的童話故事計畫戲劇扮演。無論那種方案，基本上都可以發展出來，至於肢體的感性活動，已於第一篇說明過。

因此，戲劇活動是隨時可以發展出來的。

第二節　日常戲劇扮演的性質

一、自發性的戲劇

只要教師和家長給幼兒充分的自由，幼兒就會發展出自發性扮演活動，爲上文所介紹學習區內的活動。這是一種假想的扮演。史密斯（P. K. Smith, J. Moyles, 1995）認爲遊戲是兩歲到六歲孩子的基本特性。也就是說孩子根本要在遊戲中發展和成長的。皮亞傑（Piaget, 1951）將戲劇區分爲三種：操練的遊戲（practice play）——六個月到兩歲前，運動感官和探索性的遊戲；表徵性的遊戲（symbolic play）——是學前階段假扮的和想像的社會戲劇式（socio-dramatic）遊戲；以及在七歲以上有規則的遊戲活動。到後來史密藍斯基（Smilansky, 1968）加上一種建構性遊戲（constructive play），會有具體的操作物品建構出來。的確，從遊戲中可以看出遊戲的戲劇性和建構性，而戲劇來自遊戲具有高度的自發性。

可見社會戲劇式的遊戲出現是很自然的，它的價值是不容忽視的，心理分析學派尤其重視自發性、想像的扮演，它具備心理劇所有的功能，已於本書前文說明過，也因此成爲教師了解幼兒和診斷問題的重要途徑。

這便是分區學習的重要性，幼稚園和托兒所裡不可缺少的俗稱「娃娃家」角落。通常在這個角落裡會設置一些廚房或客廳、臥室的小型家具，幼兒自然會扮演起家庭生活的遊戲。我認爲，爲了增加幼兒扮演的刺激，還可以放置一籃舊衣物、一籃各式各樣的小物件，彩色布條、墊子、床單等，如此幼兒的扮演會更多樣化，想像力更能發揮。

自發性戲劇不是漫無目標的「亂玩」，而是有計畫、有共識——共有

的主題和目標，是幼兒學習語言表達、情緒感覺及社會能力發展重要的途徑。

二、幼兒自行編導的戲劇

　　幼兒除了在自由遊戲中自然而然發展出扮演之外，但遇到生活事件時及經歷到某種經驗或看過什麼書、影片之後，都可能發展出扮演活動，而後者，是有教師的引導和參考的。這種戲劇由幼兒的經驗開始，朝向較計畫性和精緻的方向發展，可以提升幼兒的表現能力，無論是動作的、戲劇內容上的、語言上的、藝術上的層次，以別於自發性的扮演。

　　但是，切記！這種幼兒戲劇絕不是讓幼兒以記誦台詞的方式、刻板地表演！

第三節　如何使幼兒的自編自導自演更精緻化？

一、編織劇情

　　幼兒沒有書寫的能力，自然都是口述。故事可能來自各種的故事書，譬如，「睡美人」、「傑克與仙豆」等著名的童話，或常看的影片或卡通。又如，在方案教學中，主題為「豆子」就可能閱讀「傑克與仙豆」或中國的民間故事。閱讀活動在分區學習時也是重要的一項活動。主要是幼兒在接觸過這些資源後做團體分享，才有機會編出劇情來。在團體中幼兒向大家報告自己讀過的書，或教師講過的故事，或大家一起看過的戲劇。教師問幼兒：「喜不喜歡這個故事？」「那些地方不喜歡？為什麼？」等等問題展開修編。幼兒編劇，甚至教師、專業劇團編劇很多是以原有的故事加以修編的，對於幼兒，尤其需要提供基本的劇情。

二、演出計畫

在做計畫之前，幼兒要知道戲劇發展的過程，幼兒必須有看戲的經驗，如果沒有看過戲，教師要提供這樣的經驗，因為幼兒無法憑空做計畫。具備看戲的經驗背景之後，教師要引導幼兒思考，「整理」出戲劇發展的步驟和工作項目，教師將他們理出的意見記錄在大張紙上，然後按照這些內容一步步執行下去。

1. 決定一共幾幕，順序是什麼？
2. 場景的布置：請幼兒畫出一個平面圖，每幕一張。
3. 列出每一幕要使用的道具和背景。
4. 分配角色，決定導演。
5. 決定排演時間和正式演出時間、地點，邀請觀眾的對象、邀請方式等。
6. 分工——道具製作、親子共同製作。

事實上，教室日常戲劇，認真的做就是採用方案教學的方式，經過經驗分享、討論、做決定、做計畫，使戲劇成為認知、情意、技能等各方面統合的學習歷程。

第四節　幼兒自編戲劇常見的問題

一、場地問題

對於採用方案教學的幼稚園，教室裡通常已為方案主題所發展出的幼兒成品所占據，如賣車場、花市、飛機場等，場地有限，幼兒戲劇可以使用：

1. 教室裡「娃娃家」或戲劇區，將設備暫時更換，此外桌子也可以當戲台（圖20、圖21）。

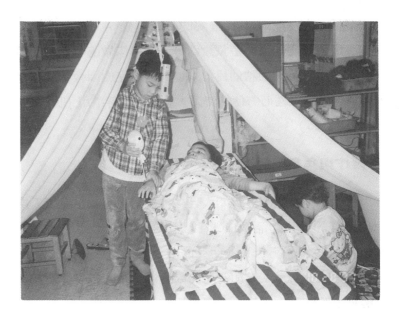

20.　娃娃家一角。

21.　幼兒自製的大壁畫前，壁畫多與方案主題有關。

2.使用學校其他空間，如視聽室的一角（圖 22）。

3.使用庭院設備，如南海後庭院的長城背景、大大小小的涼亭、池塘、小山、涵洞，大型遊戲設備等，都可以做臨時性的使用（不宜長時間占用），教師請幼兒帶來道具，用完放回教室或儲藏室收藏即可。床單類是輕而方便的資源，適宜於臨時搭用（圖 23、圖 24、圖 25、圖 26）。

二、道具製作與角色的困難

有些角色幼兒不易扮演，譬如大巨人，道具不易做；譬如天梯，教師指導幼兒用手邊的簡易物品做成偶，吸管接起來做出象徵性的天梯掛起來，由兩位幼兒操作，配合其他幼兒的演出，呈現人、偶搭配演出的戲劇，亦可增加趣味性。為了增加幼兒的創造性，教師可引導幼兒從教室裡找物品或廢物中改裝製作道具。可應用的如用過的紙盤、紙杯、空盒、空罐、筆、枕頭、襪子、手套等（見圖 27）。問問幼兒現在缺少什麼角色，或人物、或小動物，請幼兒自己去製作，彩繪貼紙，用膠帶黏住即可。其實簡單的裝扮一下任何東西，都可以扮成偶，如一本書、書包，貼上五官，綁上絲帶就成偶，幼兒操作：「我是一個流浪的書包，小朋友天天丟棄我、摔打我，我好可憐！好痛！我的家在那裡呀？」等等諸如此類，亦可成為日常生活的戲劇教學。

教師要鼓勵幼兒自製道具（見圖 28、圖 29），既便宜又有學習的意義，不要買昂貴的偶或道具，如日本的車偶太昂貴，自己製作也要把握簡單原則，由幼兒動腦設計才是。如果幼兒遇到了瓶頸，教師可以提供相關的書、錄影帶，甚至可以參觀劇團裡的道具和偶，最好不要急著自己替他們製作或買現成的。

此外，角色不足時，或為了增加趣味，人體的部分亦可彩繪或簡單貼上五官當作偶，如手指、手掌、腳底、肚子等，既方便又有趣。

談偶劇不是本書的重點，但偶劇有它的趣味和價值，在幼稚園裡是不可缺少的。演偶劇並非只在角色有困難時，平時也可以特別用偶演出。計畫偶戲要先發展出要演的內容，再配角色，其過程要和一般幼兒自編戲劇

22.　使用視聽室：方案麵粉，幼兒扮成大師傅做示範。

23.　利用遊戲架插上小三角旗，變成「搶孤」的場景。

24. 廢紙箱做兩「片」船貼在小橋的兩側，供「乘坐」或照像。

25. 以兩條巨蛇布置成原住民文化遊戲區，城牆上可演偶戲。

26. 花架變成了一個小社區。

27. 用教室內的舊畫報做成帽子，舊杯子做成鼻子。

28. 用舊紙箱做成轎子。

29. 用紙箱、大積木做成三隻小豬的家。

一樣，只是以偶代替演戲而已。分配好了角色，由負責的各角色各自去做偶。南海教師已證實幼兒可以做到，幼兒會做出各種不同的偶（當然這也和他們平時的見聞有關），甚至會做出背景布幕！布幕本身就是創作了。在彩虹班，練雅婷和鄭玉玲帶領之下，幼兒會自己設計、製作出長條捲軸式的布幕，布幕隨劇情改變而伸展，增加了戲台的時間和空間感。

幼兒自製設計立體式戲台，及大型的道具也屢見不鮮，如曾慧蓮、林娟伶、及麥玉芬、謝佳倩、陳玉吟等人的班上。當然了，在南海，每個主題的方案教學會引導幼兒將整個教室變成一個場景，也是戲劇自由扮演或遊戲的一種了！不過，這是方案罷了！

三、戲劇不易延續怎麼辦？

無論在自由扮演或是計畫的戲劇中幼兒都會出現不知如何延續下去的情形。情況有以下幾種：

1. 自由扮演經常會重複同一類活動，如扮爸爸、媽媽、小孩、買菜、吃飯等。教師要使他們玩得有變化，可以多放置一些物品增加刺激和提示，已於上文說明過。此外，教師可以語言提示，譬如，教師在旁說：「今天娃娃不想吃飯，她好像想……」請幼兒自己接下去而發展出另外的劇情（圖 30）。

2. 幼兒雖然會計畫出戲劇來，但是在演出的過程中常常會完全失控，不知所措，這時教師可以臨時進入戲中和他們對話，擔任一個角色，使戲劇容易進行。

3. 幼兒演戲雖然知道劇情，但並不背台詞，教師可扮演說書人在旁敘述，有經驗老到的班級，會有幼兒自己擔任說書人，如下例。事實上，教師平日在沒有劇本依據的情形下甚至幼兒已決定劇情，都可充當說書人，以一個較熟悉的故事，請幼兒扮演或操作偶。如此，幼兒操作或表演，教師敘述，一搭一唱，戲劇內容會很豐富。

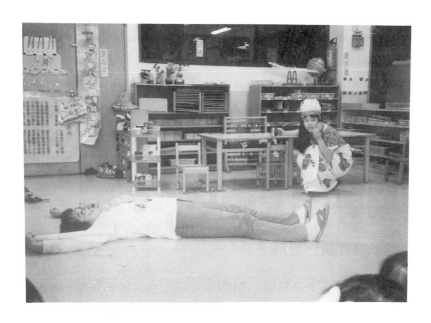

30. 教師加入一角，使戲劇更豐富，容易延續下去。

參考書目

〈中文部分〉

林玫君譯（民 84）。B. T. Salisbury 原著。**創作性兒童戲劇入門**。台北，
　心理。

胡寶林著（民 80）。**戲劇與行為表現力**。台北，遠流。

高杉自子等編（民 78）。**幼稚園戲劇活動教學設計**。台北，武陵。

鄭黛瓊編（民 87）。**藝術教育教師手冊幼兒戲劇篇**。台北，國立台灣藝
　術教育館。

〈英文部分〉

Edited by Moyles, Janet R.（1995）The Excellence of Play, Biddles Ltd., U. K.

第十五章

教室內戲劇活動實例

〜練雅婷、鄭玉玲

戲劇在我班

源　起

開學不久，一位舊生家長自美國帶回多個五指布偶，因為可讓五隻手指頭同時套進不同的位置，操作起來特別靈活生動，孩子們更利用下課時間爭先把玩。不同的五指偶對孩子的好奇心產生同樣的吸引力。

資訊站之九歌行

為了讓孩子的好奇心得到更多滿足，九歌劇團參觀之行便成為我們提供孩子資訊的第一站。九歌大哥哥大姊姊創意的場景 DIY 讓孩子在參與過程中留下深深的印象，而玩弄於手指下之趣味小偶的有趣對話、劇中人物神氣活現的動作、特殊效果的安排……，使孩子回到學校時討論個不停，為了使此行更豐盛，九歌的壓箱寶也全被我們賞識了一番，孩子對於這些可愛逗趣的各種偶更是烙下了鮮活的印象。

嘗試做偶

回校後大家熱烈分享九歌之行的感想，孩子們也躍躍欲試的要做偶。在家中、在學校製作偶成為一股小小的風潮，有人想到先畫個設計圖做出來的偶才會漂亮。做出了成就，就和老師同學進行即興對話及演出，教室內架起的小小布幕，幕前幕後，都可看到他們流露著童真的對話。而提供各種不同造型的偶也由孩子與家長響應著。

劇團雛型略具

　　孩子陸續都有了屬於自己的作品，小布幕的容量常出現擁塞與爆滿，
小桌面也常見凌亂的偶。討論著問題時孩子覺得如此凌亂不堪的劇團應有
個主人，且要找最高的人，當然在沒有大巨人的情況下這個角色非老師莫
屬了。一次上場幾個人才不會擠來擠去也是大家爭相討論的重點，用分組
的、用登記的、各有意見，每組多少人，各做什麼工作、用什麼方式上場
……這一連串的討論後，也談出了孩子對一齣戲的基本概念（見圖31）。

31.　用自行創作及蒐集來的偶扮演。

C：樂器聲太大，害我要講大聲一點，這樣人家才聽的到。

C：如果樂器太大聲，別人的耳膜會破掉、就聽不到聲音。

C：人家沒有在講話，敲樂器比較適當。

C：也可以利用嘴巴、不要的鐵罐、保特瓶來敲，當作樂器。

C：家裡不要用的材料也可以拿來用。

C：恐怖的戲，要做出恐怖的音樂。

如果同組的人還沒有來，有些人已經想演了但又會擠了一堆不同組的人該怎麼辦？

C：放一個牌子寫上幾個人。
C：想要來的人夾夾子就可以了，夾子滿了就不能進去了。
C：演戲時把戲名寫在紙上面，讓人家知道在演什麼。

爲什麼要分四組？
C：因爲分四組是要演給大家看的。

劇本來源

既然要演給人家看，那要演什麼？怎麼演？怎麼準備？
C：可以帶故事書來，沒有故事書就不能演戲，別人會不知道你們在講什麼故事。
C：可以自己編一個啊！

戲碼確定

由於曾經帶領孩子共同編故事，孩子因此有了印象。分組尋找並討論演出的題材。有的找現成的故事、有的自編、有的用現成的再做部分修改，甚至連演出的方式、所需的材料也都有了腹案。各組的討論有了結果，彼此更分享了結果，「小叮噹」、「嘩！嚇到了吧」、「兩個娃娃」、「賣帽子」，爲各組所要演出的戲碼。

偶像面面觀

孩子和家長陸續提供許多種類不少的各式偶，藉由偶的認識與分享，激起了動手做偶的興趣，孩子們除嘗試製作各種不同的偶外，也試著利用肢體將偶的動態表現出來，在故事中更配合其中的情節將音律、特效加入使故事不再只是從頭到尾由某人主述的事件而已，而是有起落有震撼力的

故事（例：大怪龍阿烈、小不點快長大）。

　　偶戲的錄影帶欣賞，也提供孩子各方面的參考。書籍、圖片更提供孩子不同嘗試的管道，如用手電筒、身體玩光影、陽光下玩影子遊戲（見圖32）。

32.　嘗試不同方式表演偶或戲。

戲劇準備過程

　　各組的戲碼已定，其中角色分配、場景布置、工作分配、布景圖設計等，也在各組票選的小組長帶領下有了眉目，孩子們自己決定角色、工作，道具布景製作與呈現方式則以腦力激盪方式來進行。

先後有序

　　四組演出須有先後，又因兩位老師無法兼顧四組，於是和孩子討論。

C：把小朋友分成二組，每個老師帶一組。

C：每組可以演兩齣戲而且輪流演。

　　四組合併成兩組，每組演兩齣成了結論，「兩個娃娃」、「嘩！嚇到了吧！」先上演，另二齣後上演。

分組布置場景與製作道具

　　A 組的孩子要為兩個娃娃布置一個家。

C：在看書的角落演。

C：用紙箱做成 ⇧ 的房子。

C：要布置花草。

C：家裡的圍巾可以當桌巾。

C：紙箱可以做桌子。

　　隨後著手準備布置的材料及用品。

　　B 組開始為「嘩！嚇到了吧！」選擇演出地點、布置方式。

C：用布或大張的紙畫上圖，布置在往餐廳的出入口。

C：紙箱可以做成土撥鼠要鑽的洞。

C：我們要畫幾幅不同的畫來布置。

邊做邊修改

　　兩組討論後開始動手執行製作，布搭的屋頂、紙箱桌子、扮演用的表演面具，大幅的布製場景都依孩子的想法逐漸做出來，做不好的再做一次，布太長了怎麼辦？用什麼來畫布效果會好呢？（見圖 33）

C ：先比比看我們要多長，再用繩子去比布，然後剪下來就可以了。

C：可以用水彩畫也可以用蠟筆

紙箱太高會遮住演員怎麼辦？

C：可以比高度，兩邊都黏一些就不會這麼高了。

C：多的紙箱可以當桌子。

C：桌子要有腳。

C：桌腳要一樣大，桌子才不會滑動。

C：另外做一個像禮堂一樣可以拉的拉幕。

C：用繩子、毛線就可以量出要多長的布。

布比繩子窄怎麼辦？

C：可以換邊、直的換成橫的。

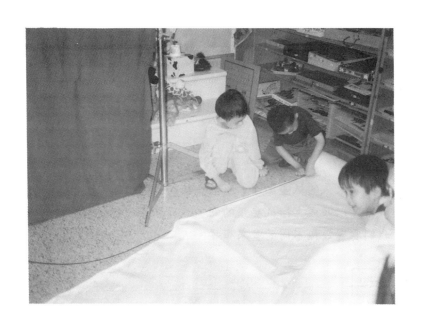

33. 用繩子量需要的布長。

多功能場景運用

　　動動腦、動動手，一塊可以用的布幕便誕生了。如何可以讓幕順利拉開呢？一陣討論後 成了拉幕的方式，為了不浪費布幕的存在價值，雙面用的想法征服每位小組成員，一面畫小叮噹的背景，一面畫兩個娃娃，

換戲時再換面上陣。當然海報的作用仍有必要，於是分工合作，大家為一齣戲催生。

嘗試不同材料、方式以符合劇中需要

而另組的孩子決定依圖畫書的插畫來製作布景，有的用水彩試畫、有的用蠟筆塗色、有人利用各種材料做劇中的道具偶，為的是使演出時能真的有摘花，蝴蝶、蜻蜓飛的感覺，孩子也做了不同的嘗試。分區活動時和孩子探討並嘗試將顏料上於畫紙以外處，原本害怕的表情隨著手部、臉部的彩妝而起了解放作用，漸漸大膽將顏色塗於身上的部位，並專注觀賞其中美麗的肢體動作。在戲劇演出之前的裝扮，孩子除了從家中備來了和角色相仿的服裝道具外，有孩子也興沖沖的想利用彩妝筆將自己打扮一番，以符合劇中角色的需要。

選擇演出方式

要讓觀眾知道演些什麼，兩組也做了不同的表達方式，「兩個娃娃」決定先將故事錄下來，演員按錄音來演出，「嘩！嚇到了吧！」選擇了自己口述方式向觀眾交代情節。

演員、製作群分工合作

練習演戲則是演員的下一個動作。工作人員接下來做什麼呢？

C：看戲的要買票、做假錢才能買票（見圖34）。
C：要有觀眾的座位。
C：票上面要有和椅子上一樣的號碼。
C：還要做海報。
布幕如果掛上去，演戲怎麼演？
C：可以像窗簾一樣拉過來拉過去就不會遮住了。
C：五個布景要用五條鐵絲，演完就推過去就可以了。
怎麼把鐵絲放在布裡面呢？
C：用縫的、再把鐵絲穿進去就好了。

34. 以月曆紙、廢紙黏貼售票處。

　　有的做道具、有的練習演戲、有的仍不斷嘗試新偶的製作，有的孩子
則處理著「票」的問題。

　　C：票上面要有日期、演出時間、座位號碼、演出地點、戲名、票
　　　　錢。
　　C：做一個箱子，讓人家把票投進去，旁邊要有個洞。
　　C：不是，要撕票再投。
　　票撕掉又投入票箱子裡，觀眾怎麼知道自己的座位？
　　C：工作人員把票撕掉一邊，沒有號碼的投到箱子裡，有號碼的拿
　　　　在手上去找位置。

　　分工合作、排戲、做大海報小海報、做票等。繼續未完成的道具，兩
組預演交互觀摩分享彼此的看法感覺提供給對方做參考改進。

場地安排

　　教室的大小扣除演出的場地可以供多少觀眾看呢？

C：三十個人，一個班。

C：還有二個老師，所以要三十二個人。

位置怎麼排、每排有幾位？有幾排？

C：十個好了。

　　顯然孩子對平均分配的概念仍不太具備，於是現成的小玩具協助解決了這個問題，依十人一排再做調整使總和成為三十二個，調整後決定四排，每排八位，恰好三十二位。

C：高的人坐前面、矮的人坐後面。

C：不行會擋住人家、高的要坐後面。

C：坐後面的人要高一點。

C：前面的人坐矮椅子。

C：那就愈來愈高。

椅子上的號碼要怎麼寫呢？

C：1-1、1-2 就是第一排……

海報怎麼辦呢？

C：全校一人一張。

C：教室門口貼一張大張的就好了。

C：樓上貼一張、樓下貼一張。

C：小張的每班送一張。

C：每班的小朋友自己準備假錢來買票。

票務工作

討論後以表決方式決定不同的提議。孩子把座位安排得整齊劃一，賣票處、戲票的製作也同時進行著。

現場工作有那些

而演出時的現場工作有那些呢？

C：伴奏的人。
C：賣票的人。
C：撕票的人。
C：拉幕的人。
C：帶位的人。
C：警衛人員。
C：主持人。

相互觀摩求改進

除了演員之外，現場的工作由兩組的工作人員分別認領。而排演期間北縣菁桐國小附幼到校做城鄉交流，兩組人馬也趁此先行演給小客人看。兩組不斷的相互觀摩，彼此提供意見；做為繼續改進的參考。

C：我覺得他們的聲音聽的不太清楚。
C：土撥鼠好像大野狼。
C：狗媽媽都在那裡發呆。
C：他們表演的都不好意思。

正式演出

上演時，孩子們就在場地裡玩了起來，有的孩子還急忙提醒別人「該你了」，有人則演到一半跑出來告狀「老師，他都不好好的演」，有的孩子氣憤別人的不認真，有人則玩的不亦樂乎。

忙碌的幕前幕後

　　「兩個娃娃」上演告一段落後，「嘩！嚇到了吧！」也準備就緒，即將開演，組員神氣活現的到各班分送海報。另一組的孩子也主動協助，大家都為此大公演忙碌的不可開支，每個人也都分配到了工作。公演因原定二天四場，因有班級反應無法預約到而再另加二場。演員忙著著裝彩妝，工作人員各就各位互相幫忙，戲開演時工作人員得以清閒半刻觀賞精彩的演出。演員台後相互提醒、台前也不忘提醒，造成許多的笑場，大家開開心心的演完一場又一場。

觀眾迴響

　　來賓觀眾也不忘給我們打氣加油，鼓勵並指教一番，臨走時還和演員握手道別呢。

　　　C：謝謝你們演戲給我們看。
　　　C：你們演的很好看。
　　　C：樂器的聲音太大了。
　　　C：**為什麼要敲樂器？**
　　　C：因為要配樂、伴奏。
　　　C：就是幫演戲的人做出一些特別的聲音。

孩子說著還一面示範土撥鼠挖土的聲音給現場小觀眾看呢！工作人員在觀眾散去時在門口列隊謝謝觀眾的光臨，完成六場的演出。

自我反省

　　孩子們也有自己的反省
　　　C：我的聲音太小了。
　　　C：他的東西掉了就一直發脾氣。
　　　C：應該趕快撿起來就好了。

C：我拉幕時忘記了。

C：話說的太快了，聽不清楚。

C：對自己記者的工作很滿意，有拍到照片。

C：人家在表演，他一直追我。

孩子提出自己的滿意與不滿意的地方，也知道下次要注意的地方。同時接
下來兩齣戲也將藉由這些檢討來做的更好。

進入後二齣戲

我們還有二組沒演吔！「我們還要交換過來。」「什麼時候要開始演
賣帽子和小叮噹。」「我們都好想趕快演哦！」另一波新的行動就如此展
開。

新的構想與嘗試

前二齣的籌辦經驗，使孩子們在計畫新的工作內容時，顯得得心應
手。孩子們希望這次的演出能有些改變及調整，就在討論後，有了初步的
構想。兩組的孩子同時決定採用不同於上兩齣的演出方式，改以偶劇來呈
現。籌辦小叮噹的孩子們，為了搭配他們自編而成的故事情節，決定以現
成的小叮噹偶，及由他們親手縫製而成的偶，來擔任劇中要角。賣帽子組
的孩子也設定以偶劇方式來表現，但經考量後，決定將劇中的主角—小
販，以真人來演出，因偶無法表現出主角在劇中的表情及靈活性，所以做
了部分的修改。

不同的演出方式產生不同問題

決定演出的方式後，有孩子提出問題，「我們演的時候，手會被看到
怎麼辦？」有孩子認為那沒關係，不過多數的孩子認為這樣不妥，在徵詢
大伙兒的意見時，有孩子回想起去看九歌劇團的表演時，演戲的大哥哥、
大姊姊都是穿著黑衣服，才不容易被看到。可是很難每個人都能找到黑衣
服，而花錢買新的，孩子覺得浪費又不好，於是又有孩子提出不同的意
見。

C：可以叫爸爸、媽媽用一塊黑色布縫成衣服就可以了。

C：賣帽子是用手指偶，小叮噹是用布偶，所以要用黑色衣服

C：用黑紙把它包起來，用黑色塑膠袋也可以。

C：人躲在後面，你只要用黑色東西套住手就可以了。

C：可以自己做一個黑袖套。

C：像賣水果的人戴的一樣。

C：戴袖套再把布偶套上去，手就不會被看到了。

黑袖套配合偶劇

孩子決定以表決的方式來處理問題，經表決後，孩子贊成製作袖套，讓演員們在演出時使用。

工作人員辨識牌

然而對於工作人員，孩子也想好了一種清楚辨識的方式，就是製作寫著「彩虹劇場」及彩虹標幟的掛牌配帶在身上，以便於分辨演員及工作人員，想的還真周到呢！

分工＋分享

縫黑袖套、做工作人員掛牌，孩子們用心的投入劇場的各項準備工作，也利用空檔，持續製作各式各樣、五花八門的偶，或者是將他們和爸媽蒐集到的不一樣的偶，拿到園裡來介紹、分享。老師也將自己的收藏品搬出來，與大伙兒會會面。因為它們都有著俏皮、可愛的名字，所以一出現總是得到孩子們的青睞及如雷的掌聲，如哈哈鳥、翹屁股、管家婆、小白花及大布袋戲偶的英俊的、水水（台語發音）等。

傳統偶做本土教學

其中孩子對大布袋戲偶更是為之著迷，雖然對它們說的話像是鴨子聽雷，仍深受孩子們的愛戴，我們也抓住了這個機會，透過和孩子聊天、唱

歌、說故事等，進行了一連串的母語教學——閩南語。布袋戲偶的加入，孩子的學習慾望及興致更高，效果更好，孩子雖未能一下子全然學會，但我們相信已爲孩子開啓了這扇窗。

構思爲偶辦展覽

不論是新製作的各種偶或是經由蒐集而來的偶，數量都不斷的增加，可謂到了堆積如山的地步。

這麼多的偶，要怎麼處理呢？
C：把他們展覽出來。
什麼是展覽？
C：把我們做的漂漂亮亮的偶，找一個比較寬大的地方擺起來。
爲什麼要展覽？
C：給大家看的。
C：讓大家看一看我們做的偶啊！

先演出再展覽

意見一出，立刻得到大家熱烈的迴響。可是兩齣戲還在進行怎麼辦？孩子們思考後，決定先將兩齣戲的工作完成，再進行展覽。所以目前最重要的工作當然是繼續未完成的劇場工作。

擴大並轉移活動場地

爲了讓更多班的小朋友能夠觀賞到我們的演出，同時能擁有更寬廣的舞台空間，我們將活動場地轉移至禮堂。更換了演出場地之後，孩子決定稍做規畫、設計。

設計舞台平面圖

和家人一同設計舞台的平面圖，並陸續將完成的平面圖與大家分享，每位設計者將圖中所設計的想法說給大家聽，孩子們也仔細的聆聽、欣賞

每位小設計家的作品。

擷取精華融合爲一

那一張的設計圖比較適合我們演偶戲的？

C：用允謙的那一張，因為他的有彩球。

C：還有愛驊設計的有前面、後面兩個幕。

C：要有那個彩虹劇場的字，和彩虹標幟。

孩子們對於幾張設計圖似乎沒有特別鍾情於某一張，反而對設計圖中的某個部分特別的偏愛。經商量之後，孩子同意以截取幾位小設計家所設計的精華之處，組合成完美的舞台。

新舞台布景、道具製作

決定好舞台設計後，我們準備要做那些事？

C：要做二層的布景，還有彩球、標幟。

這些工作怎麼做？

C：做布景的一組，做彩球跟標幟的分一組。

大家都沒有異議，隨即孩子便自由的選擇想參與的工作（見圖35）。

尋找可再利用之資源

孩子分別就賣帽子及小叮噹所需的場景、道具等做了初步的勾勒，然後先從上二齣戲的布景、道具中找尋可再利用的。他們發現一塊布景，可以作爲此次兩齣戲後景的布幕，於是找來了禮堂內的兩支三角架及一根竹竿，在大家相互合作下將布幕懸掛起來，而解決了布幕後景的部分。

劇情不同構思前景

孩子隨即構思前景的布置，但因兩劇在前景中的景物、畫面都不同，而決定分二部分，依序來完成。

◉小叮噹戲碼前景布置部分

在發展主題之初，孩子常利用桌子側豎在地面上，或利用椅子、櫃子的某個面當做戲台，做即興的偶劇演出，所以孩子聯想到利用這些東西，

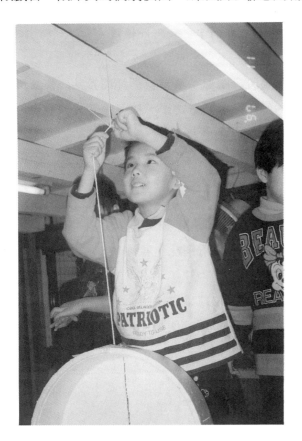

35. 將蛋糕盒做成彩球掛在樑上。

再於平面上加以改裝、布置。為響應環保，孩子們以身作則，利用廢紙箱內的各種紙材，依情節的需要，在版面上布置土地、樹、葉子、花草及昆蟲等。大家的分工之下，三張由高到矮依序排列的版面完成了，小叮噹的場景部分也宣告完工。

舊經驗的探索

◉ 賣帽子戲碼的前景及道具部分

　　為配合劇情的需要，賣帽子中要有較多不同場景的變換以符合所需，但因禮堂的空間較寬廣，較難利用線來懸掛布景，更何況，要更換布景。不過孩子反倒能面對挑戰，極力尋求突破。百般思索後，有孩子提出「用拉的」，「怎麼拉？」「可以用上次我們做電視那樣的。」像是撥雲見日般的，孩子們紛紛露出純真的笑臉來。原來孩子自儲存在記憶庫內的舊有經驗找尋到線索，就是曾經「利用紙箱製作一台電視機，它的螢幕採用上下捲軸的原理，使影像逐一呈現出來，而且不間斷，螢幕還能有所變換」。不過上下的捲軸好像行不通，所以孩子提議：「我們可以換成兩邊拉啊！」這樣的意見立刻得到組員們的熱烈支持。

身體當標準

　　孩子動手找尋耐用、不易破損、容易捲的布來當活動幕，布要多寬？多長？不知道要如何進行接下來的工作呢？此時一個孩子站起，一邊舉起一隻手指頭像在演偶劇的樣子，一邊解釋著說：「像余承儒這麼高。」

　　另一個孩子又急急忙忙的說：「這樣太高了，我不好演。」
　　那怎麼辦呢？

Ｃ：不然用小茜的高度。
怎麼用小茜的高度來剪布呢？
Ｃ：叫小茜躺在布上就可以量了啊！

　　於是小茜照著大家說的方法躺在布上，動作快的孩子早已拿好筆要做記號了，量了量、畫了畫，兩邊怎麼不一樣長？

Ｃ：不行啦！她有時候歪掉、或是沒有躺好就不行了。

　　這個意見好像有些行不通，當大伙兒有些煩惱時，有孩子說話了，「不然用繩子來量看她有多高就好了。」「然後呢？」「就可以用繩子來量布了啊！」老師幫忙找來了繩子，有人拿來了剪刀，有人將繩子一端壓放在小茜的後腦頂端處，繩子順到了腳後跟，咔嚓一聲，小茜高度的繩子量好了。大家一起討論、計算所需的布景數目後，拿著量好的繩長，於布的左右兩邊比劃好並做上記號，布就按著我們的需要被裁剪了下來。

婆婆媽媽也來幫忙

　　五塊布需連成一長塊布，芷荸表示家中有裁縫機，媽媽及阿媽可以幫我們這個忙。於是我們將工作交給芷荸，請她轉交媽媽幫忙。空檔中，孩子並沒有閒置，而是在製作賣帽子一劇中所缺少的道具，如小猴子的小帽子、小販的大帽子、將不完整的小猴子做修補的工作……等。

大家一起來彩繪

　　家長將裁縫完的大布塊送來後，孩子便開始彩繪布景的工作。由於布條很大，彩繪的空間也很大，因而吸引了其他組的孩子，孩子們大方的邀請他們加入彩繪的行列，他們利用粉蠟筆，畫花、畫房子、小路的石頭、水池、大樹及小樹，很快的五顏六色布滿了整個畫面，工作也逐漸完成，孩子不時露出滿足的笑容（見圖36）。

可收放自如的幕

　　畫好的布要怎麼拉？

C：在布的這一邊黏住一支棍子，另外一邊再黏一支，就可以拉了。

C：還有一邊要捲起來，一邊要放開，這樣就可以動了。大伙兒幫忙完成後，果真可以一邊收、一邊放。

　　布景就在我們的眼前，任由操作自如。布景、道具的完成，使我們的演出邁進了一大步（圖37）。

36.　大家合力繪製捲軸布幕。

37.　利用捲軸將布幕捲動，使布景隨劇情更動。

孩子的最愛——彩球

　　再下來就是進行彩球及劇場標幟製作，說到彩球，孩子的心早已興奮不已。他們從教室裡找到了一個類似彩球形狀的蛋糕盒蓋，將它切開成兩半，於盒蓋切開處的頂端貼住，另一端的左右兩邊內側各黏貼一條繩子，將盒蓋的一面用紙封住，把各式小碎片裝入彩球內，合起兩邊。要釋放彩球時，只需將繩子分別往左右拉開，小碎片便會從天而降（見圖38）。

劇場標幟

38. **美麗的彩球。**

　　標幟的製作，孩子決定將標幟擺放在後布景的竹竿上，而如何使「彩虹劇場」的字體大小平均，孩子們利用繩子先量好竹竿的長度，再將繩子長度的一半在竹竿上做記號，便是中心點。但只有兩格啊！怎麼辦呢？孩子再運用已對摺後的繩長再對摺，便找出另一個新的中心點，以此類推，孩子順利的取得三個點，共四格，剛好足夠分配彩虹劇場。孩子覺得用布

當襯底比較漂亮，於是先裁剪下來一塊，再拿它去依樣畫葫蘆，就可以有四塊一樣大小的布了。在孩子分工利用撕貼的方式，將標幟製作完成（見圖 39）。

39.　製作劇團字樣。

觀摩別人、改進自己、分享感覺

　　當班上正熱烈進行「偶與戲」的主題活動時，園內也有其他班級進行相類似的主題，並且發展出戲劇演出，他們熱情的邀請我們觀賞演出，藉此機會孩子相互觀摩學習。我們陸續觀賞了河馬班山上劇團演出的「小白兔過生日」、小天使班的「三隻小豬」、寶貝班演出的「白雪公主」等劇。在欣賞之後，孩子們紛紛表達感受及從中所學。

　　C：帶位的很不錯，因為帶的很好。
　　C：演的很快，我看不清楚。
　　C：小白兔的屁股向著我們。

C：售票處做的很像。

C：他們的號碼是貼在地上的，用１、２、３、４……

C：布幕的材料不一樣，他們的比較好拉。

※　　　※　　　※

C：他們的房子做的很棒。

C：他們演的很好玩。

C：他們演的時候是用音樂，自己沒有說話。

※　　　※　　　※

C：演的很不錯。

C：我看了感動的都要哭了。

C：他們演戲有用到上面和下面，很大的地方。

C：他們演戲屁股都沒有對著觀眾。

意外的發現

除了將所看到、學到的分享出來外，我們對孩子也有一些意外的發現！孩子不只是一味的批評人家，也會適時給予人家鼓勵。此外，當孩子來到演出地點的售票處，會很快的排隊購票，拿了票便到門口剪票，隨即依票上的座位號碼，正確且迅速的找到自己的位子坐下來，不需麻煩帶位人員，就連幾個平時年紀較小的孩子，也都自己會就定位。個個都聚精會神的看著精彩的戲，直至演員們謝幕、答謝他們熱情的邀約之後才依序離去。

開演前的工作

看了別人演出後，孩子們更迫切的想將自己的東西呈現在大家眼前，因而我們加速了後續的各項作業。為了使工作能順利的進行，孩子相互做

了溝通及討論：決定同一天由「賣帽子」先演出、再接著演「小叮噹」；工作及角色的分配；演出日期的訂定；票價十元看二齣，錢捐「愛心麵包」幫助需要幫助的別人。大、小海報的製作、觀眾席的布置、票的製作、發海報等。由誰來做，孩子也都做了討論與安排。演員、道具、配樂人員專心排戲，其餘工作則交由其他的工作人員來完成，同時還幫忙看表演要改進的地方，還兼做導演哦！

緊鑼密鼓的準備

孩子們分頭進行工作，工作人員將討論時所決議的工作，逐項做著。而演員們亦是全心的投入排練的工作，兵分二路，一路是賣帽子的人馬，由一人全盤負責說故事，說書人，看著賣帽子的書，再加些大家的想法流暢的說著故事，演員們則依著說書人所說的來演出，配樂者則依劇情的需要，搭配音效，而操縱布景的人員更是隨說書人說書的內容及進度，旋轉至配合之場景。大伙兒的排練由陌生漸到熟練。另一組小叮噹的人馬，決定將故事錄於錄音帶內，於錄製完成後，演員隨著錄音帶中的情節，將角色操演出來。孩子們積極排練著，為的是將最棒的一面呈現在觀眾面前。

臨演前檢視

演出的日子愈來愈近，孩子們的練習也愈是勤快，工作人員除了親自到各班宣傳外，還不斷的檢視各項工作是否已齊備，並給予演員們鼓勵及意見。

大戲開演

令人期待的日子終於來臨了，預約看戲的班級十分踴躍，孩子們儼然如小主人般的接待觀戲的小觀眾。入場完畢，工作人員也隨即就座於一旁共同欣賞演出，不斷的演出及欣賞依然可見小臉蛋上各種不同程度的成就感。雖然中途偶爾會出狀況，但它也很自然的變成孩子情緒抒發的一種方式，也成為會場有趣的插曲。掌聲與笑聲此起彼落，每場戲的演出更在彩球開啟下與歡呼聲中劃下一個個句點（見圖 40）。

40. 大戲開演～小叮噹演出。

結　語

　　從偶的製作到演出用掉不少的時間，孩子也在手動、腦動、身體動的過程中不斷累積知識與經驗，他們在做中學習技巧，學習解決問題的方法，在扮演的過程中強化人際關係與社交技巧，一路上戲劇陪著他們走過喜怒哀樂，期望他們能咀嚼現在的經驗在未來的生活中。

第六篇

幼兒劇場的發展經驗

——以「棒棒糖幼兒實驗劇團」的經驗談

第十六章
「棒棒糖幼兒實驗劇團」的演變與成立

～漢菊德

第一節　從週末劇場到劇團

發展兒童戲劇是南海實幼最初的計畫之內的事，所以自民國七十九年，正式開辦的那一年，所有的新任教師都在開學前接受了職前訓練，往後每年也在（經費）困境之中不斷有創造力的訓練和演戲的講習，我們也從不放棄「看戲」的機會，幾乎每次都是全園出動。而民國八十四年更請來九歌的鄧志浩先生做一系列深入的兒童戲劇探討。

園內的戲劇自民國七十九年始，就在每個週末演出一齣，真是「初生之犢不畏虎」。當時的政策是，不要在乎好壞，只把週末戲當作練習，幼兒也看得不亦樂乎。但是大量生產，自然是粗製濫造，進步速度甚慢，經專家卓明的指點，我們改以慎重的態度，在每次戲劇中討論、修改劇本，並且必須經過多次的排演，因此，演出的次數逐漸的減少，但品質漸受肯定。民國八十二年應信誼基金會之邀演出一場，得到很大的鼓勵。

我要求在週末演戲是源自夏山學校的做法。英國人以看戲和坐 pub（酒館）為他們生活中重要的娛樂，夏山學校這樣做，在我看來，實在是一種很自然的英國文化的呈現。而我的立場卻是從開放教育及戲劇對學習、成長的觀點出發的，已於「幼兒與戲劇」一文中簡述過。

週末劇減量，轉移到班級內的戲劇，緊密的與日常教學結合，班級戲劇豐富而有創意，已在過去的「傳真」中及「兒童日報」上刊登過。許秀

靜老師統計自七十九年至劇團成立（民86年）南海已演出了四十六齣戲，如果將教室裡的戲劇活動算起來，是不只此數的，因為教室裡隨時都有班級在戲劇扮演。

教師的在職訓練是最根本的事，我的計畫是從個人的成長開始，從肢體與感覺、情緒的發覺、創造力的開發，最後才是劇本、排演、道具、燈光、場景、配音等技術。因此，課程的安排表面看上去不完全與演戲有直接相關，而與整個感性課程（包括前文中的感性活動）有關，戲劇是感性課程中的一環，而且是綜合性的感性活動，自然要從根本上做起。

從成長到戲劇之間的基本課程，我前後請了卓明、李宗芹、陳偉誠等人，而鄧志浩、任建成在戲劇指導之前也有一系列的基本訓練，有部分與前幾位老師所教的重複，這是因為這些活動本來就是非常普遍，做訓練時根本就是必備的。重複的部分對新來的教師很有幫助，同時我們也將各場活動都錄製起來，提供給少數的新進教師參考。

事實上純粹的「戲劇」研習是在我們週末劇減量之後，在每齣戲的自編劇本出現和第一次排練時，請來專家以實例指導的，主要的教師有鄧志浩、任建成和陳偉誠。而鄧志浩老師的時間最久，鄧、任二位老師的課程是從創造力到劇本發展、演出。鄧老師離台後，主要就是任老師和陳老師了。任老師的重點是肢體創造性開發，和完整的戲劇發展，而陳老師則和「成長」結合，探索身體和聲音，以及介紹各類音樂及如何應用在戲劇上。同時他指點過兩齣戲：「最後的銅鑼聲」和「王子與椅子」。

我安排的課是密集的、有系統的，而不是零星的、蜻蜓點水似的。當然有少數教師也參加他處的研習，有部分是相關的。我認為對教師幫助最大的是邊演邊學，與實務完全結合。

第二節　南海戲劇的演進

一、從最初說教式的戲劇到今天寓意含蓄的方式，是技巧上的改變大

於觀念上的改變。換言之，我認為明顯的說教並不高明，但是如何改進，與劇本有關，也與戲劇的形式有關，是要慢慢的學的。我發現電視上的兒童節目、偶戲等都是說教式的，我們的問題都是在於我們過分低估了兒童，忘記他們是會思想的，如果我們含蓄的呈現，很擔心他們看不懂。這些年的經驗告訴我們，含蓄的劇情更能激發他們思考，思考的空間更為廣闊，而且由於含蓄了，戲劇顯得更有張力。我在提供教師們意見時，就是基於這個觀點，建議拿走或改變說教的部分，並且這樣要求教師，朝著這個方向帶動戲劇發展。

舉例來說，「最後的銅鑼聲」和「王子與椅子」都是含蓄的，沒有直接明顯的說教，幼兒觀賞到後面才逐漸領悟到某種道理和意義。

二、戲劇形式逐漸多元化，從最初的傳統兒童劇，到今天各種形式及技巧的融合。傳統兒童劇的服裝、偶的製作都是較複雜、講究的，我一直感覺某種不滿足，雖然我們在這方面並沒有登峰造極！仔細想想，我的不滿足是在於製作服裝、偶的麻煩，我不想教師們花那麼多時間在這方面，我的理想是，教師們要多用肢體表現，道具、布景越克難越好。譬如說，不要縫製太複雜的偶，只用作法簡單的如平面偶，和使用一些象徵性的道具，在這方面鄧老師確實指點了很多，傳統兒童劇有個串場的人，如「說書人」，這是鄧老師教我們的。我覺得說書人不可以「說」的太多，只負責劇情聯結，點到為止即可，但是外面劇團經常看到說書人戲分過多的缺點。因此，融會多種表現形式，我找到幼稚園裡應該採取的形式：我們要重視肢體表現，使用四周隨手可得的物品做道具。因此，在鄧老師離台之後，我請來了任建誠老師，將我們的戲劇帶入了另一種形式，加入了新的成分，但我們並非揚棄過去的作法，只是更多元化。

教師們在多次的研習之後，能融會貫通，將多種技巧呈現在同一齣戲裡，而「王子與椅子」，以啞劇的形式演出，是我好幾年以來的願望，鄧老師說那是非常難的，我知道，那是非常難的！但我想我們必須跨出這一步，記得四年前的「和尚吃湯圓」，曾應邀在信誼基金會研討會上演出，甚獲好評，也曾試著以啞劇演出，所以只有極少的對話，當時是我的堅持，老師們果然可以演！事隔這麼多年，我們當然更進步了，更可以演

了！所以，老師們拿了童話書讓我做選擇時，我大膽的選了「王子與椅子」，因這故事容易動作化，目的就是要演啞劇，並且堅定的聲明這次要演啞劇，果然，演出十分成功！這是任建誠老師說的，「沒想到你們進步這麼多！」我們進步了！

在多次戲劇中，老師們會應用各種偶，園內的大布幕做人體影和任老師教的投射光影技巧，以及在感性活動中的人體雕塑，身體活動、靜止的表現技巧等，加上音樂效果的加強、改進，才使演出越來越進步。

演啞劇使我們更用心，自然會自我的要求更多，當然了，我們不能一直演啞劇！

劇團由於多人的關心才會成長，我們懷念鄧老師，感謝各有所長的三位老師。

演了這麼久的戲卻未申請成立劇團，民國八十五年，陳偉誠老師來園上成長研習課時，發現老師們很有潛力，園裡人力充足，所以建議成立劇團。同年，徵求老師們的意見，同意申請劇團立案，於是我們便有了一個正式的劇團，教師接受我的命名：「棒棒糖幼兒實驗劇團」，言下之意，我們的劇團不是專業的，而是實驗的、研發性的，所以演得不夠專業也不用見怪。

第三節　未來的發展與計畫

校園裡成立劇團的確是教師們的負擔，在南海，這負擔不是經費，由於是實驗性質，不對外演出，開支有限，真正的負擔是教師的時間。南海的教師有許多其他工作，如寫文章，做行動研究，做記錄，策畫及推動對內、對外各種活動等。事實上當年的週末劇場逐漸減場與教師的時間有直接的關係。

然而，我希望孩子和家長能看到更多的戲。雖然有位教授好心的說：「夠了！園內其他的資源夠多的了！」我還是想在不增加教師的負擔下多

給孩子看戲。我計畫採取以下兩種方式：

一、家長資源的應用

以往家長經常參加演出，效果不錯，請喜好戲劇的家長繼續加入，家長參與不只在經費的支援和做道具上。

資源中心也推出了「故事媽媽」的計畫，與毛毛蟲基金會合作教媽媽們說故事，讓媽媽們知道如何用簡易偶和身體動作、語調變化生動的說一則故事，平時在各班說故事，這計畫也已展開了。

二、加強即興劇的技巧

即興劇一直是我的理想，關鍵在教師培訓方面，這是南海未來要努力的地方。當然了在教室裡老師會率領幼兒隨意的演，希望將這種潛在的能力發揮在劇場裡，減少複雜的準備工作，增加場次。

即興劇也可以用在親職教育方面，探討孩子的問題和教養的問題、家庭與夫妻問題對子女的成長。我想透過這種論壇式行動演出，比講座更具體、更有吸引力，而且可在大集會中進行。

第四節　劇場素描

南海的新校舍是在一九九〇年啟用，在原設計圖中就有一個禮堂，大約八十坪，我在接下第二期之內部及庭院工程時，將禮堂設計成ㄇ字形三層階梯式的幼兒坐位，戲劇就在ㄇ字的中央進行。當然這樣的設計表演者需要「面面俱到」，只顧及一邊，另一邊連聲音都會聽不清楚，但ㄇ字形，演員在地板上演，使演員和觀眾在同一平面上而更容易產生互動。

禮堂內設置了白色大布幕，設計的目的是做身體及實物和其他方法的投影之用的，是戲劇中和日常感性活動中最常用到的設備。

室外操場上有大平台，也常會利用到，幼兒距離台面隔著一片窄的斜

花壇，但視線和高度都適當。此外有一游泳池，我也將其一邊設計成階梯，夏天可以坐著戲水，其他季節就做成戲場了。庭院裡還有各類遊戲台架，有多處涼亭、小橋、城牆均可裝飾成戲台。

第十七章

戲劇行政與工作——「王子與椅子」

第一節　幕前幕後知多少？

～李美慧、魏淑利、林如盈

　　戲劇是一種融合性的藝術，可以用多元式的方法呈現，對教育而言它更有獨特的功能，不但能滿足孩子們內在需求及情感的疏導，更能潛移默化改變孩子們的行為。在南海，每當一聲——「好戲開鑼」——後便會發現每個孩子臉上展放出炯炯有神的目光，期待著老師們扮演的戲劇開始登場——此時數百人的會場內可能同時尖聲高叫；也可能同時鴉雀無聲——這就是戲劇的魅力，能同時凝聚數百位孩子的目光焦點。因此，我們慎重的選擇劇本，修改劇情，以最能吸引孩子的方式呈現，期望能把握好這對孩子最佳的教育時機，展現最完善的教育品質。因此我們不怕辛苦的一改再改，以下便是我們幕後演出的準備過程。

一、策畫小組

　　此次戲劇籌畫負責的老師是花鹿和泡泡龍班的李美慧老師、林如盈老師、魏淑利老師和黃敏玲老師。

二、劇本的選擇

　　在戲劇的發展過程中，劇本的選擇是最重要的工作，我們以謹慎的態度、從各類幼兒圖畫故事書中挑出數本較具有啟發性、逗趣、心理成長或

寓言、淺顯易懂的行爲劇……等類的故事書中再與園長討論選中林清玄先生的「王子和椅子」這本幼兒圖畫書。因爲此書內容淺顯易懂，也較生活化，對孩子的自理能力及負責任的態度有良好的教育意義，而這次戲劇計畫以啞劇的方式表現，因此需要故事內容可以以動作具體表現者爲宜，這個故事的劇情較易以啞劇的風貌呈現，因此選擇了它。

三、劇情的修改

執行本齣戲的組員是從園中各班輪派一位老師代表參與（共十三位）。

爲了用啞劇的表演方式讓孩子得到多方面的啓發，也爲了讓劇情能更切合孩子的需要，因此園長及十三位戲劇組的老師共同開會討論，工作內容如下：

1. 先瀏覽及介紹故事內容。
2. 共同針對故事內容提出意見、刪改或潤飾。
3. 故事內容分爲四段，並且分四組討論劇情內容。
4. 各段劇情銜接討論及彙整。
5. 與園長討論劇本內容，各段銜接並修飾細節（策畫組）。
6. 綜合編寫劇本（策畫組）。

本書刪改部分：

1. 第 9 頁，「祖先的牌位那麼尊貴……」：牌位對幼兒而言較爲抽象、陌生，因此將其刪除。
2. 第17頁，戰爭結束後王子繼續流浪並且找工作：①當搬運工：笨手笨腳；②幫忙麵店：打破碗盤；③洗馬被馬踢；④落魄時去撿食物被狗追咬……。
3. 王子身旁一直跟著一隻忠心耿耿的小狗加入一段失散的情節。

四、工作分配

㈠選派角色

先徵求老師的意見選派角色，經過討論、同意後決定各角色。

1. **工作人員**——導演：鄭玉玲老師。**音效**：張佩琁、吳幸珍、魏淑利（兼場記）三位老師。**王子**：麥玉芬老師。**國王**：柯慧貞老師兼椅子店老板。**小狗**：陳玉吟老師。**僕人及士兵難民**：⑴練瓊華老師（兼麵餅老板）。⑵林如盈老師（兼木材店老板）。⑶許麗蘭老師（兼逃難者）。**市集人員（雜耍）**：許秀靜、陳幼君、林娟伶三位老師。**控場**：李美慧老師。

2. **其他工作如**——布景、道具、布幕更替、服裝、海報……等製作由全體演員及義工媽媽共同協助完成。感謝這麼多人的投入與支持，也提供了許多意見協助完成這齣劇。尤其感謝張佩琁老師犧牲假日至園繪製劇場布幕，這種熱心且不辭勞苦的精神真令我們敬佩。她的音效口技也和她平日的演技一樣令人稱絕。還有也非常感謝花鹿班佳華媽媽每日來園協助製作道具，海豚班的昱祥媽媽為我們縫車大布……等幾位熱心家長為我們縫製布幕及服裝，使我們的劇場增添了更佳的效果。另外，還有泡泡龍永懿爸爸、彩虹班承宏媽媽家長精心繪製的宣傳海報。

㈡導演的產生緣由

此劇之所以會商請鄭玉玲老師擔任靈魂人物——導演之職，主要是因為她具備了多項特質：有領導能力、責任感、細心，而且有主演過戲劇的經驗……，基於這些原因我們找出了導演的理想人選，感謝鄭老師欣然接受這項重任。

五、排練流程

本次戲劇籌畫及排練時間為八十六年十月十六日至八十六年十二月三

十日止，正式演出為十二月三十日，這段期間我們籌畫及排練、研習共三
十二次，其行事如下：

　10 月 16 日：蒐集故事。

　10 月 18 日：篩選故事。

　10 月 20 日：與園長討論此齣戲的內容及呈現的方式。

　10 月 24 日：討論劇本、分組編寫劇情、知會作者。

　10 月 27 日：各組劇情分享報告及銜接討論；與園長討論劇本。

　10 月 28 日：試鏡：影戲效果；角色分配；工作分配；統整劇本。

　11 月 3 日：排戲（第一幕至第二幕走位）。

　11 月 4 日：排戲（排練一～三幕；試音效；影子戲部分的呈現方
　　　　　　　 式試探）。

　11 月 5 日：陳偉誠老師指導㈠聲音的探討及如何應用於教學中。

　11 月 7 日：排戲。

　11 月 10 日：排戲（根據陳偉誠老師之指導意見做討論及排練）。

　11 月 11 日：排戲（場景道具製作）。

　11 月 18 日：排戲（討論布景上下場之順序）。

　11 月 19 日：陳偉誠老師指導㈡戲劇研習。

　11 月 21 日：排戲研討第二幕走位及雜耍人員排練及場景道具製作
　　　　　　　 （布幕內容討論、道具製作分配）。

　11 月 24 日：排戲。

　11 月 25 日：道具布景測量及製作（邀家長共同參與）。

　11 月 28 日：排戲。

　12 月 1 日 ：排戲。

　12 月 2 日：排戲。

　12 月 5 日：排戲。

　12 月 8 日：排戲。

　12 月 9 日：排戲。

　12 月 10 日：陳偉誠老師指導㈢（音效修正、演員肢體動作的加強）。

　12 月 12 日：排戲。

12 月 15 日：排戲。

12 月 19 日：音效配音：取消旁白。

12 月 23 日：排戲。

12 月 26 日：排練、演員正式著裝。

12 月 29 日：修改音效聲量及銜接方式。

12 月 30 日：排練（細節修飾）。

12 月 31 日：正式對全園幼兒演出，並加演一場邀請公私立幼稚園
園長及教師欣賞，舉行戲劇研習檢討會，請在場來賓
不吝賜教。

六、困難的解決

1. **影劇試驗**：原本採用幻燈片光影但不理想，後來擬裝置軌燈，最後採用
高腳的枱燈。
2. **布景的製作**：原本是想利用立體的場景（如：紙箱、積木）。後來又想
採用屏風式的布幕，最後討論結果認為還是加裝軌道以懸掛式較為理
想，並以噴漆方式繪製。
3. **投影片試驗**：皇宮外景圖要配合燈光的開關以及布幕，較不方便。
4. **劇情交代**：原本想以說書人來交代故事的轉折，但後來為了想讓孩子有
更多想像、思考的空間，所以決定不要有說書人的角色。

七、排戲及劇情修改過程

於排練時不斷修改細節，並請園長提出意見，陳偉誠老師擔任戲劇之
指導：陳老師共來園三次。每次都對我們戲劇內容及表演方式提出具體的
思考方向，給我們突破盲點的指引。

以下是修改內容及園長、陳偉誠老師之建議：

1. 市集場面氣氛再營造熱鬧一點，先設定好演員走位。
2. 幕後的戰亂情景轉化至幕前時，可先讓小狗與市集人員互動，而狗因落
魄髒污而遭人欺負，……而後王子尋找小狗後，二者相遇喜悅的心情。

3. 王子刷牙時可配合小動作，如：口中吹出泡泡……，嘴巴、表情皆可誇張些。小狗在一旁可發出聲音及做一些動作。

八、結　語

　　這場南海的大戲在所有工作人員的努力下，及幼兒熱烈的反應中，圓滿落幕了，我們感謝全校教職員工及義工家長們無私的付出，忝為籌備組的我們，在此致上最深的一鞠躬，感謝大家全力的配合，成長是需要付出的，在此我們要對各位參與的同仁大聲地說：您的汗沒有白流，您的演出是成功的。謝謝、謝謝您們！

第二節　劇本發展

　　戲劇的呈現，首先要有好的故事題材；此次，從眾多的故事中選出「王子和椅子」這個故事。故事描述一個生在宮中的尊貴王子，在茶來伸手、飯來張口的日子中，已不知不覺的養成了「只有別人服侍我，我不需服侍別人」的習慣。以致即使是最疼愛他的父親要求他搬張椅子，他都無情的拒絕。最後，國家敗亡，王子淪落民間，卻無一技之長謀生，最後在椅子店老板的收留下成為一個做椅子的工匠。這樣的結局滿發人深省的。

　　有了故事，但要將它用戲劇的方式呈現出來，是一個問題。這也就是整個戲劇組的責任和首要工作。首先，全組人員都知道這次的表現方式，是要有新的嘗試──即啞劇的方式呈現；接著我們就要將故事寫為劇本，雖為啞劇，但仍需有台詞使演員更能融入情境。在這部分，分為四組來討論，將整個故事分割成四幕。每幕都必須包含台詞、角色以及應該出現的動作、表情、位置、場景為何？道具、背景音樂需要那些？等等，都是希望能更精確的表現出故事的情節。

　　以下即為每一幕所討論的內容節要：

第一幕：描述王子在宮中的生活

　　加入了原本故事中沒有的角色「小狗」，使王子在每次單獨出現時，可以與狗有些互動，不致產生太尷尬的場面。並藉由僕人周到的服侍（穿衣、刷牙、洗臉、餵食、當球架讓王子消遣），襯托出王子「什麼也不會」的性格。可是這樣，又讓人覺得王子似乎一無是處；於是，在他與小狗的互動中安排了一些情境（吃飯時不忘餵小狗，流汗時也爲小狗擦汗……等），讓他展現出友愛的一面。

第二幕：王子和國王的衝突

　　原有的故事，是國王請王子搬椅子，王子用一番說詞回絕後，國王就生氣的走了。在這裡爲了加強王子和國王間的衝突性，從國王要王子搬椅子→王子命令僕人代勞→國王堅持王子搬椅子不成。其間國王情緒的波動，藉由演員位置的移動、音樂的變化，使整個劇情更流暢、有變化性。

第三幕：國家敗亡，王子逃難，流離失所

　　這一幕原有的故事是：很快的交代了國家戰亂，王子流落民間就結束了。但編劇小組在這一段，將戰亂前、後用不同的方式呈現；戰前，由喜悅、充滿生氣的音樂，伴隨市場中活絡的人潮走動，雜耍人員的精彩演出，展現平靜國家中的繁華盛況。戰亂發生，這是讓人傷透腦筋的一部分：如何利用有限的人力製造戰場的混亂情境，又顯出亂中有序的戲劇感。最後，採用影子戲的方式，這避免了演員不足的窘狀，只要一聲鼓聲，燈光熄掉，演員便在幕後上演，不需考慮到裝扮的問題。因此，只要下一場戲不需出現的演員，均可參與演出，就這樣解決了這個難題。戰後，配樂、背景都轉爲較淒涼的調子；王子的裝扮、表情也有別於第一幕，就這樣將前後區別出來。

第四幕：王子成爲快樂的椅子工匠

　　因一直以來沒有勞動的習慣，所以當王子流落民間後，即使他想靠勞

動來賺取溫飽的食物,卻常是弄巧成拙的。在此安排了賣餅人、扛木頭工人,王子一一去嘗試他們的工作;結果,不是將餅甩到別人的臉上,就是將木頭砸在別人的腳上,以致他一直無法順利找到工作。所幸,有位好心的椅子店老板收留他,耐心的教導他做椅子的功夫,使他終於安定下來了,也習得了一技之長。這裡較特別的是,加入了道具、人體的造型組合、舞蹈動作的融入,讓演員用紙箱道具,隨興變化出各種椅子造型,整個過程是歡愉、流暢、有節奏感的。

第五幕:結　束

雖然,結尾並不是王子又回宮中,過著尊貴的生活;但由於王子學會做椅子,開椅子店,吸引眾多的顧客上門,大家一起歡樂起舞,在熱鬧的氣氛中結束,倒也不失為一個完美的結局。

整齣戲強調於演員肢體的誇大表現,因其為啞劇,所以這樣做是必然的。燈光的變化,音樂的適時襯托,也是不可缺失的一環,所以整體來說,全劇是以又演、又舞的方式來呈現的。

第三節　教師如何做導演

～鄭玉玲

沒有語言的故事,僅透過肢體表現配合道具、音效,呈現在大小觀眾面前,對於我——一個只擅於七嘴八舌卻毫無導戲經驗的人是項挑戰。為達到表演的效果,肢體的表達更須甚於比手劃腳,才能深烙在觀眾腦海中,而我除了偶爾參與戲劇演出或策畫外,實際上未曾導過任何人演戲的旱鴨子,卻要以有限的認知與經驗來面對考驗。為此,利用有限的時間觀賞不同的戲劇節目,只是希望臨陣磨槍不亮也光,至少不會了無創意。

「王子與椅子」故事內容頗長,不同於幾年前「和尚吃湯圓」的短而

巧。如何讓長篇故事呈現緊湊又不冗長的演出，因此在段落的編排上須做不同的嘗試，既要考量到段落情節的連貫性，又要克服場地上的限制，演員的入出場，最重要的是效果須足以獲得迴響的，這些與整體的表現品質息息相關，因而導演的工作，便不僅限於指導演員演戲而已，同時也須兼顧「演」以外的其他事情——幕的開啓如何具吸引力吸引觀眾的目光，幕與幕之間要如何串連才能使情節順暢又合理，觀眾不易有斷訊的感覺，在整體表現中爲了避免過度暴力、血腥，易引來孩子模仿，而激盪出白幕光影的表現方式，如何以不足的人力表現出熱鬧的市集景象而有眞人配以布景中人物的搭檔演出，爲了表現繁榮富庶的景象而加強市集人士的特殊表演，爲突顯人物的尊貴身分而創造出特殊的事件，其尊貴後的落魄顛沛也都需不同的情境來襯托，不同的工作嘗試使生活開始有轉機，因而一個類似因果論的結束出現在本劇的結局中。

　　整齣戲除了以「啞劇」方式來交代故事內容外，音樂結合肢體以舞蹈表演型式表現，刀光劍影等……在本劇團裡都是新嘗試，而不管是演出者的表現或觀賞者……感官接受程度的深刻與否，在排演籌備過程中這些挫折與不調和不斷考驗著導演及每位團員。如演員怎麼表現自己的角色特質，我們尊重演員的自創表現，但當演員揣摩不夠時，導演與其他團員相互提供點子協助每位演員做出最適當的表現，即使一個動作須排練數次，大家也認爲值得。然而閉門造車難免無法眞正檢視出自己的缺漏，因此排演過程中邀請前輩指導是有其必要性的。聲音與肢體開發專家陳偉誠老師參與了兩次的排練，並指導演員做更確切的肢體表現，角色與角色間的互動聯結，使演員漸能以「心中有台詞」來揣摩自己的角色，也使得整體的表現力更具穩定性。全體團員利用無法排練的時間共同縫製服裝、道具，擅於美工的佩琁老師更將布景彩繪的栩栩如生，其中家長也不遺餘力的配合，使「王子與椅子」這齣沒有台詞、對白，卻照樣能產生高度互動、反應效果的啞劇更具可看性。

　　三場的演出，得到不少的指教與回饋。參與觀摩的幼教伙伴們的肯定與鼓勵給團員注入一股強心劑，對於老師們提出「打仗砍殺的安排在劇情中是否合宜？是否將引起孩子的模仿……？」等問題，陳偉誠老師與園長

則利用此刻與老師們溝通價值觀的澄清，希望老師陪孩子或家長陪孩子觀賞這類情節之餘更應該針對負面價值和孩子討論，使其內化判斷進而產生正面價值觀，畢竟這是個廣角社會⋯⋯

即使回饋不少，我們相信待改進的空間仍然很多。於是再請到紙風車劇團團長任健誠老師針對演出給予批評與指導。任老師豐富的劇場經驗，果然提供不少關於劇場的改進方向及劇中可再表現更佳的許多地方。例如：在排練稍具經驗後應慢慢學習如何處理舞台視覺和動作的焦點使情節的傳達與交代更清楚；無法講話時如何使動作更精練，而要使動作精確有風格最重要的就是練習；「文字」在劇中所象徵的意義，如何將所有文字與所代表的階級有所區隔，應有更多的處理方式；藉由焦點或事件引導觀眾鼓掌有無必要性；互動性的關係須設定好以避免瑣碎的動作；演員與角色之間的關係可加強技術性的期待並注意到音樂的轉換；熱鬧忙碌的市集可加多人員；表演性強的節目可運用想像空間多設計；人與布景的關係要有區隔才不致呈現出比例不合的矛盾現象；強化已設定的任一事件如耍大餅、敲到手、腳使身體動作凸顯；結束的感覺可再加強。任老師從各方面給了不少指點。藉此特別感激前輩的指教，有了這麼專業的批評可供參考，在下一部戲考量的角度會更廣，表現也會專業更邁進一步。

從被推派為導演到參與各方面的工作，「經驗」是個完全的收穫。由看別人表演到導戲給別人看，由批評別人到須接受別人批評，一路收穫最多的就是經驗的累積與修正，路還會走下去，掌聲和噓聲是大家共享的，唯獨「經驗」我可獨自擁有。

漢菊德註：
南海戲劇發展是團體的工作，從編劇、設想每個場景效果、呈現方式，音樂的選取和配合都是團體討論的結果，但在排演過程中的細節仍要依靠導演去實現這些構想。南海的導演其實是學習的角色，因為其間有指導老師——真正導演的指導，及園長的意見，教師的討論。鄭老師是認真的，「王子與椅子」排演了二十場，她細心的去「試」著將這齣戲的主張呈現出來，老師們認真地聽她擺布，有時也要停下來討論。任老師對這齣戲的高評價，鄭老師實在功不可沒。

第四節　配　音

一、配樂小記

～吳幸珍

　　在召開籌備小組會議時，很興奮地知道這齣戲將以默劇方式呈現，擔任配樂將是一項很有挑戰性的工作。這項工作的重要性繁複性使人員配置上達到三人。為達到烘托、突顯中東背景的戲劇效果，我們盡己所能地蒐集中東地區的民族音樂及阿拉伯民俗風的配樂，在反覆的試聽、測試後，依據劇情的需求將音樂做擷取與配置，期盼將音樂的語言性及與人情感的共鳴性達到淋漓盡致的發揮。

　　卡帶的運用、節奏樂器及口技的搭配則讓整個戲劇在配樂上顯得生動、巧妙，增色許多。能有這樣令人激賞的表現，要歸功於張佩琁老師的認真與負責及魏淑利老師的全程投入，當然指導我們的大家長——漢園長敏銳的藝術鑑賞能力，更是給了我們明確、具體的方向。參與這次配樂工作，讓我收穫滿滿，內心除了感謝大家外，就是感動——大家求善、求美、求好的工作表現。

二、特別的聲音效果

～張佩琁

　　語言（口語）是一般人最常用的，也是最有效的溝通方式。有台詞的戲劇表演可以很清楚、明確地告訴觀眾「演員此刻的情緒與行徑」；倘若將口語自其中抽離，只能使用肢體動作和觀眾溝通時，特別的聲音效果便是營造情緒和氣氛的重要工具之一。在「王子與椅子」這齣啞劇當中背景

音樂是以中東風格的音樂作爲襯底，爲了使表演更能吸引小朋友，音效小組成員決定嘗試用「口技」方式來豐富內容，以彌補襯底音樂的單調並打破無聲的尷尬。在口技內容的選擇上，則是以小朋友易理解的聲音來表現，例如：睡覺時配上打呼的聲音、喝水、啃食食物時的聲音……等；此外，劇中王子的小狗貫穿全場，必須適時地配以「雀躍」、「撒嬌」、「驚恐」、「沮喪」……等各種情緒的狗叫聲來牽動氣氛，難度相當的高，還好以前有養狗的經驗，對於狗言狗語尙能體會，所以模仿起來不至於太離譜，也讓我體認到「對於生活中各種聲音均能用心聆聽」，不但能訓練敏銳的聽力，還能發展出「另類語言」呢！

第五節　布景與道具

～張佩琁

　　戲劇活動在南海行之有年，其間嘗試過各種型式的表現，例如：眞人演出、光影表現、偶戲、人和偶、人和影、半啞劇（台詞極少）、啞劇……等。不同的表現型式、不同的場地，所需要的布景道具也有差異，在經費拮据的狀況下，是無法請專人設計製作或特地向戲服公司租賃的。爲了給孩子們更好的視覺經驗，每有戲劇活動時負責布景道具的老師，無不絞盡腦汁設法利用教學剩餘或回收的資源，製作出能達到戲劇效果，且符合學習目標的道具和布景。在數年「土法煉鋼」的過程中，也累積了不少寶貴的經驗，以下將歷年來較具代表性的成果和大家分享。

一、「和尙吃湯圓」

　　這齣戲是「半啞劇」，在約二十分鐘的表演中，台詞不到十句話。由於當時劇團未成立，戲劇活動常安排在週末活動中進行，由策劃到排練到正式演出往往只有兩週左右的時間，老師們必須在極短的時間內協調所有

的事宜，在期限內分工完成。當時決定以「最簡單」的方式布置場景，以免「過多的道具干擾了孩子的視線」而沒有留意演員的肢體動作。

　　這場戲只有一個幕，角色有六個，分別是一位菩薩、五個和尚（一個師父外加三大一小的徒弟），和尚的袍子是向真的出家人借來的；木魚是學校音樂區借調來的，打坐的蒲團是各教室裡的椅墊；廟門的牌坊只是象徵性的用書面紙寫了「湯圓寺」（見圖Ａ）三個字吊在半空中；而院子裡的樹則是把學校校園內修剪樹枝的枯枝幹固定在旗座上即成，滿地樹葉只要在校園內撿拾即可。飾演菩薩的老師自己自家中打點了白衣裙白紗巾，盤腿坐在由課桌拼成的假供桌上，頗有架式，兩旁的蠟燭則是用垃圾袋內的紙捲筒包紅紙做的。

　　為了製造效果，老和尚煮湯圓可是真的煮（見圖 41），我們把電磁爐「偽裝」成火爐，燒了一鍋水煮冷凍湯圓，由觀眾席上看還真是熱騰騰地很誘人呢！這齣戲所花費的費用，大概就是那兩盒湯圓上吧！我們原本以為可能小朋友們看不懂象徵性的開門、關門、爬牆、偷看等動作（完全沒

圖Ａ

41.　和尚吃湯圓。

有門、牆），沒想到孩子們都能心領神會，還在看完之後熱烈討論呢。

二、王小二過年

　　這是一齣很正式的舞台劇，為了配合園內聖誕節和元旦的定期大活動。因為是定期性活動，早在學期初即已擬訂，所以有較充裕的時間可以籌備。活動地點是雙園國小禮堂，有正式的舞台和觀眾席區隔，所以在布景和道具的製作設計上則以「明顯」、「誇張」為原則。

　　由於是古裝戲，所以在大型布景的繪製上則以較具中國風的方式表現，但並未強調本戲專屬，如此才能和以後的新戲共用而不至於浪費。繪製布景所用的布是在永樂市場大批採購的布胚，請家長幫忙車縫成大布幕。構圖完畢之後則依比例放大至布幕上再用噴漆和水泥漆繪製完成。所完成的兩塊布景分別是「雪景」和「廟會」，除在本劇中使用外，還可用在其他演出上，例：「最後銅鑼聲」以及八十六學年度「萱草心、台灣情」母親節活動場地布置上，可謂一舉數得。

　　其他的活動道具，則是在九歌兒童劇團鄧志浩先生的建議下，用大冰箱紙箱切割成屏風狀繪製，兩面均可使用（畫上不同的場景），便於迅速更換場景（見圖42、圖43）。此外，主辦組老師更請了舞台燈光技師來

42.　**演員背後爲噴漆布幕及屏風式紙箱拆製的道具。**

43.　**後方道具布景爲「屏風式紙箱道具」的另一面。**

打燈光,以增加演出的效果。本次演出的道具除布景、桌椅外,大多是瓦楞紙做的,演出完畢回收至道具室收藏,待日後再用(如圖B、圖C)。

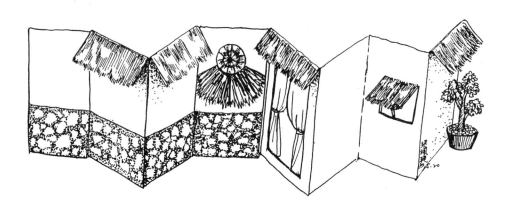

圖 B 「王小二過年」中,以冰箱的大紙箱拆製而成的屏風式道具第一面。

圖 C 「王小二過年」中,紙箱拆製的屏風式道具第二面所組合的場景。

三、「傑克和仙豆」

　　這是一個大家耳熟能詳的故事，非常卡通化，人能夠變小變大，豆子能夠一夜之間長大，雞會生金蛋……等等不太合理的內容，在無法用剪接技巧的舞台劇上該如何表現呢？在大家你一言我一語胡謅瞎掰的時候，突然靈感乍現：「何不用人和偶一同演出呢？」，在高難度的卡通化情節中使用偶來演出的確可以化解一些尷尬。我們製作了一大一小兩個偶來替代巨人的角色，小巨人偶大小像「布袋戲」，大巨人偶則是模擬傳統廟會中七爺八爺的製作及操作方式演出，頗具震撼效果。

　　至於仙豆一夜之間長高上天的劇情則是將學校維修設備用的三公尺高鋁梯布置成傑克的家（底部）和有雲的天空（見圖44），再由操作小偶

44.　「傑克和仙豆」劇中的巨大人偶和鋁梯製成的道具。

的老師躲在鋁梯上端，將粗綿繩做成的豆蔓往上拉，造成「長高」的效果；巨人追逐傑克以及傑克爬上豆蔓、砍斷豆蔓巨人摔下來的劇情，也是由小偶在梯子上操作演出的。這是我們第一次嘗試人、偶同台演出，由於偶戲的加入，打破了原有技術上的限制，而孩子們對於「人變大偶、大偶變小偶」的轉換方式，也都能理解，沒有出現我們當初所預想的「混亂」狀態。

四、王子和椅子

這是南海成立劇團以來第二齣大戲，曾開放他校教師觀賞、討論，值得一提的是：這齣戲是「啞劇」，全劇約四十分鐘，由頭至尾未發一言，完全靠肢體動作表現。

故事背景是中東國家，且是古代的阿拉伯，以往未曾有過這樣的道具和布景，一切都得重新繪製。劇中出現的場景有「皇宮」、「波斯市場」、「殺人」、「戰火之後的廢墟」和「椅子店」，原先導演希望能繪製四面布景，經考量人力、費用因素，縮減為「波斯市場」（見圖45）、

45. 「王子和椅子」中，波斯市場一景。

「荒涼的廢墟」和「椅子店」三面布景。製作方式同前，但在構圖時卻是大費周章，參考了不少中東國家的圖片才定案；這三幅大型壁畫中最麻煩的是「波斯市場」一景，因演員太少，必須在市場上多畫一些人才能讓觀眾感受到市場的熱鬧熙攘。

　　本劇另一個特色是「結合了影戲」的表演方式。劇中有宮廷內亂的情節，國王被殺王子流亡的情節；為了不讓小朋友看見現場砍殺，我們將暴力畫面轉成「人影」呈現，配合著背景音樂，稍稍隔離了血腥，但卻有另一番想像空間。

　　劇中人物衣著看似華麗，其實都是平日較少穿的寬大衣褲貼一些彩色膠帶，或罩上一件義工家長用不織布縫的小背心，頭上的帽巾，則是用碎布條或圍巾拼湊而成（見圖 46）。較費工夫的戲服，大概只有劇中小狗所穿的那件毛皮吧！那件狗衣服也是由老師和家長共同製作完成的呢！

46.　雜耍藝人在市集的表演。

　　這次演出為節省人力及克服換幕的速度，特別在禮堂（表演場）天花板上安置了布幕軌道，使得撤換布景省了不少的時間和人力，相信以後的

演出會更令人耳目一新。

　南海的戲劇活動頻繁，各班進行的方案也有不少是以戲劇方式呈現，因此南海棒棒糖劇團的道具間中儲藏安置了許多以前曾用過的戲服、布景、道具（圖 47）。這些物品除了提供戲劇活動中調度使用之外，在平時也接受各班借出使用，道具間的衣物用品均拍照存檔，他日若有所需，只要調出使用即可，無需再另行添購製作，對園方而言，可省下一筆開銷；對這些道具而言，則是一物多用，充分的發揮了物盡其用的功能。

47. 「王子和椅子」的謝幕場面

　漢菊德註：所有的大型布幕，都由張佩琁繪製，甚獲外校幼教老師的讚賞。

第十八章

角色發展

第一節 「最後的銅鑼聲」座談會記錄

~陳幼君、陳柔局

一、「最後的銅鑼聲」簡介

阿喜和阿憂是好朋友，為了生活離開怪怪村，經過二十年後賺了好多錢，就在回鄉的途中遇到了死神，阿憂和阿喜只剩三天可活，只要銅鑼聲一響他們就沒命了，阿憂和阿喜會怎麼用這三天呢？

阿喜將他的財富救助鄉里，三天後得到村民的喝采，村民的鑼鼓聲使阿喜聽不到死神的銅鑼聲，而免於一死。阿憂卻天天憂愁，守著財富，而難逃死神的召喚。

二、五月二十四日戲劇座談

日期：八十六年年五月二十四日
地點：二樓禮堂

園　長：

我們南海與協進會合辦一系列的情意教學，最先由林煥彰來講童詩創作，下面一場是由局長六月七日來講戲劇教學理論的背景，最後一場六月

二十五日由黃光男館長來談幼兒美術，希望各位每個場次都到。

我現在簡單介紹一下我們棒棒糖劇場，兒童劇的意思就是老師演給小孩看，小孩看了之後會有後續的活動，並非看完戲就算了，等於老師是孩子的大玩偶，有人這樣比喻，活生生的玩偶，有很好的教育功能在裡面，所以我們從開始就很重視這個。為什麼我們現在成立棒棒糖幼兒實驗劇團，我們的意思是我們在幼稚園裡很踏實的做，而不是到外面公演，如果我們到外面公演，我們今天這個破破爛爛的背景一定不行，各位看到鞋子劇團非常講究，我們現在用的都是粗糙的，是很實用的，可以在幼稚園裡面自己做的，但我們是很實在的追求品質提升，如老師肢體語言怎樣改進，場景怎樣銜接，劇情怎樣編導等等，這些都是我們要追求的重點。當然我們成立這個劇場，是陳偉誠老師建議我成立，但我們的意思並非要到外面去公演，請大家來是做研究，大家討論，從過程中做改進，落實在教室、學校中。昨天大家到市立師院中，所看到所謂的戲劇，他是用所謂的戲劇元素來做的肢體活動，我們教室裡有那一類的活動，但並不是我們有那一類活動後，就沒有週末劇場了，這種兒童劇場也是一樣重要，所以我們兩者都有。英國人為什麼要有週末劇場？因為英國人的習俗喜歡看戲，我在想，我們中國人不一定要跟他們一樣，他們有他們的戲，我們有我們的戲，我就一直在想我們中國人的週末劇場應該走那一條路，是不是應該中國化，所以我們很喜歡古裝戲，是這樣的一個道理，看得出來很本土的味道，當然我們也不能只限於這些，等一下我們會詳細的討論。

我們起先選擇劇本時，是由幾位老師先選，我們的想法是不要太明顯的說教，好像很八股那種，需要的是有趣味性的，因此選了好幾個，等一下由他們講解一下過程，最後我們決定選林清玄的作品，這是林清玄寫的一本書《最後的銅鑼聲》，其實他這本書非常簡單，我們就利用整本書的過程和概念再加油添醋編成這樣的故事，表達了兩個人的價值觀和處世態度在裡面，沒有很明顯的善惡，不快樂和快樂的人後來會有什麼樣的結果，他裡面並沒有很八股的說出誰是好人或是壞人，阿喜他們只是不同個性的兩個人。

許秀靜老師（導演）：

我們先分享選擇劇本和編劇的過程，如果各位老師有問題再提出來。當我們選擇「最後的銅鑼聲」來當劇本後，每個參與的演員讀完這本書後，發現缺少趣味性，因為要演給小孩看，可能要再加一些東西，這本書內容滿純文學的，情節不太適合當戲劇方面的演出，那如何將它變得生動、吸引小朋友的注意？就得加以改編，在改編時，我們將演員分成小組，將內容分為幾個部分，以小組來討論書的內容，每人編一段，把故事編成對白，編完之後就先對台詞，看是否生動活潑，待每組討論差不多後，再將每組連串起來，再作修正編劇的動作，等劇本都完成後，就開始選擇角色，剛開始時是由老師自己選擇，因為在排練過程中，個人在揣摩角色上會有些困難，所以我們曾請老師來指導過，等一下我們請每位演員來分享一下他在揣摩這個角色時，怎樣來表演，剛剛大家看到，每位演員的表現不太一樣，是經過他們個人揣摩後才表現出來的，所以我們請每位演員來發表心得。

鄭玉玲老師（阿憂）：

老師來指導時，每位演員先走台步給他看，之後，他給我們一些啟示，他說，你何不想想你身邊什麼樣動物的個性像你這角色的個性，大家一起腦力激盪，經過雕塑之後，阿憂走路就成了外八、垂肩、沒有精神的樣子，倒楣的樣子，眉毛倒八字、嘴巴往下垂，這都是經過任老師上過課後給我們的啟示，他也沒有要求我們一定要怎麼做，但是他這個點子很好，能讓我們想像，你覺得你身邊有那些人物你看過的，或是那些角色，你覺得他的個性和你要演的個性很像，那你模仿出來給大家看一看。後來大家有一個共識，這樣的阿憂的動作就表演出來了，這就是指導前和指導後。

園　　長：

我們請了任老師來指導後，任老師叫他們自己去想而不是直接去糾正

他的動作，使得他的動作更加豐富，原來他三、兩下就可以結束的動作，他可以再增加一些動作，變得有節奏感，譬如「跌倒」的動作，原來「噗！」一下就過去，現在，就有節奏感，慢慢倒下去，所以讓我們去想一下會更好、更豐富。

王珊斐老師（阿喜）：

其實我剛開始演這個角色時，放不太開，任老師來指導時覺得阿喜和阿憂應該是兩個對比，阿憂應該是較倒楣、憂鬱；阿喜就比較開朗、快樂的樣子，多排幾次後，就表現得較好。

園　長：

最先有兩段默劇，就是要把兩個人的個性表現出來。

張佩琁老師（死神）：

我飾演死神，因為我本身的聲量夠大，當聲音夠大時，在舞台的動作跟著也會較大，不會縮著，才好表現。在聲量方面是比較沒問題，但指導老師說你要給予死神賦予什麼樣的性格，在原著裡死神是一個很嚴肅、肅殺的一個角色，我怕那樣會嚇到小朋友，我就決定不要當一個很傳統、嚴肅、很酷的死神，就把自己塑造成一個「兩光」死神，有一點喜感、陰陽怪氣、帶點喜感的樣子，在化妝方面就增加一點色彩。昨天是演給我們學校的小朋友看，就發覺他們都很喜歡死神，頗奇怪的，一直告訴我阿喜、阿憂在那，頗沒同情心的。

許秀靜老師：

在書本裡並沒有村民甲、乙、丙這三個角色，要如何去設定這三個平凡普通，又有點不一樣呢？就牽涉到如何去選擇角色，在小組討論時，大傻就得和乞丐不同，村婦她是一個苦命人，所以村民甲、乙、丙看起來是不一樣的。

吳佳惠老師（大傻）：

我……是……大大傻，剛開始我是這樣演出的，經過思考，大傻已經沒有家人了，從小就傻傻的，心地善良，不耍心機，會流口水，因沒家人所以生病沒人照顧會很嚴重，我覺得他會很可憐，因為他生病，所以化妝就化得不一樣。

園　長：

因書裡面沒有這個角色，是老師自己揣摩的。

李美慧老師（乞丐）：

剛開始接到這個角色時，第一個印象是想到菜市場內的乞丐，一開始排演就在地上爬，等換到這個場地排練時，發現從那裡爬到這裡，時間拖太長，可能戲也拖太長了，後來想出拿柺杖，但想到整個村子已經愁雲慘霧了，拿著柺杖，覺得大家動作都很慢了，要如何才能讓這個村子還有一點喜氣，雖然自己是個乞丐，但也很安於自己的貧窮，每天跟跳蚤玩一玩，指導老師給我們建議，當每個人出場時要給自己秀一下，我就想到乞丐是身上最髒，有很多跳蚤，在第二次出場時剛開始我也是很快樂出來，老師說：「二十年後，你還是很年輕快樂？」，我才想到應該不一樣。

吳妙娟老師（王大嬸）：

我剛開始時，設定演一位寡婦，生一大堆小孩，先生又死了，小孩要怎樣才會像，後面背一個，手上抱一個，再讓小朋友參與，所以就牽著兩位小朋友，哭著叫肚子好餓，那就更像了，我覺得配樂很重要，音樂一出來就有那種好可憐的情緒、好難過，很自然就帶到戲裡面。

柯老師（村長）：

原來村長是一位男角色，場務就說我走路太嬌里嬌氣的，要學學大男人走路的樣子，我回去揣摩了兩天，還是走不出來，大家就建議乾脆演女

村長好了。在整個戲裡面，好像滿悲哀慘淡，顏色暗淡，我就想至少這村長顏色可以花俏一點，可以來作怪，就請家長提供假髮、衣服，村長是熱心服務，再加一點三八，又不能太三八，加一點美豔，又不能太美豔，所以就變成現在這樣。每次在跟演員互動當中來調整我們的對白，會覺得一次比一次更好玩，排練當中會深深感受到，這戲劇帶給你情緒上的感動。

許秀靜老師：

在劇場裡面很重要的是道具和音效部分，也請他們來說明一下。

雷體菁老師（音效）：

我是負責配樂，這戲是以喜劇收場，戲一開始是滿熱鬧，然後去做生意，用音樂來串場，經過二十年，延續到他們回鄉的路上，死神的音樂，我們花了很多時間一節一節的錄下去，演員都很賣力，我們的配樂只是個陪襯的角色，幫助他們入戲。接下來哀傷的氣氛，我們本來想用較中國式的，因我對音樂的涉獵較有限，所以我就找到屬於西洋音樂中辛德勒的名單的電影配樂，這是較悲哀的音樂，在知道自己死亡時悲哀的氣氛，還有可憐人在被施捨時，小孩嗷嗷待哺時用的。另外，便是舞龍舞獅使用熱鬧的音樂了。

麥玉芬老師（音效）：

當初選擇音效，是想偷懶，可是沒想到從頭到尾音效的專注力是最高的，有時看得入神會忘記，要提醒自己入戲，但不能只注意看，還要想到自己有工作要做，一開始常忘記，剛開始搭時，我們兩個都在敲，後來發現兩人會搶，聲量變很大，本來我們錄音帶音樂沒那麼多，老師指導後，建議空場時，要多加一些音效，否則他們在換裝、接戲時可能會顯得很空白，我們就把劇本拿出來，將換場的時間挪出來，及肢體動作多對話少的情節，就開始找這些情境的配樂，因為這齣戲劇比較中國化，一開始是找中國的音樂，後來發現無法達到效果，所以加上其他音樂器材，也希望不要應用太多，否則工作量會很多，就儘量利用一個音樂來接兩、三個串

場，較不會一直處在換帶、停帶的困難。在敲擊方面，我們選擇一種能達到多重功能的，就選擇曼陀鈴，較能達到很多效果，不會在短時間內手忙腳亂，才有時間去做更好的配樂。

曾慧蓮老師（道具組）：

穿著黑衣服穿來穿去就是道具組的，我們的背景是張佩琁老師一手畫出來的，非常優秀，我們的場景雖然很簡單，可是排起來還不錯；在跟戲時就必須把道具上下次序場分清楚，我們之前是手忙腳亂的，例如布幕什麼時候要開、關，什麼時候要上，什麼時候要下；另外要利用場地及現有的東西，像禮堂的白色布幕是平常看影片的資源，就可將（鄉村）場景先別在布幕上面，後面的鐵架事先亦架好另一場景（廟口），這樣即可節省換景的不便。另外任老師建議我們的道具必須先定位，像地上的彩色膠帶，紅色代表這劇場的空間，道具放那兒亦要先做記號，事前大家先試試看怎樣的擺設較舒服，大家覺得不錯了，就可確立下來，這就是我們道具部分。

園　長：

我主張道具越簡單越好，因為老師沒什麼時間做道具，如果有現成的舊衣服、舊床單是最好的；我們張老師非常有才氣，她畫了多幅布幕，我們經常反覆的利用，像紙箱也兩面都可利用。

許秀靜老師：

在看戲之前，要有一位老師要來帶動氣氛，培養看戲的心情，這位帶動老師就是控場。

練雅婷老師（控場）：

大家好，我是今天的控場，我們今天的控場和昨天的控場活動是不一樣的。因為參與的對象不同，所以今天就多利用肢體的活動，像昨天觀眾是幼兒，所以就偏向律動；控場是要讓演員有較多的準備時間，讓孩子情

緒穩下安心看戲。

園　長：

戲的中間如有空檔，仍需有控場，因為這戲流程還算順暢，換景也簡單，所以中間沒有讓人等很久，就沒安排控場，因為小孩和大人不一樣。

許秀靜老師：

戲裡面除了老師，還有幾位小演員，因為這場戲有些部分須由較多人來表演，以人力來說，不可能所有演員都由老師來擔任，所以想了一個辦法，讓小朋友出來串場，我們並沒有刻意訓練小朋友要他們怎麼表現，儘量由小朋友自由發揮，事實上他們跟戲的次數並不多，但他們很有成就感，表現得都不錯，不會在劇場裡面到處亂走，他們會跟著老師，這是這齣戲較特別的部分。我們之前較少利用小朋友，如果你考慮到戲裡面角色很多，其實小朋友和家長都是很好的資源，可請他們幫你串場，尤其像舞龍舞獅都是大人的話，場面可能會較冷清，或者從鄉村景要轉換成城市景時，換道具的期間，這個場面可能是空的，這時可能要有些人物出來流動一下，才不會讓場面冷清，戲會熱鬧一點。

園　長：

其實這中間有一位扮演媽媽的角色跑出來走走，是中間換景的時候，看起來好像很順，其實他的用意是這樣換景的設計，起先戲裡面不是這樣，是我們在演當中發現有空檔時間，所以設計出來這樣的方法。小朋友的參與有個原則就是，我們不給予訓練，不須他背台詞，不須他走步，選擇自然的角色給他，他們其實很喜歡上台走一走，這是我們的原則，不訓練小孩子。

在這戲裡面我個人有兩個觀點，但不曉得呈現得好不好，等一下請大家提出來，第一個觀點是，我們很想藉由這戲呈現小孩子和大人一起自由敲擊的音樂，在舞龍舞獅時利用手邊的東西拿來敲擊，另一個是人的雕塑，像「一、二、三木頭人」，這種團體活動，這是一種雕塑功用，在舞

龍舞獅死神出來時，暫停一下，我們是想呈現這樣的觀念。大家可以來討論。

第二節　「王子與椅子」的角色發展

～陳玉吟、陳幼君、練瓊華、許秀靜
林娟伶、柯慧貞、麥玉芬

　　僕人一開始是以昂首踢正步的方式進場，經過大家的討論覺得如果三個僕人能夠有不同的個性（僕人演出者——如盈、麗蘭、瓊華），會使戲劇效果更有趣、生動。所以三個僕人的表現方法就有了不同：第一個僕人也就是總管，他比較威嚴，覺得自己很威風，走起路來昂首闊步，偶爾會回頭看看後面兩個小跟班有沒有出錯，深怕讓他丟臉；第二個僕人是比較膽小、怕被責罵的個性，所以總是一副唯唯諾諾跟著別人做的樣子；最後一個僕人是個小迷糊，所以經常跟不上大家而脫了隊，不知道接下來要做什麼而鬧出笑話。有了三種人格表現，為了表示皇宮中僕人的紀律，所以還是以踢正步的姿態出場。接下來幾場伺候王子日常生活的戲，在陳偉誠老師看過之後我們也做了一些修飾，如總管幫王子刷牙、洗臉的動作，一開始就是一本正經的做出刷牙洗臉的動作，陳老師建議我們動作可以加大、誇張一些，觀眾才看得清楚，才逗趣。諸如此類，我們僕人角色的表現是結合三個演出者對劇中角色的想像，及和王子個性的搭配加上排演之後其他演員的意見，及陳老師給予我們的一些指導、建議而具體成型的。

一、小狗的感言

～陳玉吟

　　從小，我沒養過寵物，對於活蹦亂跳的小狗、小貓……都抱著敬而遠

之的態度，接演小狗這個角色，真的是一大挑戰，我的腦袋裡沒有狗狗的動作影像，何況要扮演牠，麗蘭建議我看影帶「小姐與流氓」，秀珍借我「一○一真狗」，回家每天看，狗狗如何和主人互動、如何吃、睡、跑、跳……邊看、邊揣摩，怎麼樣以二隻手代替狗的前腳，最掙扎的是常要用嘴叼著東西，唉！豁出去了，回家再刷牙吧！

連走在路上也驀然發現，街上的狗狗怎麼這麼多呀！平日看到狗即逃之夭夭的我，現在則和牠們保持安全距離，仔細端詳牠們的坐臥立行，老公笑我成了狗痴，看到狗都目不轉睛了。數十次排練的過程，從「呆」在一旁不知所措，漸漸的琢磨如何適度表現，而不至於搶戲，趴在地上行走、跳爬翻滾的運動量夠我一年之用了，我們戲稱在狗皮大衣裡做三溫暖，可以減肥、瘦身，不錯吧！

這次扮狗狗，真的要謝謝玉玲導演的磨戲，佩璇精彩的配音，把狗狗的角色詮釋得維妙維肖，還有親手縫製的長毛狗皮大衣為狗狗的演出加分；更要謝謝王子——玉芬承受狗狗沈重的體重，在大伙兒的鼓勵下，讓怕戲的我，有了玩戲的美好經驗，演戲其實滿好玩的嘛！下次可以再試試。

二、飾演「市集人員」的心路歷程

～陳幼君、許秀靜、林娟伶

「王子與椅子」中市集人員的角色，在我們最初的認知中只是個跑龍套串場的功能，三個角色分別是玩蛇吹笛的人、拋球的人、玩轉盤的人，他們各自獨立按順序出場雜耍，在角色與角色間並沒有很大的互動，所以在每次排演時常發生空檔或不知所措的窘狀，再加上本身技術的不熟練，使得這三個角色在這齣戲中的定位顯得尷尬。

為了突破這僵局，我們三人便討論市集中種種的可能性，才勉強有些互動，而由於互動的產生對手戲增強，使得「玩戲」有了更多的變化，其間最困難的部分便是如何不用說話僅利用肢體呈現各自的風格讓觀眾一看便知我們葫蘆裡賣的是什麼膏藥。

　　我是一個吹笛玩蛇的人：蛇與笛子是我的呈現法寶，在流暢迂迴的中東樂曲下，最初只知扭動身子像卡通片中眼鏡蛇般的移動轉圈，動作的可能性很單純，後來經過陳老師指導發現，「眼神」可以帶來更多的動力，進而產生更多的演出效果。歌舞昇平時動作是流暢無阻、亂世奔逃時動作是短促有力，不同的情境真的可以讓自己的肢體動作表達出來。

　　我是一個耍大刀的人：剛開始自我設定成拋球雜耍人，但排演時，技術的不純熟，經常讓球掉得滿地滾，自信心頗受挫折，多次練習後仍無法改變事實。最後改變身分成為一個耍大刀的人，這似乎較能得心應手了。從開始的生澀到後來的自然呈現，多虧整個團隊的協助、陳老師的指導，更學習到了即使只是小部分的修飾，都可能影響全劇的演出結果。

　　我是一個舞絲帶的美女；本來的角色設定我是一個耍盤子的雜耍男人，由於盤子屢耍屢掉，常鬧笑話，經過陳老師的提示和示範，將我的角色改為舞絲帶的美女，綵帶對我而言比耍盤子要容易許多，由於角色的轉變讓我更有自信的發揮；而由於是場中唯一的女性，更能突顯角色本身的個性。

　　經過多次的琢磨修正，三者之間的關係加強，故事性增加了，所以表現出來的市集風貌較完整，在整齣戲中發揮了畫龍點睛的「笑」果，這讓我們對自己更有自信了。

漢菊德註：
這一幕首先表達昇平的景象，技術是藉著舞蛇人的笛子「指揮」另外兩位藝人，使她們的動作一前一後，一左一右，並加入「開始──停止」（一、二、三、木頭人）的動作，使動作時而靜止。當鼓聲響起，電光全熄，戰爭的影子戲之後，燈光亮起湧入所有的演員做逃難的人民，藝人加入人群，人群的動作不是混亂的竄逃，而是集體在布幕與觀眾之前來回奔走，伸長手臂，做「開始──停止」的動作，類似舞蹈。

三、國王與平民

～柯慧貞

　　由於年齡較長，被公推演國王一角，深怕自己的神情儀態不夠尊貴威

嚴，不斷虛心請教同事及其他觀眾的意見，每日回家必在穿衣鏡前演示一番，自我修正，自我嘗試，洗澡時在洗面鏡前觀賞自己的喜、怒、哀、樂表情，再不看鏡子作表情，將表情定格後，再拿鏡子檢視之。隔日排演時，將前日在家揣摩的表情動作，儘量表現，再徵求導演的意見。

經過上述不斷反覆的檢討、嘗試、改進、再嘗試，並藉著服裝、造型、音響、場景等之助興，倍增自己的信心，欣賞同事們的認真投入，更激勵自己的全心全力演出，但是畢竟本身非專業演員，仍有無法突破的限制與盲點，經專家陳偉誠老師的示範、指點、導引、闡示，對自己角色的詮釋，方有更深一層的體認。例如，剛開始的國王出場，只求自己抬頭挺胸、面帶微笑、大方邁步，雙手上舉揮動，與觀眾握手，送飛吻等肢體動作，經指點後，會有加入雙肩的聳動，臉部眉宇之間飛揚，手揮拉王袍再轉動身體的方向，與王子相見相擁之前，加上停格，再快步上前互相擁抱，擁抱動作亦分段依固定節奏而進行之，使動作的傳達更明顯，沒有語言的劇情演出，觀眾能一目了然。

由於人手不足，每個人都得分飾兩、三個角色，除了國王一角之外，我還得扮演買餅的路人及椅子店老板，因此國王一下戲，馬上摘下王冠，脫下王袍，摘下鞋上的金飾，換上一身灰暗的老先生服裝，纏上頭巾，貼上粗眉，倒八字鬍鬚，頭髮亂撥，並灑上麵粉及髮膠，一副飢餓狼狽地出場。由於飾演國王一角時，已多次面對鏡子，僵住自己喜怒哀樂的表情，因此路人一角的穿插，就感覺演來得心應手。

退進幕後，又趕緊換上另一套稍微華麗的服飾，頭髮全部盤入帽內，貼上細眉，喜字鬍鬚並加上粗黑框眼鏡後，推著自己的家當——椅子、槌子、鐵釘……等，上場演椅子店老板。老板是個純樸熱心善良的人士，肢體動作與尊貴的國王截然不同，胸膛微屈，面貌憨祥，動作輕巧愉快，態度誠懇殷勤，與王子和客人間的互動不再是個人的表現，而是小組間動作的契合，最後的舞蹈更是壓軸的呈現，舉手投足間的適度擺動，更是斟酌的重點。

每一次的排演都有不同的心得感想，下一次的排演更是累積前幾次的經驗，加上重組的想法，做不同的嘗試，任由自己更豐富的想像空間充分

發揮，本來是為演戲而演戲的心態，逐漸轉化成為為喜愛而演戲，到最後竟變成為期望而演戲，這其間的轉化過程，只有身歷其境，才能體會個中滋味。

四、我如何演王子

～麥玉芬

原本以為在兒童劇中，主角永遠是最好呈現的一個部分，因為他是整個劇情的重心，是絕對不會有冷場的。所以在接下「王子」這個角色時，除了感覺到主角的重責大任之外，並沒有體驗出在表演上會有多大的困難產生。但這些不成熟的觀念，在聽到要以「啞劇」的方式呈現之後，而產生了很大的衝擊。

想想看劇情中王子的生活小細節（如穿衣、洗臉、刷牙、吃飯）要如何以動作呈現；再想想要以純動作呈現出王子驕縱無知的性情，而不能口出半語；更加上一場戰亂後流離失所的獨角戲，真是讓我接到了一項空前未有過的挑戰。

一般略為誇張的肢體動作，已不能滿足這次戲劇的呈現要求，尤其是生活化的動作，除了加大它的誇張度之外，將動作放慢，讓動作一個一個清楚地表現出來更是另一個重要。在角色性格的揣摩上，也由原本的面部表情變化，轉而由整個肢體形態的呈現——原本驕縱的神情加上高抬的下巴和仰肩跨步的大動作，粗略地模擬出王子的性格。獨角戲的部分，由於是極度哀傷與無奈，所以除了誇張的哀號動作外，更要一人貫穿全舞台，以不致造成任何觀眾視覺上的不滿足。

這些種種的體認和改變，都不是一次或兩次的排練就能做到。在經過自己不停的揣摩、修正、再揣摩，終於有了一些能夠表現清楚的信心，再加上演出當天孩子們的聚精會神，讓我們在這次的表演中，得到了許多有形與無形的掌聲。

第十九章

戲劇之後續活動及幼兒反應

前　言

～漢菊德

　　讓幼兒看戲就像提供幼兒書籍，或帶他們去參觀一樣，必須要有後續活動。後續活動可長可短，有時會發展成一個方案，長達一、兩個月，無論是那一種後續活動，都是從討論分享開始。

　　看戲後尤其要討論分享，而戲劇中的啞戲更需要討論分享。如前文所說，我提倡啞劇，除了可以促使教師們在身體的表現能力上精進之外，最重要的原因是留給幼兒詮釋的機會，沒有對話，幼兒可能有不同的解讀，幼兒思維的空間加大了！

　　無論是那一種戲劇或感性活動，討論分享後才有意義，已在第一篇說明過，討論就是團體的反思活動，在戲劇中隱晦不清的，以及模稜兩可的，或者有爭論性的部分，都要在討論中澄清，各段情節所引起的情緒也要分享，這樣，幼兒才算真正看了一齣戲。最後他們才決定下一步要做什麼。

　　教師（即演員）也要有後續活動，那就是檢討會。在南海，我們還邀請未嘗參與指導的專家作評，以便修正，也會在對外演出後，接著舉行作評，由他校的老師們提出意見或疑問。本書以兩個戲為例，說明檢討的情形。

第一節　價值澄清一例──「王子與椅子」的省思

～林娟伶、曾慧蓮

　　學校推出了一齣戲劇──王子與椅子，此齣戲劇完全沒有語言，只有動作和音樂，是齣啞劇，劇情大概是──皇宮裡住著國王和王子，王子不論食、衣、住、行，都有侍從服侍著，他從不需自己做任何事情。有一天，國王請王子幫他拿帽子及拿椅子給他坐，王子皆不肯，皆叫旁邊的侍從代勞，令國王非常不悅。……後來發生了一場戰爭，國王死了，王子也跟著逃亡，過著三餐不濟的生活，後來他想去做點事，賺些錢來填飽肚子，奈何無一技之長，什麼都做不好，最後到一家椅子店，椅子店老板教他做椅子，剛開始王子也都做不好，最後，他終於學會做椅子了。看完戲劇後，老師先請幼兒將所看到的畫下來，和大家分享，發現有些幼兒很喜歡王子，因為他什麼事都不用做，有人會幫他刷牙、餵他吃飯，他們覺得這樣很好。因此，我們針對劇情內容和幼兒再做了更深入的討論及延伸。

　　以下是老師和幼兒討論的經過：

T　：如果你是國王，你叫王子幫你拿帽子和椅子時，他不肯，你
　　　是什麼感覺？。

C1：生氣。

C2：難過。

C3：覺得他不喜歡你。

T　：如果你是王子，你會不會幫國王拿呢？

C1：會，因為我喜歡他的帽子。

C2：會，因為幫爸爸、媽媽做事，才是孝順的乖孩子。

T　：為什麼王子不幫國王的忙呢？

C1：因為他懶惰，不喜歡幫忙做事。

C2：因為他有侍從可以幫他做。

T　：你喜歡什麼事（如吃飯、刷牙……）都是別人幫你做好、服侍好嗎？

C1：不喜歡，因為會被別人笑。

C2：不喜歡，因為那像小 baby。

C3：不喜歡，如果別人都幫你做的話，那你以後什麼事就都不會做了。

C4：就像王子一樣。

T　：王子之前和後來有什麼不一樣？

C1：以前做什麼事，都要別人幫他做，後來他學會自己做事情了。

C2：以前王子有人幫他刷牙、餵他吃飯，現在他要自己賺錢，才可以買東西吃，他的身邊都沒有侍從幫他了。

T　：什麼原因讓他改變了？

C1：國王死了。

C2：戰爭。

T　：你喜歡之前的王子還是後來的呢？

C1：後來的，因為後來的王子會自己做事情。

C2：後來的，因為後來的王子會做椅子。

　　後來我們又把這個故事延伸下去，幼兒認為王子賺了錢之後想要回家，但是他們的國家因為戰爭被別的國家搶走了，王子想要把國家要回來，老師又問他們，可是王子只有一隻狗，怎麼和敵人打仗呢？他們說，可以請別人來幫忙呀！那要請誰呢？就請剛剛故事裡面在市集的那些人有耍大刀的、吹笛子的、賣大餅的、美女吧！那故事要怎麼安排呢？他們說，王子在回家的路上先遇到耍大刀的人，王子就告訴他，希望他幫王子的忙把國家要回來，耍大刀的答應了。後來又遇到了吹笛子的人，王子問吹笛子的有什麼厲害的地方，吹笛子的說，他會把人催眠，王子覺得很高興，就請他幫忙，他也答應了。又遇到賣大餅的人，王子請他煮好吃的東

西給大家吃，把身體養強壯，打敗敵人，他也答應了。最後遇到了美女，王子很喜歡她，請她嫁給他，美女也說好，經過了不久，王子和這些人又找了好多人來幫忙，就把敵人打敗了，要回自己的國家。王子和美女結婚之後，生了一個小孩。老師問，王子生了孩子之後就變成了誰，（國王）那這些小孩就是誰呢？（王子）老師又問，「這個王子會不會和以前那個王子一樣什麼事都不做呢？」孩子說，「會」，「一樣有侍從幫他做事」，「有一天國王也叫王子幫他拿帽子和椅子，王子也不肯，國王很傷心」，「國王怎麼辦呢？」，「國王就告訴王子以前他的故事，王子後來就知道要自己學會做事，不要再讓侍從來侍候他了」。故事編完之後，我們讓幼兒扮演，將自己編的故事演一遍。

在一件事的判斷上，原本就會有很多不同的看法，我們允許很多聲音的出現，讓彼此的觀念、想法做溝通、交流，經過討論之後或許有人會改變想法，或許也會繼續堅持己見，雖然如此，經過不同的觀點思考交流後，多少會刺激我們從更多角度去思考問題，讓自己的想法更多元。從這齣戲的討論過程中就可發現，孩子原本以為當王子相當威風，有人侍候，什麼事都不用做，非常好，但經過討論之後，他們會修正自己的觀念，覺得如果不自己學會做一些事，以後就什麼都不會，要餓肚子，像王子一樣。他們喜歡的就是後來的王子，對之前的王子也就不那麼崇拜了。從他們後來延伸的故事看來，他們思考的角度更廣，觀念也更加正確，他們賦予王子一種使命感，靠自己的力量把國家要回來，而且後來王子也會教導自己的孩子，不要和自己一樣，要自己學會做事。一篇故事讀完了，一齣戲劇看完了，或目睹、耳聞一件事情的發生，可能嘻嘻哈哈就過去了，也可能給你自己一個封閉的想法，如果能藉由討論，彼此互相溝通，相信對一件事情的價值觀會有所改變，也會帶給你更多不同的思考層面。

第二節　「王子與椅子」幼兒的現場反應

～李美慧

　　戲劇對孩子具有莫大的魅力，往往對孩子的行為有很深的潛在影響力，因此幕前所呈現的種種都是幕後排練經歷過無數次的雕著修正，才將最好的呈現在舞台上，讓孩子細細品味、慢慢欣賞，尤其是行為劇。

　　此劇「王子與椅子」，園長為了不讓本劇流於說教的形式，特改變以往的劇法以啞劇演出——當老師於控場時便發現孩子們多麼期待好戲趕快開鑼，讓他們一飽眼福。我們與孩子約法三章：「此齣戲很特別，若孩子們很專注、安靜的看，老師們會演得更好。」果然從開始到結束，老師們賣力的演出都沒有讓孩子們感到失望，雖然整齣戲都沒有任何對話，演員（老師）僅以逗趣、誇大、豐富的肢體語言，便成功的吸住了孩子的目光，全場只有音樂及舞台道具的聲音，無一孩子的交談聲，更沒有孩子游走於劇場內，除了看到國王華麗的衣服時曾經驚叫，以及市場賣藝人、賣餅的小販引起熱烈的互動之外，有的只是當孩子看懂老師所表演的逗趣的部分就笑成一團，看到布幕中國王被刺殺身亡的身影時，孩子們便面露愁容，而王子的哀傷深深的牽動到孩子們的悲憫心，當王子學會了如何做椅子時，孩子們多麼替王子高興，大家熱烈的鼓掌，直至劇終孩子們的目光焦點都一直持續在舞台上。

　　我們不只希望孩子愛看，更希望孩子能領受劇情的背景教育意義，我們與孩子討論，孩子說：「國王生氣是因為王子不幫他搬椅子」、「國王死的時候王子好傷心地大哭」、「敵人士兵把國王殺死」、「王子流浪的時候肚子餓」、「王子不會做餅，老板生氣的推餅車走了」、「王子後來學會釘木頭」、「王子以前因為太懶惰所以才什麼都不會」……孩子純真的說出他們看到的東西和感想，讓老師知道從此劇的觀賞中孩子是有收穫

的，更讓老師了解到戲劇對孩子的影響力。若將它應用於教育上，應可達到良好的行為認知。

漢菊德註：

幼兒現場反應乃是根據記錄整理出來，為方便記錄，建議表格如下：

幕別	特 別 情 節	幼 兒 反 應

第三節　「王子與椅子」的問題探討

～林娟伶

一、「王子與椅子」研討會記錄

「王子與椅子」經過一、兩個月的排練之後，終於八十六年十二月三十一日登場，當天早上演出讓全園小朋友欣賞，下午則開放讓全市的公、私立幼稚園老師觀賞，演出結束後，並隨即舉行一場雙向交流的研討會，並請了本齣戲的指導老師：陳偉誠老師列席，讓園長、導演、演員及觀眾有溝通交流及互動的機會，以下是研討會的內容摘要：

□園長致詞：

大家好，很高興大家抽空來這邊給我們批評與指導，這是我們第二次演啞劇，第一次的演出是「和尚吃湯圓」，為什麼要用啞劇的方式呈現呢？因為可以讓孩子去思維、去判斷，讓孩子有更寬廣的思考空間自己去詮釋。我們非常感謝陳老師對我們的支持與指導，因為有些專家認為啞劇是很困難的，需要很專業的訓練，所以並不鼓勵我們演，但我們勇於嘗試。我們演給孩子看時，發現孩子們自始至終很專注的看。而以往，孩子在看戲的過程中，雖然有台上台下之間的互動與熱鬧的氣氛，但是看啞劇也是可以互動，今天孩子在看過表演後的分享討論活動中，不但清楚地表

達對戲劇的理解，且能專注，更細膩地感受整個戲劇的劇情。這是我多年來的願望，對老師、對幼兒都有幫助，老師更要深入探索肢體的表現。

□陳偉誠老師致詞：

今天看到的表演，讓我非常驚訝，因為上次我看她們排戲時覺得還有好多東西值得改進，今天看了之後，在各個環節裡頭配合的非常好，在今天的過程中讓我很感動，因為它充滿了誠懇、認真，因此整個過程帶給我很多的驚訝，像這樣的合作、完成。雖然以專業的劇團技術相比，還要學習，但就整個合作過程來看可能比專業劇團都還要好，像音樂那樣的成果幾乎讓你找不到空檔與不能銜接的地方，好像一路下去的一個進來一個出去，在聲音的創作部分，也非常密切的與場中的角色形成契合，整個舞台技術的控制，燈光一暗，燈光一亮，出場進場都非常乾淨、俐落，演員也沒有重疊，這是一個凝聚力非常強的團體，整個園大家對這樣的一件事能認真的看法，這麼誠懇的投入，「南海」本身是個實驗的幼稚園，有這麼樣一個實驗的劇團，而實驗的意義在於發展跟拓展許多的可能性，而我相信這種可能性會直接地影響教學品質，在與幼兒互動時的發展在教學觀念上可以突破很多，透過戲劇提供更多的啟發、互動的可能，讓幼兒與老師有互動與活潑的關係存在，孩子也會非常樂意進入戲劇的角色關係去學習，很高興南海成立這樣一個劇團，事實上它走出另一個可能性，而我們衷心期待，這樣一個劇團不只是提供表演讓大家來觀賞，希望能研發出一種在幼兒教育上新的互動教學，讓幼兒不僅學習知識與技能外，還能學習那種內在的自信心。

□觀眾的迴響與問題討論、回答：

1. 看了各位老師的表演，我非常的欣賞，不知貴園是否有考慮讓孩子自己去演，老師在旁做引導？

園　長：

孩子們所演的戲，我們不主張在大庭廣眾之下秀的，我們也不主張讓

孩子一次又一次地排練，所以孩子的戲是在教室裡，我們好幾班都在做戲劇方法，他們讓孩子自己編劇、改編故事書、自己選角、做道具，老師最多只是穿插個角色，或提供他們一些資源或協助，最主要的工作，還是由孩子自己完成。

2.背景音樂做得非常好，小狗的現場配音效果也非常好。

3.張老師（佩琁）如何完成這麼大、這麼漂亮的布景？

　張老師：參考圖片，根據劇情的需要，打草圖再用噴漆、水泥漆上色。

4.看到各位老師能用最簡單的道具演出這麼好的戲劇真是不容易，各位演員臉上的妝也很突出、特別。

5.今天看了這麼好的戲，可是只有南海的小朋友有這個福氣，可以欣賞。貴園可考慮將拍攝的錄影帶借我們看或請老師們組團至各園演出，讓戲劇可以推廣至每個學校。

6.可否分享孩子從戲劇活動中得到些什麼？

　園　長：

　　通常孩子在這樣的學習過程中會學到組織的能力及如何做計畫，通常孩子看過戲劇之後會試著想照著自己的意思再演一次，他們會改劇本在演的過程中，孩子會討論、計畫、策劃、思考、分配角色等，整個過程都會學到，所以它是一種統整性的學習，如果孩子沒有發展出戲劇活動，他們還可以澄清，它是一個觀念的發展價值觀的內化，價值觀的建立是由孩子們看到戲劇，或從生活中出來的，而不是老師灌輸給他們的。

二、任建誠老師講評「王子和椅子」

　　在三月份，我們請了紙風車劇團任建誠老師來園觀賞「王子和椅子」錄影帶同時也給我們一些講評與建議，任老師觀賞錄影帶之後，給了我們很大的鼓勵和一些細節上的改進建議。

　　▢任老師覺得這齣戲的表現特別好的地方是：

- 畫面安排的豐富性。
- 場景和場景之間的串連。
- 演員肢體能力和控制力方面。
- 在故事性方面四十分鐘不說話，「不會很無聊」就達到基本的需要，不講話而能讓觀眾了解內容就相當了不起。
- 影戲設計很好，有創意，提供幼兒想像的空間。
- 只有半年的時間，我們的進步讓他驚訝。

☐任老師的建議：

- 有了故事之後，在舞台上要怎麼演？在一次次的排練演出後，慢慢的要學習處理舞台上視覺和動作上的焦點。
- 無法講話時（啞劇），動作本身需要更精練，需經由每次練習、學習表達。
- 演員互動關係要設定好，不要有瑣碎的動作。
- 結束太簡短，可再多一點舞蹈設計。

☐任老師的鼓勵：

他認為一齣戲只要百分之六十成功就很成功，可以演出了，而我們有百分之七十的成功率，已達到公演的標準！與「紙風車」有百分之八十的成功率相比，所以任老師一再稱讚我們是成功的。

第四節 「最後的銅鑼聲」問題探討座談會記錄

～陳幼君、陳柔局

許秀靜老師：

請在場各位老師給我們一點建議。

Q1：你們使用的劇本是否有跟原著作者知會過？

園　長：

這是應該跟他講一聲，但是我們沒有，因為我們沒有出去公演、賣錢，純粹是學校的，我相信純粹學校裡面的實驗劇場沒有牽涉到利益關係，我們是重新編劇沒錯，但我們有聲明是使用誰的故事，是加以改編的。

Q2：身為一個幼教老師，我們面對很多小朋友，每天有忙不完的事，請問你們在排練時如何切磋你們的時間，因為那麼多人不可能定時排練？

許秀靜老師：

因為每班有兩位老師，我們排練安排在下午三點之後，就是小朋友起床吃完點心之後，另一位老師可能就較辛苦招呼班上的小朋友，演員就在

三點後來排練，不是每一次都能到齊，但就是儘量，有時會延後至下班時間。大概排練就在這段時間。

園　長：

我們老師很辛苦，就是一定要很有興趣，有興趣的人來參加，每個人都演過戲，輪流演，我覺得這樣對大家來說都是成長。

Q3：你們在設定大傻的角色時，是否考慮到用別的方式呈現，因為小朋友會模仿，像口吃等？

許秀靜老師：

這個部分，看完戲後，每班老師都會和小朋友討論。

園　長：

今天老師在班上和孩子討論到劇情大綱，你看的感覺是怎樣？如果你是阿喜你會怎麼做？你是阿憂你會怎麼做？你喜歡當阿喜還是阿憂？諸如此類的問題你都可以和他們探討，甚至他們看到喜歡的，在教室內就會演出來，或延伸或改變劇情等等繼續進行下去。

雷體菁老師：

我們昨天也做過分享，他們印象最深刻的就是死神，小朋友問為什麼敲了鑼後阿憂死了，阿喜沒死？因為阿憂太小器了，都守著錢，沒有幫助別人，阿喜幫助很多村民，村民幫阿喜慶祝生日，死神敲鑼，他沒有聽到，小朋友會由問題裡面去想。也分享了最喜歡那個角色，為什麼？有人堅決的喜歡阿喜，有人覺得乞丐很可愛，有人覺得死神很威風，很有喜劇的效果。另外，還玩扮演遊戲，如一二三變死神、村長……。其他小朋友也會在娃娃家扮演。

麥玉芬老師：

很多大人覺得小朋友看完表演，就像說故事後讓他們高興一下，他們不會亂吵，很高興，安靜坐在這裡看，很快樂有笑容，這樣就好，可是很多故事、戲劇，重要的是裡面有含意存在，如果不跟孩子討論、解釋，他有可能會誤解或想成不一樣的東西，所以看完戲的價值澄清很重要，這活動甚至比戲劇本身重要，分享和戲後的延伸是比戲劇本身重要的，我們學校幾乎每位老師都非常重視，戲劇後都會做幾天的延伸。

張佩琁老師：

昨天演完戲後，我覺得很驚訝！因為在演戲中你會發現他們所想的是什麼，喜歡什麼？昨天讓我感覺很大的不同是，最近幾年的小孩和以前的不一樣，整個價值觀不太一樣了，以前的孩子看到死神這種角色，會說「打死你，神經病，走開」，以前我也曾演過像這種，「傑克與仙豆」裡的巨人，像這種惡劣的角色，與今天這種角色滿像的，會衝出來打你，很明顯的表現出對這個要拿人性命的壞人的厭惡，可是昨天發現小朋友很喜歡我，甚至在阿喜阿憂他們睡著後，小朋友會告訴我：「他們在那裡，去拿他們的命。」這讓我覺得小孩子的價值觀已不一樣了，假設死神是權力，很有氣勢、很威風，另有人很喜歡阿憂，因為他很有錢……，是不是現在小孩的價值觀跟以前有點不一樣了，可能是整個社會的價值觀連帶的影響到小孩，這可能要老師在看完戲結束後，要了解處理的。

園　長：

我想，也許我們不要這麼悲觀，也許這孩子知道你在演戲，他知道你是假的，知道你演得很好，真是很喜歡和你互動，有些人覺得喜歡乞丐，覺得乞丐很可愛好玩，他並不表示他要當乞丐或對乞丐認同，他知道你們在演戲，我的解釋是這樣，不管小孩如何反應，重要的是戲後在教室的討論是非常必要的，我剛剛最先講的，我們大人演戲，等於是我們提供給孩子資源，好像他們在這邊看書，不同形式的資源而已，他接觸到這資源

後，回去要如何反思，如何去詮釋，怎樣去建構這些觀念，這就要老師去引起，否則他的詮釋有可能是錯誤的，我們曾經演過一齣「和尚吃湯圓」，完全演反向的，演出一些不應該的行為，演一些彼此不相愛，搶來搶去，很自私的行為，那是一個很大膽的嘗試，故意這樣演，很逗趣搶東西吃，那和尚師父，護著東西，不給人家吃，演出那種不好的行為，如果回來不做分享，那不就很糟糕嗎？為什麼要這樣演呢？這樣演的意思反而刺激小朋友去想，這件事是錯的，小朋友還沒等你分享他就說「不對」、「不對」……，還有曾經有小孩告訴戲裡面的人你要怎麼……如你要說「謝謝」，你要說「對不起」，那一次小朋友也有這樣的反應，你越演出不對的東西，他越會發現，但事後必須分享加以討論，這是非常重要的。

Q4：演一齣戲要排練多久的時間？因為老師本來就有很多事、很辛苦，那排練得這麼好的成果，必定要花費很多時間嗎？

許秀靜老師：

剛剛老師問到我們排了多久，我們從選劇本到開小組會議到角色分配到排練到任老師幫我們上課這樣約有十五次，中間學校本身尚有大活動，就沒有辦法進行排練，等大活動忙完後，才能繼續排練，還好我們演員功力非常強都能接續，從開始到結束大概是十幾次。

園　長：

我要補充的是，我們學校的戲並不只是靠這一場大戲，最重要的是教室裡的戲劇，設計一下戲的延伸，回去討論後，自己另外發展出一套劇本，曾老師他們班就經常做這些事情，他們回去後再討論，小朋友們會再延伸出另外一套劇本，自己再演一次，這是教室裡的戲劇非常重要。

許秀靜老師：

我想補充一下，就像園長說的，戲劇不一定要限定像這樣的布景、道具這樣的演出才叫戲劇，像在教室內常用的偶或布偶台，或者看到小朋友有一些行為，利用這些行為演出讓小朋友看，想一想，為什麼老師是這樣的表演，我們學校很多班都常將戲劇帶到教室的活動中，所以戲劇並不侷限在這樣的場地來表演。

Q5：你們老師如何能演得這麼好？

園　長：

我們想演戲對幼稚園老師來講並不難，因為幼稚園老師都是開朗的、很活潑的，這是最基本的，你們都具備有這些個性。

Q6：在舞台上同時呈現兩部分的演出，是不是會造成觀眾視覺上的混淆？

許秀靜老師：

我們考慮到演員的進出場次數，如果一直不斷的進進出出，這種狀況對整個劇場來說，視覺效果不好，當初我們排這兩個部分，其實他（阿憂）在那邊應該是要做較靜態的不要有太大的動作，譬如吃雞肉……，但是演戲有時也會出點差錯，阿憂這邊在交杯的聲音太大，觀眾可能注意力就轉到那邊，比較好的是，阿憂這邊的動作不要太大就不會造成視覺上的影響。

園　長：

許老師這次是我們的導演，不錯哦！導得特別辛苦。你這問題滿好、滿專業的，但不知答得對不對，我們的顧慮一方面是進進出出不方便，另一方面是兩個人的對比，那阿憂只要做一些誇張的動作就好了。

許秀靜老師：

任老師建議我們，兩個部分可以同時呈現，但是一部分呈現，另一部分的動作就不要太大，那可能就是我們演出時還沒表現出來……

家　　長：

我覺得你們有職業的水準，在表情、動作、服裝、道具……各方面，假日的時候可以去公演了。

園　　長：

只能在廟口，演給阿公、阿嬤看，像野台戲，沒辦法到國家劇院表演。一般職業劇團要花多少錢，一場戲要兩百多萬，我們那裡有那麼多錢？前前後後籌劃要一年多，他們的布景，非常講究，請專家來設計，布景非常精美，你看我們這個破破爛爛，學校裡用的，你們回去可以這樣做，比較省事，謝謝！

Q7：今天的戲讓我們看到老師參與的熱忱，在戲的本身之外，看見凝聚一個學校的共識，非常難得。另外有一個小小的疑惑，就是，孩子很容易去模仿行為，而剛剛例如大傻是否有考慮用其他方法去呈現，不要用口吃，因為孩子可能會去模仿，或當成笑話……，如果用其他方式來表現傻傻的很可愛的形象，是不是也有另一種效果？

許秀靜老師：

非常謝謝這位老師給我們的建議。事實上，當初我們在設計這個角色時，是希望把他塑造成較生動較有趣的人物，而在口吃這個部分，也有考慮到。它其實牽涉到一個問題，如果出現在你的教室的時候，應該讓孩子來討論「如果你碰到這樣的人，這樣的狀況，你會用什麼行為表現來反

應」當然如果考慮用別的角色或別的表演方式也是很好的建議。

園　長：

謝謝你的意見。很多人會有這樣的顧慮。但是像我剛剛提到了我們有
一齣戲，「和尚吃湯圓」，整齣戲從頭到尾都是反社會的行為。如果像我
們這樣害怕的話，我們可能就沒有辦法用那種觀點來演戲。有的時候我們
用一些相反的行為反而逗趣，反而引起他的注意，當然你提到的生活習慣
的問題也是可能，以後我們會注意這方面。但是，事後的分享非常重要，
如果你事後充分的討論、分享，這些戲台上的部分反而是一個刺激，反而
是一個激起的問題，讓小朋友去思考。當然，壞習慣的部分，如果你不放
心就不要去演出來。謝謝！

家　長：

大家好，我看過九歌和鞋子的戲，但從來沒有像今天感覺這麼的好，
雖然老師不是很專業沒錯，可是你們水準真的是到了某一個程度了。請問
一下，你們的化妝部分是自己畫的，還是請專人來畫？還有每次的劇本內
容是由那一位老師提出？我覺得你們教育的性質很好，像九歌都是以一些
可愛的造型、內容為主，大部分的劇團也是如此，我們帶孩子去看都是嘻
嘻哈哈就過了，教育價值比較低，而你們的啓發性較高，給孩子較多的啓
示。

許秀靜老師：

關於化妝的部分，我們沒有專門的人幫我們化妝，都是由扮演的老師
自己畫。就是你扮演什麼角色，你要怎麼用妝來呈現，突顯這個角色，當
然旁邊的人也會予以建議。像張老師妝化得比較好，有時候我們就會請問
他的意見，大致上妝的部分都是由老師自己來。

園　長：

劇本的選擇，我是很重要的決定者。這一齣最初是曾老師來和我談，

然後老師們再回去談。我提了一本我比較喜歡的書，本來他們決定的是另一本比較好玩的書《荷包蛋》，我認為不容易表現，沒有趣味。這回先演這本《最後的銅鑼聲》，我特別喜歡林清玄這個故事，因為它可深可淺。選劇本代表的就是我們大的價值觀，但是我們如何演得不說教是很重要的，說教就很八股。像上次為什麼演「和尚吃湯圓」？我們要用相反的行為去演，就是因為我們避免去說教。太說教的話，其實小朋友都知道了，如何讓它呈現趣味，這個劇本的困難就是怕它太說教，因為整個劇本我們覺得看起來就是挺說教的！小朋友看了會覺得「喔，那個人就是很小器，所以最後死掉了。」「那個人很善良，所以他沒死！」其實原來作者也有這個意思，但是他很巧妙地使善良的人「忘記」了死，他是怎麼樣正面地去面對人生，到最後因為別人很自然地在那邊敲鑼打鼓，而不是故意去幫他掩蓋死神的鑼聲。這就是創作生動的地方，他並不是很刻意要去說「善有善報，惡有惡報」，而是自然帶來的結果。就像你想人生是很快樂的，到頭來就是很快樂，整天想死，就會死，看你從那個角度去看，就會有不同的看法。小朋友看的當然是最淺的層次「惡有惡報，善有善報」。

曾慧蓮老師：

劇本的選擇方面，通常就是找一些得獎的兒童文學作品，這些得獎的作品大部分都比較不會那麼說教，所以一開始可以由這方面去找，不管是中外都可以。不然，因為兒童書太多，會不知道如何著手，由得獎的開始會較有方向。

園　長：

有些適合編劇，有些不適合，也可以篩選一下。

老師都是利用下午的時間排演。兩個老師一班，另外一個老師照顧班級，下午只剩二十個人（小朋友）較容易，另一個老師就可以出來支援活動，像戲劇活動……等。大家可以考慮採用全、半日混合方式，下午就可以讓一個老師空下來參與這類活動。

張佩琁老師：

補充一下化妝方面的建議。你們一定覺得這個化妝品很奇怪，很像廣告顏料，其實不是，這是我們去問劇團的人，像他們舞台妝是用什麼樣的東西，也不會傷到皮膚。那他們是說去那種化妝用品器材公司，像衡陽路、西門町那邊有一些賣戲服的附近會有一些化妝品的店是大批發，他們有賣舞台專用的妝像油墨，滿貴的，都一小瓶一小瓶，有很多顏色。我們就拿那個像畫水彩一樣調在臉上，就可以看到乞丐的妝，或其他小朋友的妝，就是那樣調出來的。但是之前粉底要打好，隔離霜要擦好再上妝，那效果會非常的好。

結 論

~漢菊德

今天隨著心理學大眾化，屬於肢體的感性活動，幾乎是每個追求成長的人所熟悉的，而且經驗豐富的人也可以不必經過學院的專業研究，就可以去帶領團體了，這也是它日漸普及的原因，也因此在一些企業界的輔導團體中常常見到觀念不太成熟的團體領導人。當然了，我也認識沒有學院背景的領導者，活動的發展和學院出來的人一樣有創意和深入。

心理劇的技巧如此為人著迷在於它能透過身體探入自我的深層部分，從根本上潛移默化，完全不經說教。它的精神與以幼兒為本位的教育觀不謀而合，我們教幼兒合作，透過肢體去體會比設計一個合作的工作情境更為根本，教導幼兒關懷，透過身體表達，比辦一場愛心班級活動還會有更深的影響。本書探討的是純粹身體的。

一、感性活動對幼兒的實際幫助

根據我在民國八十四年度的觀察研究發現，感性活動發揮了團體特色與功能。

㈠成員對團體的投入

觀察十四位幼兒中除了兩位有時較不專心外，其他都非常投入團體。幼兒都能聆聽鈴鼓聲及指示語改變動作，面帶笑容，眼睛看著老師或腳，時時做準備的姿勢。分享討論時面向老師及看著說話的幼兒，適時舉手發

言或急著發言。

幼兒投入性在活動中的兩時段略有差別。前時段動態活動及下半段的分享討論。有兩位較分心的幼兒多在下半段時間不夠專注，但時間短暫，且隨著活動之往後發展而遞減。汪 01：脫離團體或不專心由第一次五分鐘，經過七次逐漸消失。

脫離團體的方式第一次、二次是直接走開，以後是坐在老師腿上面向團體但不參與討論，以及在兩人一組的活動中有三次和老師一組，其他活動時間均能融入團體。李 01：也是第一次活動較嚴重。做到第三個活動時對旁邊的幼兒說：「你很煩！」，拒絕用肚子和別人打招呼，而在第四個活動時，看著汪 01 走開。分享時未發言，望著室外。第三個活動躺臥身體，曾站在中間兩、三分鐘未去找同伴，此外均能專心參與。整體而言，他在分享時段，有一半以上情形在外圍與內圈之間活動，亦即，坐在外圈，或在外圍繞一圈回來坐下，專心傾聽或發言。

(二)給個人的支持性

團體給予個別成員的支持度很高，舉例如下：

例一：汪 01 不喜歡和小朋友彼此躺臥身體，只喜歡和老師。教師問：「誰願意讓汪 01 躺躺看？」有六位小朋友願意。汪 01 說：「聽到有水的聲音，喝開水的聲音。」

例二：扮國王的遊戲對內向害羞的李 02 有很大的幫助，所有的幼兒向他跪拜獻禮，他一直笑咪咪的到活動結束，對大家說：「做國王感覺很好。」

例三：在「談心——坐搖籃」的活動中，馬 01、幸 01，及鄭 01 分別說出傷心事。馬 01 哭了，幼兒們如繆 01、趙 01 等人一次一次地撫摸他們三人給他坐搖籃。繆 01 忙著去關燈，拉著他的腳搖他，用手指在唇邊說「噓」叫大家別出聲，再將他放下親他。

例四：雕塑活動中，團體給生氣的小男生情緒的支持，如李 02 在娃娃車上遇到不愉快的事，幼兒撫摸、搖搖他給他安慰。

在所有活動中只要有情緒流露出來，幼兒都已學會主動提供支持，無

論是語言或非語言,其中趙 01、馬 01、幸 01、繆 01 尤其是支持的帶動者。

(三)創造性

活動的計畫雖然是研究中預先設定的,但仍留有創造的空間,如辨聲音尋人、觸摸身體猜人、變相的「優點大轟炸」中,決定由誰先開始的前導活動,幼兒會提出意見,而扮演及妝扮活動,幼兒更可發揮了。「許願」並非完全是真實的,其中有些想像的成分;戲劇「漢生小兄妹」則完全由幼兒改編、導演。

(四)自我表露和察覺

幼兒喜歡什麼、不喜歡什麼的情緒在開放的活動中沒有任何隱瞞,幼兒表露的真誠處處可見。

例一:在01在「皮皮和奇奇」中扮演乖孩子奇奇,但察覺到自己像皮皮,故在討論後主動的說:「我現在沒有那樣(用力)抱人家了。」顯示出自我察覺。

例二:汪 01 三度將自己妝扮成女生:自由妝扮時,新年許願,他要做公主及戲劇中演漢生的妹妹,不在乎別人笑他,他表示他要自己漂亮而表現出真實的感覺。此外,幼兒在每個活動後,都要在分享中去察覺自己的感覺和情緒。

所有的活動都會促進自我覺察,和對身體和情緒的認識。

(五)滿足需要及促進人際關係

團體滿足了實際生活中所缺少的,或不可能擁有的,大約有五種情況:照顧別人的滿足感、被照顧的需要感、願望的實現、身體接觸的需要、放鬆的需要。

例一:趙 01 在身體接觸的活動中認真的按摩小朋友的背、肩、腳、還用口吹吹腳。在「談心——坐搖籃」活動中,幼兒都說喜歡做媽媽,趙 01 撫摸、抱著傷心的小朋友,他說:「我喜歡抱人家」。而繆

01對傷心的馬01照顧得個像一個真的媽媽，有輕柔的撫摸、搖、親等動作。

例二：馬01：「喜歡躺在別人身上，很舒服」。幸01、鄭01及其他幼兒都喜歡做小寶貝讓媽媽抱抱、搖搖。

例三：新年許願中，幼兒李02變成芭比娃娃、柯01變成聖誕老公公、鄒01、鄭01、汪01變成公主，史01要做王子，繆01要做士兵，韓01要做小鹿飛馳，宗01要做小飛俠，都一一幫他們妝扮成，使他（她）們如願。

例四：親近的需要在各種身體接觸中得到滿足，幼兒學得很快樂，只要做過一次活動，以後的活動中便會主動做身體接觸。從頻繁的擁抱、握手、觸摸、親吻中幼兒表達他們的感情次數有明顯的增加。經過身體接觸，爭執很快化解。顯然增加了溝通能力。譬如：吸鐵石的遊戲中，趙01說：「喜歡和每個小朋友吸在一起。」繆01及其他幼兒也說：「熱熱的」、「很溫暖」、「很舒服」，即使剛有爭執也不在乎。

例五：放鬆的需要：所有的活動中都是遊戲性的，有鬆弛心情的功能。幼兒在「皮皮與奇奇」扮演中雖在分享中認為奇奇是好孩子，但也表示喜歡扮演皮皮，可以胡鬧一番。而汪01三次將自己妝扮成女孩子，也是一種放鬆的需要，在扮演中可以做一些平日不被接受的事。

(六)價值澄清的功能

在分享討論中，若有「事件」提出，自然而然便會有價值澄清，否則便是純粹的感覺分享。活動中有「皮皮與奇奇」及「漢生小兄妹」涉及價值澄清，也會有爭論產生。

在「皮皮與奇奇」中，幼兒會分辨和定義乖孩子和頑皮的孩子。在「漢生小兄妹」中，幼兒會指陳故事中不對的情節，扮演後母的柯01說：「為什麼要把他們（小兄妹）趕走？」「我不想把他們趕走。」

(七)透露訊息

在分享中可以發現幼兒問題，使教師進一步協助幼兒。

例一：在心情分享中，馬 01 哭了，因為「我做事情不知道是對還是錯，媽媽就會生氣！」幸 01 也是同樣的情形。

例二：媽媽和嬰兒的活動中，繆 01 和李 03 都說沒有被媽媽抱過。而躺臥身體的活動，分享時，馬 01 也說從沒有躺在爸爸、媽媽的身上過，繆 01 說：「爸爸媽媽不讓我躺在他們身上」。

例三：在青蛙站荷葉的遊戲（原報紙逐次折半的遊戲）中，汪 01 不斷推擠別人，而在分享時，趙 01、馬 01 等幼兒卻都提出如何使大家都能站上去的方法。在活動進行時，這些幼兒會背起別的幼兒站在「荷葉」。幼兒在社會情緒的發展上展示出個別差異。

㈧學習感覺和認識情緒

感性活動主要在探索感覺，分享討論是不可或缺的，幼兒從中察覺自己的情緒，對幼兒而言是必要的學習。所以，在每次分享中教師都會問：「有什麼感覺？」「是高興？難過？」等等。觀察中發現幼兒受到詞彙的限制，顯示這方面的學習尤需要加強。

二、對感性活動發展的建議：幼兒參與

老練的教師，我認為還是要經過成長團體的經驗，只有學習一些團體活動，教學還是不會深入的，這也是為什麼一般教師不會和幼兒分享討論的原因，因為他們不了解活動的涵義。和方案教學一樣，感性活動也要討論分享的。同時，老練的教師會將活動逐漸的由幼兒發展出來。

專家們鼓勵教師將心理劇技巧應用在日常教學活動上，其實就是我們今天做的。但是從「教學」的觀點上看，感性活動完全由教師設計，雖然活動的教育功能與幼兒教育理念契合，這裡還是一個令我不太滿足的地方，譬如，第五篇中第一、第二個例子便是教師設計的。但是有關情緒問題的活動是專業的，連教師的設計都是根據既有的、普及的幾個活動改編或延伸的，當然絕非幼兒可以設計的。

推行方案教學這麼多年，我十分在意活動由幼兒決定、由幼兒參與發

展，感性活動在這方面確實有其限制，但也並非不可能。當然這要將感性活動更廣泛的應用到教學裡才有可能。我認為增加幼兒的活動發展參與和自發性有以下幾方面：

㈠增加自由扮演的機會

教室裡開闢娃娃區，在開放學習區時幼兒可以自由選用，自然組成小組從事扮演活動，教師要把握時機使活動能繼續下去，發展得更豐富，如第五篇第三節所述。

自由扮演可以提供各種廢物，由幼兒選擇妝扮，自行發展出戲劇來。

㈡教學的設計要根據幼兒的情緒需要

教師在日常事件中發現問題，根據問題先與幼兒分享，再帶領出活動後和幼兒討論。將事件融入，使活動更為有意義，使幼兒有參與感，知道「前因」和「後果」，而中間的活動由教師計畫：「我們來做個遊戲，好嗎？」很自然的將活動引入。

㈢融入日常教學，師生一起發展活動

在第四篇中有許多活動是教學活動中發展出來的。教師在開放學習區之後和幼兒分享學習區中的見聞。譬如幼兒發現園子裡有毛毛蟲，或青蛙，或看了一本童話故事《人魚公主》教師就可以鼓勵幼兒想像自己變成毛毛蟲、美人魚的情形，讓他們試試看身體的動作，整合他們的想法，做成團體活動，因此幼兒加入了計畫的過程，教師也可在整合之中加以修正整理融入了自己的做法。

融入教學活動中使活動的延伸有了無限的可能，教師只要把握住活動的「要素」即可融入了，譬如「開始——停止」（木頭人）、雕塑等（詳見第二篇）

㈣計畫性的戲劇由幼兒發展

幼兒在看完故事書或錄影帶後，常常想在教室裡演戲，他們的情緒需

要就會反映在角色選擇、工作計畫、分配等團體互動的過程中了。經過設計的戲劇可以將戲劇發展交給幼兒，由他們改劇本、決定角色等（詳見第五篇），這是幼兒充分參與的活動。教師在擔任故事的口述者或加入演出時，便可隨時使用前文所述及之活動元素。

身體的感性活動可以超越這些心理劇技巧的範圍，只是心理劇這部分是最難的。教師可以根據需要設計團體活動，以達到自己的教學目標，但在構想活動時，引用幼兒生活見聞、熟悉的童書，將幼兒引入參與設計的過程，第四篇的例子中有許多活動是教師和幼兒一起「想」出來的。

三、對感性活動進行過程中的建議

從觀察記錄中，我發現這些現象：

1.幼兒對別人的觀察是膚面的，譬如，說出喜歡某人的地方，許多答案是外觀的：「他的衣服」、「他的眼睛」等。而面對面扮鏡子的遊戲，幼兒也不容易觀察入微，看不出別人的特徵，分享時說不出深入的意義來。

2.描述感覺、特徵時受到語言的限制，用詞不夠精確或太籠統，譬如，教師問感覺時，許多幼兒只會說「感覺很好」、「感覺不好」、「不舒服」、「喜歡」、「不喜歡」等。問到某人的聲音時，在教師提示後才回答：「粗粗的」、「尖尖的」、「啞啞的」等。但這種簡單的表達，他們也需要探索、學習。

針對這些現象，教師從事感性活動教學，我建議要注意以下幾方面：

1.討論分享時需要教師給予提示，否則討論有時會陷入膠著，或太貧乏。教師提示並非「告訴」，而是將活動中幼兒經驗過的重點突顯出來引起迴響，使幼兒的感覺活起來，覺醒起來。提示也可以在日常經驗中去尋找，如扮國王的活動中幼兒沒有被拒絕的經驗，可以回憶生活經驗，幫助幼兒注意這種感覺，至少有部分幼兒會注意到。

2.教師要隨時注意幼兒的持久力、專注力，控制活動的時間，保持活動的趣味性、變化性，同質的活動要力求變化，不要用一模一樣的活動，同樣的動作不要連續反覆太多次，以免幼兒失去耐性，討論時注意力要平

均，使每個幼兒都受到注意。

3.不要使團體傷害到幼兒，避免將指責等負面的焦點集中在某個幼兒身上，雖然活動中有目標或主角，但團體不是公審會，而要給他支持。幼兒極容易直接指責，出口傷人，所以教師要呈現的問題不能太明顯、直接。要使幼兒感覺「好像和我一樣，但不是我。」引起幼兒的自省。如有幼兒受到指責，教師要立即引開，並引導團體給予撫慰。

4.了解幼兒，無論是不是做評估，都要從幼兒的整體表現上去了解，不能只靠幼兒的語言。有些感覺幼兒不易用語言形容的，教師要從他的表情、動作和近日的表現上去了解他的感受、觀點和改變。

5.幼兒的興趣受到生活經驗的限制，不容易反應內心情緒的需要。譬如，新年許願，有些幼兒想要平日得不到的某種玩具，像芭比娃娃、機器人等，當然也有人想成為童話中神奇的人物。教師需要鼓勵他們再想想看才會有較多樣的想法。在扮演國王活動中向國王獻禮，也有許多只會獻玩具的。

6.內向的幼兒不會拒絕別人，多要依靠別人的安排，因此，在扮國王活動中，「國王」從不拒絕禮物，使討論中「被拒絕」的感覺很難進行，教師提示日常生活中被拒絕的經驗，只有少數幼兒會回答。不過這個活動對扮國王的幼兒有幫助。

7.活動中幼兒的秩序要事先想好如何控制，譬如，觸摸猜人遊戲和辨別聲音尋人的遊戲，幼兒十分興奮，但為了掌控秩序，必須一對一單獨進行，如此一來，要考慮等待的幼兒也不能等太久，否則也會形成嘈雜的局面。此外，分享時間不要超過十五分鐘，時間過長，幼兒會逐漸不專心，外圍幼兒容易遊蕩。

8.以此時此刻的心情選擇不同顏色的道具自由妝扮自己的活動，除了一位幼兒說出選擇紫色的意義外，其他幼兒多以造型為主。某種造型，或某種人物是他（她）所喜歡的，令他高興，他（她）就會妝扮成那類型的人，並未考慮顏色。甚至在分享時，對於自己的造型也說不出道理來，似乎是隨興的創造，「我喜歡」、「我高興」、「我好快樂」，就是他（她）們的理由。

某位幼兒用粉紅色絲巾圍頭和銀色布塊做圍裙，他說「很漂亮」，但他卻表示「今天心情不好，因為有人和我切八段」引起一分鐘的爭辯。粉紅色代表漂亮的女孩，他想妝扮成女孩，但他卻別有一番心情。

有時候似乎顏色和造型是反射出幼兒的某種期盼，與此時此刻的心情是相反的，所以要注意多方面的意義，由幼兒自己去解釋。

9.要注意團體有沒有傷害到個人。整體而言，活動使幼兒們更親近，平日內向的孩子會用身體表示友愛，會真誠相待。但在自由扮演中有時會將日常問題突顯出來，不受歡迎的幼兒容易受到攻擊。這也是教師應該注意到的地方。

本書第四章、第五章，以及結論根據台北市教師研習中心教育專題研究（六一）「南海實幼感性活動對幼兒社會情緒發展的影響」，研究案部分內容修改、擴增（研究者：漢菊德，民84年6月）。

幼兒教育 30

探索身體資源身體、真我、超我

編 著 者：漢菊德
執行主編：張毓如
總 編 輯：吳道愉
發 行 人：邱維城
出 版 者：心理出版社股份有限公司
社　　　址：台北市和平東路二段 163 號 4 樓
總　　　機：(02) 27069505
傳　　　真：(02) 23254014
郵　　　撥：19293172
　E-mail：psychoco@ms15.hinet.net
網　　　址：www.psy.com.tw
駐美代表：Lisa Wu
　　　　Tel：973 546-5845　　Fax：973 546-7651
法律顧問：李永然
登 記 證：局版北市業字第 1372 號
印 刷 者：玖進印刷有限公司
初版一刷：1999 年 1 月
再版一刷：2002 年 9 月

定價：新台幣 500 元
ISBN 957-702-532-3

國家圖書館出版品預行編目資料

探索身體資源：身體、真我、超我 / 漢菊德編著.
—再版.—臺北市：心理, 2002（民 91）
　　面；　公分.—　（幼兒教育；30）
含參考書目
ISBN 957-702-532-3（平裝）

1.學前教育—教學法　　2.兒童遊戲

523.23　　　　　　　　　　　　　　91016021

讀者意見回函卡

No.＿＿＿＿＿　　　　　　　　　　　填寫日期：　年　月　日

感謝您購買本公司出版品。為提升我們的服務品質，請惠填以下資料寄回本社【或傳真(02)2325-4014】提供我們出書、修訂及辦活動之參考。您將不定期收到本公司最新出版及活動訊息。謝謝您！

姓名：＿＿＿＿＿＿＿＿＿＿＿　　性別：1□ 男 2□ 女

職業：1□ 教師 2□ 學生 3□ 上班族 4□ 家庭主婦 5□ 自由業 6□ 其他＿＿＿＿

學歷：1□ 博士 2□ 碩士 3□ 大學 4□ 專科 5□ 高中 6□ 國中 7□ 國中以下

服務單位：＿＿＿＿＿＿＿＿＿　部門：＿＿＿＿＿＿＿　職稱：＿＿＿＿＿

服務地址：＿＿＿＿＿＿＿＿＿＿＿　電話：＿＿＿＿＿＿＿　傳真：＿＿＿＿＿

住家地址：＿＿＿＿＿＿＿＿＿＿＿　電話：＿＿＿＿＿＿＿　傳真：＿＿＿＿＿

書名：＿＿＿＿＿＿＿＿＿＿＿＿＿＿＿＿＿＿＿＿＿＿＿＿＿＿＿

一、您認為本書的優點：（可複選）

　❶□ 內容 ❷□ 文筆 ❸□ 校對 ❹□ 編排 ❺□ 封面 ❻□ 其他＿＿＿＿

二、您認為本書需再加強的地方：（可複選）

　❶□ 內容 ❷□ 文筆 ❸□ 校對 ❹□ 編排 ❺□ 封面 ❻□ 其他＿＿＿＿

三、您購買本書的消息來源：（請單選）

　❶□ 本公司 ❷□ 逛書局⇨＿＿＿＿書局 ❸□ 老師或親友介紹

　❹□ 書展⇨＿＿＿書展 ❺□ 心理心雜誌 ❻□ 書評 ❼□ 其他＿＿＿＿

四、您希望我們舉辦何種活動：（可複選）

　❶□ 作者演講 ❷□ 研習會 ❸□ 研討會 ❹□ 書展 ❺□ 其他＿＿＿＿＿

五、您購買本書的原因：（可複選）

　❶□ 對主題感興趣 ❷□ 上課教材⇨課程名稱＿＿＿＿＿＿＿＿＿

　❸□ 舉辦活動 ❹□ 其他＿＿＿＿＿＿＿＿＿　　　　（請翻頁繼續）

廣　告　回　信
台灣北區郵政管理局登記證
北 台 字 第 8133 號

（免貼郵票）

心理出版社有限公司

台北市106和平東路二段163號4樓

TEL:(02)2706-9505
FAX:(02)2325-4014
EMAIL:psychoco@ms15.hinet.net

沿線對折訂好後寄回

六、您希望我們多出版何種類型的書籍

　　❶□ 心理❷□ 輔導❸□ 教育❹□ 社工❺□ 測驗❻□ 其他

七、如果您是老師，是否有撰寫教科書的計劃：□ 有□ 無

　　書名/課程：_____

八、您教授/修習的課程：

　　❶上學期：_____

　　❷下學期：_____

　　❸進修班：_____

　　❹暑　假：_____

　　❺寒　假：_____

　　❻學分班：_____

九、您的其他意見

_____

謝謝您的指教！　　　　　　　　　　　　　　51030